KB016958

소재,
인류와 만나다

소재, 인류와 만나다
인간이 찾아내고 만들어온 모든 소재 이야기

2021년 10월 22일 초판 1쇄 발행
2023년 10월 31일 초판 4쇄 발행

지 은 이 | 홍완식
펴 낸 곳 | 삼성글로벌리서치
펴 낸 이 | 차문중
출판등록 | 제1991-000067호
등록일자 | 1991년 10월 12일
주   소 | 서울특별시 서초구 서초대로74길 4(서초동) 삼성생명서초타워
전   화 | 02-3780-8153(기획), 02-3780-8084(마케팅)
팩   스 | 02-3780-8152
이 메 일 | sgrbooks@samsung.com

ⓒ 홍완식 2021
ISBN | 978-89-7633-114-4 03900

● 이 책은 저작권법에 따라 보호받는 저작물이므로 무단전재와 무단복제를 금지하며,
  이 책 내용의 전부 또는 일부를 이용하려면 반드시 저작권자와 삼성글로벌리서치의
  서면동의를 받아야 합니다.
● 가격은 뒤표지에 있습니다.
● 잘못 만들어진 책은 바꾸어 드립니다.

※ 이 저서는 2020년도 서울시립대학교 연구년교수 연구비에 의하여 연구되었습니다.

삼성글로벌리서치의 도서정보는 이렇게도 보실 수 있습니다.
홈페이지(http://www.samsungsgr.com/) → SGR BOOKS

인간이 찾아내고 만들어온 모든 소재 이야기

홍완식
지음

소재,

인류와 만나다

삼성글로벌리서치

2000년대 들어 교육계에 '통섭'과 '융합'이 화두로 등장하였습니다. 미국에서는 어려서부터 과학, 기술, 공학, 예술, 수학을 통합하여 교육하자는 STEM/STEAM 프로그램을 국립과학재단(National Science Foundation, NSF)이 나서서 추진하고 있습니다. 우리나라 대학에서도 융합전공, 자유전공 등의 프로그램이 시행되고, 대기업 임원들 사이에서도 인문학 열풍이 불었습니다. 그런데 이미 대학의 정규 전공과정으로 자리잡은 학문 분야에도 그 명칭과 태생부터 통섭과 융합의 속성을 띠는 것이 있습니다. 바로 재료공학(또는 신소재공학)입니다. 영어로 재료공학은 Materials Science and Engineering이라 표기합니다. 소재를 이해하고 다루는 일은 순수과학(또는 자연과학, Science)의 요소와 응용과학(공학, Engineering)의 요소를 모두 포함하기 때문에, 그 둘 사이에서 가교(bridge) 역할을 합니다. 누가 어디서 무엇을 만들건 현재의 한계를 돌파하기 위해서는 소재부터 다시 따져봐야 하니, 재료공학 공부란 개론서 한두 권 읽는다고 해서 감을 잡을 수 있는 것이 아닙니다. 결국 이공계의 모든 분야를 두루 이해해야 합니다.

해마다 신소재공학과 신입생과 면담을 하는데 그들과 이야기를 나눠보면 절반 이상이 재료공학이라는 학문 분야에 대해 아무런 사전지식 없이 입학을 한다는 걸 알게 됩니다. 재료공학을 목표로 입시 준비를 했다는 학생들은 그야말로 극소수에 불과하고, 대다수는 이런 식의 이야기를 내놓습니다. 'OO학과에 가고 싶었는데 점수는 좀 모자라고, 담임 선생님께서 너는 화학 좋아하니까 여기 가보라고 해서 왔어요.' 그리고 이렇게 이야기하는 학생들 절대 다수가 정작 재료공학을 공부하는 데 화학 못지않게 꼭 필요한 물리학 수업은 고등학교 과정 중에 한 번도 수강한 적이 없습니다. 사정이 이렇다 보니 학생들 중에는 '저는 재료공학 전공인데 OO학은 왜 공부해야 하죠?', 'OO 과목이 제 전공과 무슨 상관이 있기에 필수과목으로 지정되어 있나요?' 등등의 불평으로 시간을 허비하는 경우도 많습니다. 입시학원처럼 '한 권으로 끝내는 재료공학 요점 정리' 같은 방식의 수업을 기대하는 학생들은 4년 내내 입이 이만큼 튀어나온 채로 학교를 다니는 것이 현실입니다.

 기업의 재직자들을 대상으로 하는 특수대학원에서도 유사한 상황이 벌어집니다. 지원 동기를 물어보면 대부분 현재 맡은 업무에서 사업성과 경쟁력을 높이기 위해 고민하다 보니 결국 소재를 알아야겠다는 생각이 들어 관련 이론을 배우고 싶다고 합니다. 그런데 원하는 바가 분명하고 뭘 어떻게 공부해야 할지를 명확히 아는 입학생도 더러 있지만, 대개는 책 몇 권 읽고 공식 몇 개 외워 거기에 자신의 업무를 입력하면 바라던 소재가 '짜잔' 하고 튀어나와주기를 기대합니다. 단지 그런 기대만 갖고 있는 학생들에게, 기초적인 과학이론을 하나하나 되짚어가면서 그들 사이의 연관성을 파악하고 그 이론들이 어떻게 조합되고 변형되어 소재를 이해하고 설계하는 데 적용될 수 있을지 따져보는 수업은 매우 지루하고 피곤한 것일 수밖에 없습니다.

그런데 천재가 아니고야 그 방대한 이론들을 어떻게 모두 이해할 수 있을까요? 재료공학 전공자들에게도 불가능한 이야기입니다. 다만 '소재'를 이해하는 열쇠는 관련된 지식 요소 간의 연결고리를 파악하는 것이라는 한 가지만큼은 자신 있게 말할 수 있습니다. 하나의 연결고리를 파악하면 비슷한 방법으로 또 다른 것들을 연결 지어볼 수 있고 그렇게 2개, 4개, 8개…… 기하급수적으로 이해의 폭을 넓혀갈 수 있습니다. 수학, 물리학, 화학, 어학, 예술, 역사학, 경제학 등이 각기 독립적인 것이 아니라 서로 밀접하게 연결되어 있다는 점만 잘 납득해도 충분하다고 생각합니다. 실제로 이 연결의 비밀을 깨우친 학생들은 표정이 밝아집니다. 어떤 학생들은 초·중·고교 과정에서 아무 생각 없이 외웠던 이론과 공식이 첨단 과학이론으로까지 한 줄로 꿰듯 이어진다는 사실이 신기하다고도 합니다. 또 어떤 학생들은 아무 상관없어 보이던 내용이 그물망처럼 연결되는 걸 보니 선생님들이 왜 모든 학문에서 기초가 그렇게 중요하다고 강조했는지 비로소 알게 되었다고 고백하기도 합니다.

이런 일들을 겪다 보니, 재료공학을 가르치기 이전에 소재를 통하여 이 세상이 서로 연결되어 있다는 것을 먼저 알려야겠다는 생각이 들어, '소재와 인류문명'이란 제목으로 교양수업을 개설하였습니다. 다행히 학생들로부터 좋은 반응을 얻었고, 2017년 한국대학교육협의회 한국교양기초교육원으로부터 자연 및 과학 부문 우수 교과목으로 선정되는 행운도 찾아왔습니다. 그런데 이 수업의 방향에 부합하는 교재가 없어 그때그때 필요한 자료들을 묶어서 수업을 하다 보니 학생들도 불편함을 호소하고, 당초 우수 교과목 선정의 취지였던 확산과 보급에도 어려움이 있었습니다. 이러한 때에 삼성경제연구소에서 출간을 제의해주신 덕에 감히 강의 내용을 책으로 엮어볼 용기를 내게 되었습니다.

이 책을 쓰면서 가장 염두에 둔 것도 '소재'라는 모티브가 갖는 연결성입니다. 과거와 현재 그리고 동양과 서양이 '소재를 통해' 어떻게 연결되는지, 또 인간이 자연에 적응하면서 사고가 변화해온 과정이 어떻게 '소재를 통해' 커다란 흐름으로 연결되는지를 발견할 수 있도록 애썼습니다. 우리가 어렸을 때 그림책에서 순서대로 점을 이어가다 보면 어느새 온전한 그림이 나타나면서 '오호' 했던 것처럼, 소설을 읽거나 드라마를 보면서 복선이 하나씩 드러날 때 '아하' 했던 것처럼, 단편적으로 알고 있던 것들이 소재를 통해 연결될 때 재미와 쾌감 그리고 신선한 충격을 느낄 수 있을 것입니다. 놀이공원에서 트램을 타고 가면서 그다지 특별할 것이 없는데도 창밖을 가리키며 '어, 저것 좀 봐' 하며 소소한 즐거움을 누리는 것과 같은 재미를 맛볼 수 있을 것입니다. 이 책을 통해 각각의 소재들이 지금의 형태로 쓰이기까지 인간의 요구와 사회상의 변화, 그리고 자연환경 등이 어떻게 유기적으로 작용해왔는지 또 거기에 어떤 의미를 부여할 수 있는지 발견하는 재미를 찾아나가기를 바랍니다.

이 책이 나오기까지 정말로 많은 분의 이끌어주심과 도움이 있었습니다. 먼저, 강단에서 학생들과 만나면서 그들의 젊음과 패기를 공유하면서 살아갈 수 있도록 길을 열어주신 하나님께 감사드립니다. 지금은 모두 천국에 가 계시지만, 저에게 참된 가르침을 주신, 그야말로 '존경'이라는 말로도 너무나 부족한, 큰 어른들이 많이 계십니다. 이 책의 내용은 저의 머릿속에서 나온 것이라기보다는 단지 그분들의 가르침을 요약 정리한 것일 뿐이라 해도 과언이 아닙니다. 그중에서도 특히 두 분께 지식적으로 많은 은혜를 입었습니다. 한 분은 초등학교 5학년 때 담임이셨던 고 나유용 선생님이십니다. 어린 저에게 과학이 이렇게 재미있을 수 있다는 것을 알게 해주시고, 늘 제가 가진 역량 이상을 끌어내고자 애쓰시며 저의 롤모델이 되어주셨습니다. 또 한 분은 박사 논문을 지도

해주신 고 페레스멘데스(Victor Perez-Mendez) 교수님이십니다. 제 앞에 끊임없이 기상천외한 문제를 던지시면서, 전혀 엉뚱한 방향에서 사물을 바라봄으로써 이 세상의 모든 요소가 그물망처럼 서로 연결되어 있음을 깨닫게 하시고, 당연한 듯 보이는 현상들에 다시금 의문을 가져보게끔 열정으로 훈련을 시켜주셨습니다.

제가 전문성이 상대적으로 약한 고분자 분야의 내용을 쓸 때 저의 폭풍 질문에 하나하나 정성스레 설명을 해주시고 자료 검증을 도와주신 서울시립대학교 신소재공학과 정병준 교수님께도 감사를 드립니다. 대학 시절, 학교는 서로 달랐지만 같은 전공을 공부하고 같은 꿈을 꾸면서 방학 때마다 모여 전공 세미나를 함께했던 죽마고우들인 박종서 박사, 이기성 교수, 정해문 박사, 그리고 고등학교 선배라는 이유 하나만으로 당시 대학원생으로서 논문 마무리에 정신없는 와중에도 만사 제쳐놓고 철없는 후배들을 이끌어주신 김익진 교수님. 문장 하나, 수식 하나를 붙잡고 밤늦게까지 난상 토론을 벌였던 그 모든 시간이 이 책의 밑거름이 되었습니다. 작가로 데뷔한답시고 설레발을 치면서 원고 들여다보느라 새벽에 귀가하기 일쑤인 저를 항상 너그럽게 받아준 사랑하는 아내에게도 고마움을 전합니다.

제가 아주 어릴 때부터 일상 속의 지혜를 백과사전급의 지식으로 자상하게 알려주셨던 할아버님과 할머님, 그리고 무엇이 되어라 어떻게 해라 강요하는 대신, 사람은 평생토록 배워나가야 한다는 것을 일깨워주시고자 늘 다양한 분야의 책과 정보를 가까이하는 습관을 몸소 보여주셨던 아버님과 어머님의 영전에 이 책을 바칩니다.

2021년 10월

홍완식

소재와 문명,
서로를 밀고 끌다

토스터 프로젝트

2009년, 영국왕립미술학교(Royal College of Art)의 디자인 전공 석사과정 학생인 토머스 트웨이츠(Thomas Thwaites)는 졸업 작품으로 토스터를 만들기로 한다. 새로운 형태의 토스터를 디자인하는 것이 아니라 시중에서 4파운드(당시 환율 기준 약 8,000원) 안팎에 살 수 있는 흔한 토스터를, 모든 재료 ─ '부품'이 아닌 말 그대로 날것의 재료 ─ 를 손수 구해서 만들어보는 것이 목표였다. 그렇다. 그의 디자인 주제는 '멋진 외형'에 있지 않았다. 그가 주목한 것은 웬만한 사람 같으면 눈으로 보긴 봐도 아무 생각 없이 지나치고 마는 '소재'였다.

그런데 일이 점점 커졌다. 그는 장장 9개월에 걸친 대장정에 나섰다. 웨일스의 폐광을 찾아가서 철광석을 얻어다 가정용 전자레인지

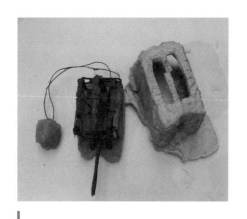

토머스 트웨이츠의 100% 자작 토스터.
© PamD, CC BY-SA 4.0 / Wikipedia

(microwave oven)에 녹여 철사를 만들기도 하고, 포르투갈까지 가서 시뻘건 계곡물을 길어다 농축시켜 구리 플러그를 만들기도 했다. 바위산에 올라가 운모(mica)를 캐기도 하고, 나무진과 감자 녹말을 섞어 천연수지를 얻은 다음 이를 손수 깎은 나무틀에 굳혀 토스터의 몸통을 만드는 등 수많은 시행착오와 천신만고 끝에 '100% 수제' 토스터를 완성하였다. 물론 이 토스터는 5초가량 작동한 후 열선이 녹아내리면서 영원히 운명을 달리했지만.

이 프로젝트에 들어간 그의 노력과 수집된 자료 및 지식과 경험의 분량은 석사학위가 아니라 박사학위를 수여하여도 모자람이 없을 정도였다. 그가 최종 작품을 완성하기까지 들인 비용은 자그마치 1,200파운드(약 240만 원)에 달했다.

이 프로젝트는 곧바로 미디어의 관심을 끌어 모았다. 조형예술 분야뿐 아니라 경제학, 사회학, 공학, 심지어 건축학에도 큰 파장을 던졌다. 트웨이츠는 TED 강연에 연사로 초청되었으며 이 프로젝트의 모든 과정을 담은 책《토스터 프로젝트(The Toaster Project)》를 2011년에 출간하였는데, 이는 한국어로도 번역되었다.[1] 이 프로젝트는 재료공학의 관점에서 바라보아도 무척 흥미롭고 놀랄 만했는데, 트웨이츠가 웬만한 전공자들보다 더 정확하게 소재의 본질을 꿰뚫어 보고 있기 때문이다.

트웨이츠는 우선 기존의 토스터를 분해해봤다. 한 대의 토스터에서 모두 157가지의 부품이 쏟아져 나왔다. 여기까지는 평소 기계를 만지기 좋아하는 사람이라면 흔히 할 수 있는 일이다. 조금 더 관심을 가진 사람들은 이를 다시 원 상태로 조립하는 일에 도전해볼 것이다. 그러나 트웨이츠처럼 이 부품들이 무엇으로 어떻게 만들어졌을까 궁금해하며 원료를 구하러 나서는 사람은 흔치 않다. 어느새 사람들의 인식에서 '소재'란 멀리까지 찾아가 힘들게 채취해 다양한 방법으로 가공해야 하는 대상이라기보다 당연히 존재하는 것, 돈만 있으면 얼마든지 구할 수 있는 것으로 바뀌었다. 소재에 대한 지식은 제조업자에게나 필요한 것이고 소비자는 그저 원하는 상품을 골라 장바구니에 담으면 되는 시대인 것이다.

이처럼 우리가 매일매일 사용하는 다양한 물건에 대해, 우리는 그 기능, 외관, 감촉, 내구성에는 신경을 많이 쓰지만, 그것을 구성하는 소재에 대해서는 거의 의식하지 못한다. 문명이 발달하고 사회제도와 자본주의 경제 체제가 발달함에 따라 '부품'의 개념이 복잡화, 고도화되었기 때문이다. 우리가 직접 경험하는 기능이나 감촉 등이 소재에서 비롯된 것임을, 소재의 존재를 눈으로 보면서도 잘 실감하지 못한다. 그러다 물

---

1 토머스 트웨이츠 (2012). 《토스터 프로젝트: 맨손으로 토스터를 만드는 영웅적이면서도 무모한 시도에 관하여》. 황성원 역. 뜨인돌출판사.

건이 망가지기라도 하면 그때는 너무도 쉽게 소재 탓을 한다.

이 현상은 현재 우리가 살고 있는 '인스턴트 시대'와 무관하지 않다. 환경오염의 주범으로 지목되는 일회용품은 말할 것도 없이, 심지어 전자제품마저 한번 고장 나면 고쳐 쓰기보다 새로 사는 것이 더 효율적인 결정으로 여겨진다. 그러니, 방정환 선생이 지은 동요 〈가을밤〉에 나오는 "어머님이 혼자 앉아 꿰매는 바지, 꿰매어도 꿰매어도 밤은 안 깊어"라는 구절을 요즘 아이들에게 들려준다 한들 공감을 얻기는커녕 가사의 뜻을 전달하느라 구구절절한 설명이 별도로 필요할 것이다.

그러나 시계를 100년 전으로만 돌려보아도 상황은 달라진다. 서구의 일부 대도시를 제외하면 산업화가 그다지 진행되지 않았던 그 시절, 의식주에 필요한 물품은 대개 가내수공업 형태로 조달되었다. 사람들이 일상 용품 하나를 얻으려면 직접 소재를 채취하는 것에서 시작하여야만 했다. 집에서 실을 자아 옷감을 짰고, 동네 대장간에서 쇳물을 녹여 붓고 다시 달구고 두드려 연장을 만들었으며, 산에서 흙을 캐다가 가마터에서 그릇을 빚어 구워냈다. 이것이 보통의 일상이었다.

1939년 존 스타인벡(John Steinbeck)에게 퓰리처상을 안겨준 소설《분노의 포도(The Grapes of Wrath)》에는 주인공 일가가 오클라호마에서 캘리포니아로 이주하는 여정 중에 차를 수리하는 장면이 등장한다. 자동차 엔진이 고장 나자 주인공의 아들들은 엔진을 모두 분해한 뒤 고물상에서 구리(정확히는 구리와 아연의 합금인 황동) 철사를 구해다가 피스톤 둘레에 찬찬히 감아 개스킷(gasket) 대용품으로 쓴다. 요즈음이라면 여간해선 상상조차 힘든 일이다. 오늘날의 자동차나 가전제품은 아주 작은 부분에서 고장이 나도 모듈화된 부품 뭉치를 통째로 갈아 끼워야 하기 때문이다.

자급자족 위주에다 물건을 버리지 않고 고쳐 쓰는 생활방식에서는 고도의 전문적 교육이나 훈련을 받지 않더라도 완제품의 성능을 소재의 특성이 좌우한다는 사실을 직관적으로 이해할 수 있었다. 따라서 무언가 새로운 것, 더 좋은 것을 만들고 싶으면 그에 맞는 소재를 먼저 찾아나섰고, 새로운 소재가 발견되면 그것을 활용할 수 있는 새로운 개념의 물건을 발명해냈다. 이때 과학기술이란 어떻게 질 좋은 소재를 가려내 잘 가공할 것인가에 대한 경험을 축적하는 것이 거의 전부였다고 해도 과언이 아니다. 그렇게 소재와 문명은 서로 밀고 끌면서 인간의 생활을 발전시켜왔다.

하지만 문명이 진보하면서 소재가 우리 손에 들어오기까지 거쳐야 하는 단계가 점점 많아졌다. 채취한 소재를 단순히 1차 가공만 거쳐 그대로 사용하던 옛날과 달리, 소재의 장점은 살리고 단점은 가리기 위해 점점 여러 단계의 가공을 거치게 되었다. 대량생산, 전문화, 분업화 등으로 대변되는 현대의 경제 체제에서 상대적으로 소재에 대한 개념은 더욱더 표면 아래로 숨어들었다. 우리는 첨단기술이 총망라된 스마트폰이 중산층 소비자들의 주머니 사정에 맞게 공급되고, 그 속에 무엇이 들어 있는지 전혀 몰라도 스마트폰을 사용하는 데 아무런 지장이 없는 시대에 살고 있다.

그래서 역설적이게도 소재의 발전이 거대한 문명을 쌓아 올린 현대에 와서는 막상 제품 개발과 생산의 최전선에 서보아야 현란한 기술 뒤에 숨은 소재의 중요성을 비로소 인지하게 된다. 기업에서 신제품을 개발할 때든 학생들이 번뜩이는 아이디어로 창업을 준비할 때든 가장 먼저 맞닥뜨리는 질문은 "그런데 무엇으로 만들지?"이다. 자신의 머릿속에 있는 설계도를 고스란히 구현해줄 소재는 여간해선 그냥 존재하지 않는다. 또 입맛에 꼭 맞는 소재를 찾아냈다 하더라도 그것을 이리저리 조합하다 보면 어느새 단가가 천정부지로 솟아버린다. 토스터 프로젝트에서 극명하게 드러났듯이 오늘날 어떤 소재 하나도 우리 손에 당연히 들어오는 것은 없다. 땅속에 묻혀 있던 자원들이 우리가 직접 사용하는 소재로 탈바꿈되기까지는 여러 단계의 가공을 거칠 뿐 아니라 정치·경제·사회적으로 복잡하게 얽혀 있는 가치사슬(value chain)을 통과해야 한다.

소재가 제품의 운명을 결정한다

영어 표현에 'Wag the dog'이라는 말이 있다. 꼬리가 몸통을 흔든다는 이 말처럼 때로는 소재가 제품의 운명을 결정짓기도 한다. NASA의 우주왕복선(space shuttle) 계획은 첫 발사를 1979년으로 예정하고 있었다. 첫 우주왕복선은 전통적으로 미국을 의인화하는 이름이자, 18세기 후반 미국 국적으로서는 처음으로 세계 일주 항해를 완수한 선박의 이름을 따서 '컬럼비아'라고 지었다. 이미 이전에 수많은 우주선을 지구 밖으로 보낸 경험이 있어 대체적으로는 계획대로 진행되었지만, 단 한 가지 문제가 끝까지 발목을 붙잡았다. 대기권에 재진입할 때 발생하는 1,650도의 고열을 감당할 수 있는 소재를 찾는 것이었다. 이전까지는 우주비행사가 귀환할 때 타고 올 작은 모듈만 잘 보호하면 충분하였고, 이 마저도 귀환 과정에서 대부분 타버릴 테지만 어쨌든 비행사들이 착륙할 때까지만 간신히 버텨주면 되는 수준이었다. 그런데 재사용이 가능한 우주선을 만들겠다는 닉슨의 선언에 따라 이제는 우주선 전체를 몇 번이고 재사용할 수 있도록 만들어야 하니 외피를 전혀 새로운 개념으로 다시 설계해야만 했다. 이 과정에서 적합한 소재를 개발하느라 속절없이 시간이 흘렀고, 결국 컬럼비아호는 2년 후인 1981년에 가서야 첫 비행을 할 수 있었다.

이 문제는 두고두고 NASA의 골칫거리가 되었다. 첫 비행에서 벌써 내열 타일 몇 개가 떨어져 나갔고, 결국 2003년 이루어진 28회차 비행에서 떨어져 나간 발포성 단열재 조각 때문에 대기권 재진입 도중 우주왕복선이 폭발하여 탑승자 7명 전원이 사망한다. 이후 우주왕복선의 임무는 급격히 축소되었고 마침내 2011년 모든 우주왕복선이 퇴역하게 된다.

소재가 제품의 운명을 결정지은 또 하나의 사례는 최신 기종의 휴대전화에 탑재되는 접을 수 있는 화면이다. 화면이 휘어지거나 접힐 수 있게 하려면 유기발광다이오드(OLED)라는 부품이 필요하다. 이 개념은 1950년대 초반에 일찌감치 등장하였고, 시제품은 이미 1987년에 만들어졌다. 그런데 그때까지 알려진 소재는 하마처럼 전기를 잡아먹는 데 비해 화면이 너무 어두워 휴대전화에 쓰기에는 민망한 수준이었고, 무엇보다도 점점 더 희미해지다가 며칠, 길어야 몇 주가 지나면 아예 죽어버렸다. 그래서 2000년대 초반까지만 해도 OLED 기술은 어차피 소재의 한계 때문에 상용화가 불가능하다는 회의적인 시각이 대세였다. 그러나 인광(phosphorescence)을[2] 이용한 발광(發光) 소재가 개발되면서 지금은 화면이 접히는 전화기뿐 아니라 돌돌 말리는 TV까지 만들 수 있게 되었다.

발광 소재와 더불어 최대 난제였던 유연 기판(flexible substrate)의 개발 또한 접히는 화면의 실현을 앞당긴 일등 공신이다. 화면을 구성하려면 투명하고 매끈한 얇은 기판 위에 발광 소재로 만든 작은 화소(pixel)들을 정확한 위치에 배열해야 한다. 기판은 화소들과 주변 회로들을 지탱해주고 제자리를 잡아주며 외부 환경으로부터 보호해주는 아주 중요한 부품이다. 원래 일반 액정(LCD) 화면의 기판 소재로서 유리는 천생연분이라 할 만큼 궁합이 잘 맞았다.

다만 한 가지, 유리 기판을 가지고 만든 화면은 여차하면 깨져 나가 소비자 불만사항 1위를 차지한다. 그래서 얼마 전까지만 해도 화면을 구부리고 접으려면 당연히 기판을 플라스틱으로 만들어야 한다고 생각했었다. 그러나 플라스틱은 구부려도 안 깨진다는 것 말고는 다른 모든 면에서 유리보다 부족했다. 이 결점들을 극복하고자 20년 가까이 연구가 이어졌으나 항상 2%가 부족했다. 그런데 발상의 전환이 이루어졌다. 유리를 아주 얇게 만들면 휘어도 깨지지 않는다는 점이 그동안 간과되었

---

2 인광(燐光) 현상이란 전기가 곧바로 빛으로 변환되는 형광(fluorescence) 현상과는 달리, 여러 단계를 우회하여 시간차를 두고 천천히 빛으로 변환되는 것이다. 각 단계마다 넘어야 할 문턱이 있어 형광 현상에 비해 발생 확률이 현저히 낮다. 그러나 전기가 형광을 통해 빛으로 바뀌는 것은 그 효율이 이론적으로 최대 25%에 불과한 반면, 인광을 효과적으로 이끌어낼 수 있다면 나머지 75%도 빛으로 바꿀 수 있다. 야광 스티커가 낮 동안 비축한 빛에너지를 밤새 두고두고 조금씩 방출하는 것도 일종의 인광 현상이다.

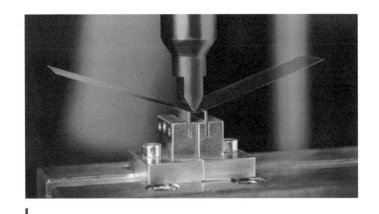

얇은 유리 기판을 굽힘 강도 측정 장치를 이용하여 구부리는 모습.
뾰족한 기구로 눌러서 납작하게 접어도 깨지지 않는다.
자료: ⟨https://www.schott.com⟩

던 것이다. 인터넷을 공급하는 광섬유(광케이블)도 똑같이 유리로 만들었는데 집집마다 배선을 하느라 맘대로 구부리고 휘고 하면서도 부러뜨리거나 깨뜨리지 않고 여태 잘만 쓰고 있지 않았던가? 접을 수 있는 유리기판은 그동안 불가능해서 못 만들었던 것이 아니라, 개발해봐야 딱히 쓸 데가 없기에 굳이 시도하지 않았을 뿐이다.

소재라는 것은 마치 생명체와 같아서 인간의 삶에 유기적으로 연결되어 있다. 이 땅의 생명체들 중 어느 하나 고유의 존재 의미를 갖고 태어나지 않은 것이 없듯 소재라는 것도 각각의 고유 가치를 갖고 서로 보완, 협력, 대체하면서 촘촘한 네트워크를 형성하여 인류 문명의 발전에 기여해왔다. 그래서인지 소재를 설명하는 과학 이론들은 놀랄 만큼 인간사와 닮아 있으며, 우리가 아는 격언 중에도 소재에 적용했을 때 딱 맞아떨어지는 것들이 많다.

예를 들어 반도체 소재인 실리콘 웨이퍼는 바닷가의 흔하디흔한 모래로부터 얻어진다. 그러나 모래가 웨이퍼로 거듭나기 위해서는 뜨거운 불로 녹이고, 독한 화학 약품으로 정제하고, 오랜 시간에 걸쳐 원자들을 하나씩 정렬시키고, 다시 표면을 거울처럼 연마하는 고된 과정을 거쳐야 한다. 모래만 생각한다면 '개천에서 용 난다'라고 표현할 수도 있겠으나 이 모든 과정을 알고 나면 그보다는 '고진감래(苦盡甘來)'라든가 '인내는 쓰나 열매는 달다'라는 말이 먼저 떠오른다. 따라서 어느 한 방향에서만 바라보거나 백과사전적 지식만 단편적으로 수집해서는 '소재'에 대해 제대로 된 이해를 할 수 없다. 소재의 의미와 가치를 결정짓는 것은 소재들 상호 간, 그리고 소재와 인류 생활양식 간 여러 측면의 연결성(connectivity)이 더 크게 작용하기 때문이다.

물질의 구성과
주기율표

언제나 헷갈리는 원소, 원자, 전자

중학교 과학 시간에 원자(原子, atom)와 분자(分子, molecule)의 개념을 배운다. 먼저 어떤 물질이든지 그 본래 성질을 유지하면서 계속 쪼개나가다 보면 더 이상 쪼갤 수 없는 가장 작은 입자가 되는데 이를 분자라고 한다는 설명을 듣는다. 그런데 대개 그다음에 나오는 설명이 '분자를 다시 가르면 고유 성질을 잃고 그 구성 원자로 나뉘게 된다'이다. 그리고 원자는 다시 양성자, 중성자, 전자로 구성된다고 배운다. 상당수의 어린 학생들이 이쯤에서 헷갈리기 시작하고 과학에 대한 흥미를 잃는다고 한다. 최소 단위라고 해서 이게 끝인가 보다 했는데 그걸 다시 나누면 또 무엇 무엇이 된다는 얘기가 줄줄이 이어지니 말이다.

여기에서 먼저 이해해야 할 것이 '원소(元素, element)' 개념이다. 이 세상에 '물질'의 종류는 이루 열거할 수 없을 정도로 많다. 그런데 이 허다한 종류의 '물질'들은 모두 100여 가지 '원소'들의 조합으로 만들어진다. 정리해보면, 어떤 '물질'을 물리적으로, 즉 성질의 변화 없이 형태만을 한계점까지 갈랐을 때의 최소 단위가 분자이고, 그것을 다시 화학적으로 분해하면 각각의 '원소'로서의 최소 입자인 원자가 된다. 산소나 탄소처럼 한 종류의 원소만으로 이루어진 물질은 홑원소 물질 또는 단체(單體)라 하고(그냥 원소라 부르기도 한다), 물이나 에탄올같이 2개 이상의 원소가 화학적으로 결합하여 이루어진 물질을 화합물(化合物, compound)이라 한다. 공기나 흙은 여러 종류의 물질이 물리적으로 섞여 있는 것으로, 이는 혼합물(混合物, mixture)이라고 한다. 원자들이 이합집산하여 서로 다른 조합을 형성하면서 성질이 다른 물질을 만들어내는 과정이 바로 화학반응(chemical reaction)이다.

원자의 구조

원자는 양성자, 중성자, 그리고 전자로 구성되어 있다. 양성자와 중성자들은 단단히 뭉쳐져서 원자의 중심에 위치하고 이를 원자핵(核, nucleus)이라 하며, 전자는 원자핵 주위에 구름처럼 퍼져 있다. 양성자는 양(+)의 전하(電荷, charge)를 띠고 있는데, 양성자의 가장 중요한 역할은 원자의 정체성(identity)을 결정하는 것이다. 원자의 주민등록번호에 해당하는 원자번호(atomic number)는 양성자의 개수에 따라 매겨지므로, 어떤 원자인지 알려면 양성자가 몇 개 있는지 세어보면 된다.

이 우주란 본디 어느 한쪽으로 치우치는 것을 극도로 싫어해 어떻게 해서든 균형을 맞추려고 한다. 양(+)의 전하가 있으면 반드시 같은 만큼의 음(−)의 전하가 있어야 하므로 원자 안에는 음(−)의 전하를 띠는 전자가 양성자와 같은 수만큼 있어야 한다. 그렇다면 양성자 대신 전자의 개수만 알아도 원자의 정체를 파악할 수 있을까? 대답은 '아니요'이다.

일단 양성자는 전자보다 2,000배가량 무겁고, 이 우주에서 가장 강한 힘으로 서로 단단히 묶여 있기 때문에, 원자핵에서 양성자 하나가 떨어져 나가거나 더해지거나 하는 일은 원자로 내부와 같이 아주 특별한 상황이 아니고서는 일어나지 않는다. 반면에 전자는 상대적으로 적은 힘으로도 떼어내거나 넣어 줄 수 있다. 원자들끼리 서로 전자를 주고받으면서 다양한 물질을 만들어내는 과정이 곧 화학반응이니, 전자는 원소의 전기적 특성은 물론이고 어쩌면 소재를 이해하는 데서도 더 중요하다고 할 수 있는 화학적 성질을 담당한다.

마지막으로 중성자는 양성자와 질량은 같으나 전하를 띠고 있지 않다. 따라서 원자의 질량(原子量, atomic mass)은 양성자와 중성자 수를 합한 값으로 나타난다. 그런데 중성자의 개수에 대해서는 특별히 정해진 바가 없기 때문에 같은 원소라도 중성자의 수가 조금씩 다른 경우가 있다. 이렇게 양성자의 수는 같지만 중성자의 수가 다른 원소들을 동위원소(同位元素, isotope)라 한다.

원자의 결합

전자는 원자핵 주위에 구름처럼 퍼져 있다고 하였는데, 이는 전자가 어떻게 돌아다니는지 그 정확한 궤적을 실시간으로는 알 길이 없기에 그렇게 표현하는 것이다. 하지만 그렇다고 해서 전자들이 가고 싶은 곳 아무 데나 다 갈 수 있는 것은 아니다. 오히려 전자들은 양자역학을 통해 알려진, 아주 엄격한 규칙을 따라 움직인다. 지구 둘레를 비행하는 항공기들이 지정된 고도와 항로를 엄격히 준수하여야 하는 것과 마찬가지이다. 전자들은 원자핵으로부터 지정된 거리(또는 반지름)를 유지하여야 하는데, 이렇게 정해진 전자의 항로를 궤도 또는 오비탈(orbital)이라 한다. 고도가 서로 같은 항로들, 즉 반지름이 서로 같은 오비탈들을 묶어서 껍질(shell)이라고 부른다.

이 세상에 존재하는 모든 원자들에 대해서 전자는 다음 2가지 조건을 항상 충족하여야 한다. 첫째, 총 전자의 수는 양성자의 수와 같아야 한다(전기적 중성). 둘째, 가장 바깥에 있는 껍질은 전자의 정족수인 8개를 꽉 채워야 한다(옥텟,

octet). 그런데 초등학교 저학년 수준의 산수 개념만 있어도 이 두 조건을 동시에 맞출 수 있는 원소는 몇 개 안 된다는 것을 단박에 알 수 있을 것이다.

그렇다면 두 조건을 다 충족할 수 없는 나머지 대다수의 원소들은 어떻게 될까? 세상 이치라는 게 혼자서 이룰 수 없다면 힘을 모으고 상부상조해야 하는 법이다. 따라서 대부분의 원자들은 다른 원자들과의 거래를 통해 부지런히 전자를 주고받으면서 어떻게 해서든 전기적 중성과 옥텟 상태를 동시에 유지하려고 한다. 이렇게 원자들이 전자를 주고받는 계약이 성립되면 이를 원자 결합(atomic bonding)이라 하고, 결합하는 형태가 한 종류에서 다른 종류로 바뀌는 과정이 바로 화학반응이다. 즉, 원자들이 이합집산하여 화학반응을 일으키는 것은 현재의 계약조건보다 더 유리한 계약조건을 찾아 결합의 형태를 바꿔나가기 때문으로 이해할 수 있다.

구체적으로 어떤 형태의 결합을 하게 되는지는 결국 가장 바깥쪽 껍질이 현재 전자를 몇 개 가지고 있느냐에 달려 있다. 다시금 원자 결합을 계약에 비유하자면, 구체적인 계약 형태는 계약 당사자들이 얼마만큼의 자본을 보유하고 있느냐에 따라 달라지는 것과 마찬가지이다. 가장 바깥쪽 껍질에 있는 전자를 최외각(最外殼)전자, 원자가(原子價, valence, valency, 라틴어로 힘, 역량, 능력, 용량 등의 뜻)전자 또는 줄여서 가(價)전자라 부른다.

우선 원자가전자의 수가 3개 이하인 원자들을 생각해보자. 이들이 최외각의 빈자리에 전자들을 채우려면 지금 자리를 채우고 있는 것보다 더 많은 수의 전자를 끌어모아야 한다. 그러느니 차라리 지금 보유하고 있는 전자들을 처분하여 껍질을 다 비워버리고 손절(損切)하는 방법을 생각할 수 있다. 그러면 그 바로 안쪽의 껍질이 최외각의 타이틀을 물려받게 되고 그곳은 이미 전자가 정원을 다 채운 상태이니 걱정할 필요가 없는 것이다. 이러한 성질을 갖는 원소들을 금속 원소라 한다.

반대로 원자가전자의 수가 5개 이상이라면 우선은 어디에서든 전자를 끌어와서 8개를 채우려 할 것이고, 만일 어디서도 전자를 구할 수 없다면 마음이 맞는 원자들끼리 전자의 일부를 공동출자하여 자본금 8개를 완성할 수도 있을 것이다. 이러한 원소들을 비금속 원소라 부른다.

끝으로 원자가전자의 수가 정확히 4개라면, 이미 있는 전자를 처분하는 것이나 새로운 전자 4개를 추가로 영입하는 것이나 힘들기는 매한가지이다. 이런 특성을 보이는 원소들을 양쪽성원소라 하는데, 반도체를 이루는 원자들이 대부분 여기에 속한다.

주기율표: 소재들의 족보

서양에서는 고대 그리스 철학자들 이래로 18세기 중반 무렵까지 이 세상이 물, 불, 흙, 공기의 4가지 원소로 구성되었다고 믿었다. 그러나 라부아지에 (Antoine Laurent Lavoisier), 프리스틀리(Joseph Priestley) 등에 의해 산소가 발견되면서 공기가 원소가 아닌 혼합물이라는 것이 알려지게 되었고, 이후 볼타(Alessandro Volta)가 발명한 축전지를 이용하여 과학자들이 전기분해를 시도하면서 원소들이 속속 발견되었다. 그리하여 19세기 중엽까지 전 세계적으로 60여 가지 원소가 알려졌다.

본시 과학자란 새로운 현상이 나타나고 관련 자료(데이터)들이 쌓이면 그것들을 관찰하여 유사점과 차이점에 따라 분류하고 거기서 일정한 패턴이나 규칙을 찾아내지 않고는 못 배기는 사람들이다. 그리하여 당시 과학자들은 그때까지 알려진 원소들을 질량에 따라 순서대로 배열했을 때 유사한 화학적 성질이 주기적으로 반복해 나타난다는 점을 알아냈다.

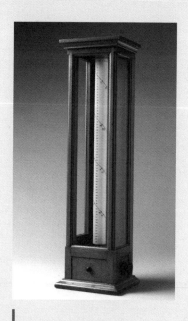

샹쿠르투아의 나선형 주기율표 모형.
자료: Science Museum Group Collection

프랑스의 샹쿠르투아(Alexandre-Émile Chancourtois)는 이발관의 회전봉처럼 나선형으로 원소들을 배치하여 성질이 유사한 원소들은 직선을 따라 위아래로 배열된다는 것을 나타냈고, 영국의 뉴랜즈(John Newlands)는 마치 음악에서 한 옥타브를 주기로 같은 계이름이 반복되는 것처럼 원자량에 따라 유사한 성질이 주기적으로 반복된다면서 악보 형태의 주기율표를 발표하였다. 이 외에도 몇몇 학자가 유사한 규칙성을 찾아냈으며, 그 주기에 대해서는 공통적으로 8이라는 숫자를 제시하였다. 그러나 그때까지 발견된 원소들이 모두 그 규칙에 정확히 들어맞는 것은 아니었다. 원자량 또한 순차적으로 하나씩 늘어나는

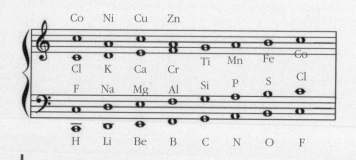

뉴랜즈가 제안한 악보 형태의 주기율표.
자료: Fred Parrett (2014. 4. 22). "Chemistry and All that Jazz" 참고

것은 아니었기에 이 이론들이 널리 받아들여지지는 못하였다.

1869년, 상트페테르부르크 대학(Saint Petersburg State University)에 교수로 임용된 멘델레예프(Dmitrii Ivanovich Mendeleev)는 화학개론 교재를 새로 집 필하면서, 각 장의 제목을 개별 원소들로 하고 그 목차를 원자량이 증가하는 순서로 정하였다. 수소에서 산소까지는 그럭저럭 맞아떨어졌다. 하지만 그 이후로는 그도 다른 학자들과 똑같은 난관에 부닥쳤다. 일단 화학적 성질이 유사한 원소끼리 한데 묶었다. 그러자 그 안에서는 원자량들 간의 차이가 일 정한 패턴을 나타내는 것을 발견하였다. 멘델레예프는 이를 염두에 두고 행 과 열을 나누어 원소들을 정리했는데, 패턴에 맞지 않으면 과감히 건너뛰기 도 하고 순서를 바꾸기도 하여, 63개 원소에 대한 주기율표(periodic table)를 완성하였다.

그 후 1871년, 멘델레예프는 이 주기율표에서 3개 원소 자리를 비워두면서 그들의 존재 및 특성에 대한 구체적 예측을 해놓았다. 그런데 1886년까지 그 세 원소, 즉 스칸듐(Sc), 저마늄(Ge), 갈륨(Ga)이 모두 발견됨으로써 그는 주기 율표의 아버지라 불리게 되었다. 인류 역사상 가장 중요한 발명품 또는 과학 적 업적 등에 대한 순위를 매길 때 거의 빠지지 않고 등장하는 것이 바로 이 주기율표이다. 또한 웬만한 대학들의 화학과나 재료공학과는 건물 입구나 그 외 가장 눈에 잘 뜨이는 곳에 큼지막한 주기율표를 게시해놓는다.

1913년, 영국의 모즐리(Henry Gwyn-Jeffreys Moseley)는 주기율표에 나 타난 주기적인 화학적 성질이 전자의 수와 관련이 있으니 원자핵에는 그에 상응하는 양(+)전하가 있을 것이라 추측하였고, 그의 스승 러더퍼드(Ernest Rutherford)와 함께 실험을 통해 양성자라는 것이 존재함은 물론 주기율표에 배열된 원소들의 순서가 실제로는 양성자의 수가 하나씩 늘어나는 순서라는 것을 입증하였다.

　주기율표는 세로 칸이 최외각전자의 수에 대응되도록 구성되어 있다. 자, 그런데 여기까지 읽고 나서 주기율표를 들여다보면 또 짜증이 나려 한다. 간신히 옥텟이라는 개념을 받아들일 마음의 준비를 하고 있는데 주기율표에는 세로 칸이 8개는 고사하고 18개나 되지 않는가? 더구나 로마 숫자로 VIII이라고 표시되어 있는 칸만 해도 네 군데나 된다. 도대체 왜 과학을 한다는 사람들은 처음엔 쉽고 간단한 것처럼 말해놓고 실제로는 복잡하기 그지없는 얘기로 좌절감을 느끼게 하는가? 그게 과학의 본질이니 어쩔 수 없다. 과학이란 복잡하게 돌아가는 세상만사를 가능한 한 단순화하여 들여다보고 그 안에 숨어 있는 공통적이고 보편적인 원리를 끄집어내는 과정이니 말이다. 만일 이쯤에서 짜증보다는 궁금증과 호기심이 샘솟는 독자가 있다면 그는 과학자로서 충분한 자질을 갖춘 사람이다.

　주기율표의 가로줄은 그 순서가 곧 전자껍질의 수를 나타낸다. 즉 한 줄씩 밑으로 내려갈 때마다 바깥쪽에 전자껍질이 하나씩 더 생긴다는 뜻이다. 첫째 줄에 있는 원소들의 껍질 수는 하나, 둘째 줄에 있는 원소들의 껍질 수는 둘, 셋째 줄은 셋…… 이런 식으로 늘어난다. 그런데 바깥쪽으로 갈수록 껍질의 면적도 커지니까 전자들이 들어갈 수 있는 공간이 추가로 더 생긴다. 그래서 껍질이 하나만 있을 때는 세로 칸이 2개면 충분했지만 두 번째, 세 번째 껍질에서는 세로 칸의 수가 8개로 늘어나고, 네 번째, 다섯 번째가 되면 다시 18개로 더 늘어난다. 이런 것을 모두 설명할 수 있는 규칙을 찾아내려 애쓰느라 20세기 초에 과학이 눈부시게 발전하였다. 다만 우리에게 친숙한 원소들은 대부분 앞쪽에 몰려 있으므로 지금 단계에서는 뒤에 −A자가 붙은 8개의 세로 기둥만 알아두어도 충분하다.

주기율표의 발명은 우주를 구성하는 원소들이 어떤 원리로 탄생하였는지 그 비밀을 드러냄으로써 20세기 인류의 과학문명이 폭발적으로 도약하는 기틀이자 로드맵이 되었다. 그 후 5가지 원소가 추가로 발견되고 제2차 세계대전으로 원자탄 개발이 본격화하면서, 1937년부터는 핵반응을 이용하여 원자핵에 직접 양성자를 주입함으로써 새로운 원소를 만들어냈다. 즉, 원자번호 95부터 118까지는 자연계에 존재하지 않는 원소로서 1944년부터 2010년까지 과학자들이 새로 만들어낸 원소이다. 최근에는 지금껏 알려진 모든 물질에 대한 방대한 데이터베이스를 인공지능으로 분석하여 원하는 특성을 지닌 또 다른 화합물을 합성하는 연구도 진행되고 있다.

　지금 이 시간에도 소재를 연구하는 전 세계 실험실에서는 수많은 과학자와 공학자들이 벽에 붙여놓은 주기율표를 수시로 들여다보며 새로운 소재 개발의 아이디어를 얻고자 분투하고 있다.

표 준 주 기 율 표
Periodic Table of the Elements

I – A

1 **H** 수소 hydrogen		

원자번호
기호
원소명(국문)
원소명(영문)

II – A

		I – B	II – B	III – B	IV – B	V – B	VI – B	VII – B
3 **Li** 리튬 lithium	**4** **Be** 베릴륨 beryllium							
11 **Na** 소듐 sodium	**12** **Mg** 마그네슘 magnesium							
19 **K** 포타슘 potassium	**20** **Ca** 칼슘 calcium	**21** **Sc** 스칸듐 scandium	**22** **Ti** 타이타늄 titanium	**23** **V** 바나듐 vanadium	**24** **Cr** 크로뮴 chromium	**25** **Mn** 망가니즈 manganese	**26** **Fe** 철 iron	**27** **Co** 코발트 cobalt
37 **Rb** 루비듐 rubidium	**38** **Sr** 스트론튬 strontium	**39** **Y** 이트륨 yttrium	**40** **Zr** 지르코늄 zirconium	**41** **Nb** 나이오븀 niobium	**42** **Mo** 몰리브데넘 molybdenum	**43** **Tc** 테크네튬 technetium	**44** **Ru** 루테늄 ruthenium	**45** **Rh** 로듐 rhodium
55 **Cs** 세슘 caesium	**56** **Ba** 바륨 barium	**57~71** 란타넘족 lanthanoids	**72** **Hf** 하프늄 hafnium	**73** **Ta** 탄탈럼 tantalum	**74** **W** 텅스텐 tungsten	**75** **Re** 레늄 rhenium	**76** **Os** 오스뮴 osmium	**77** **Ir** 이리듐 iridium
87 **Fr** 프랑슘 francium	**88** **Ra** 라듐 radium	**89~103** 악티늄족 actinoids	**104** **Rf** 러더포듐 rutherfordium	**105** **Db** 두브늄 dubnium	**106** **Sg** 시보귬 seaborgium	**107** **Bh** 보륨 bohrium	**108** **Hs** 하슘 hassium	**109** **Mt** 마이트너륨 meitnerium

57 **La** 란타넘 lanthanum	**58** **Ce** 세륨 cerium	**59** **Pr** 프라세오디뮴 praseodymium	**60** **Nd** 네오디뮴 neodymium	**61** **Pm** 프로메튬 promethium	**62** **Sm** 사마륨 samarium	**63** **Eu** 유로퓸 europium
89 **Ac** 악티늄 actinium	**90** **Th** 토륨 thorium	**91** **Pa** 프로트악티늄 protactinium	**92** **U** 우라늄 uranium	**93** **Np** 넵투늄 neptunium	**94** **Pu** 플루토늄 plutonium	**95** **Am** 아메리슘 americium

Ⅷ	Ⅷ	Ⅷ	Ⅲ-A	Ⅳ-A	Ⅴ-A	Ⅵ-A	Ⅶ-A	Ⅷ-A
								2 **He** 헬륨 helium
			5 **B** 붕소 boron	6 **C** 탄소 carbon	7 **N** 질소 nitrogen	8 **O** 산소 oxygen	9 **F** 플루오린 fluorine	10 **Ne** 네온 neon
			13 **Al** 알루미늄 aluminium	14 **Si** 규소 silicon	15 **P** 인 phosphorus	16 **S** 황 sulfur	17 **Cl** 염소 chlorine	18 **Ar** 아르곤 argon
28 **Ni** 니켈 nickel	29 **Cu** 구리 copper	30 **Zn** 아연 zinc	31 **Ga** 갈륨 gallium	32 **Ge** 저마늄 germanium	33 **As** 비소 arsenic	34 **Se** 셀레늄 selenium	35 **Br** 브로민 bromine	36 **Kr** 크립톤 krypton
46 **Pd** 팔라듐 palladium	47 **Ag** 은 silver	48 **Cd** 카드뮴 cadmium	49 **In** 인듐 indium	50 **Sn** 주석 tin	51 **Sb** 안티모니 antimony	52 **Te** 텔루륨 tellurium	53 **I** 아이오딘 iodine	54 **Xe** 제논 xenon
78 **Pt** 백금 platinum	79 **Au** 금 gold	80 **Hg** 수은 mercury	81 **Tl** 탈륨 thallium	82 **Pb** 납 lead	83 **Bi** 비스무트 bismuth	84 **Po** 폴로늄 polonium	85 **At** 아스타틴 astatine	86 **Rn** 라돈 radon
110 **Ds** 다름슈타튬 darmstadtium	111 **Rg** 뢴트게늄 roentgenium	112 **Cn** 코페르니슘 copernicium	113 **Nh** 니호늄 nihonium	114 **Fl** 플레로븀 flerovium	115 **Mc** 모스코븀 moscovium	116 **Lv** 리버모륨 livermorium	117 **Ts** 테네신 tennessine	118 **Og** 오가네손 oganesson

64 **Gd** 가돌리늄 oganesson	65 **Tb** 터븀 oganesson	66 **Dy** 디스프로슘 oganesson	67 **Ho** 홀뮴 oganesson	68 **Er** 어븀 oganesson	69 **Tm** 툴륨 oganesson	70 **Yb** 이터븀 oganesson	71 **Lu** 루테튬 oganesson
98 **Cm** 퀴륨 curium	97 **Bk** 버클륨 berkelium	98 **Cf** 칼리포늄 californium	99 **Es** 아인슈타이늄 einsteinium	100 **Fm** 페르뮴 fermium	101 **Md** 멘델레븀 mendelevium	102 **No** 노벨륨 nobelium	103 **Lr** 로렌슘 lawrencium

돌은 어떻게 '인류 최초의 소재'가 되었나?

인류가 처음으로 다루었던 소재, 어디에서나 접할 수 있는 돌!
그러나 도구를 만들기 위해서는 특별한 재질의 돌이 필요했다.
특별한 돌을 얻기 위한 여정에서 나무, 뼈 등의 소재는
어떤 역할을 했을까?

© Shutterstock

최초의 인류에게 가장 절실했던 것,
'날카로운 모서리'

우리가 약 260만 년 전 거친 대자연 속에 내던져진 오스트랄로피테쿠스 또는 호모 하빌리스(Homo habilis)라고 상상해보자.[1] 당장 우리는 사냥을 하든지 열매를 따든지, 어찌해서든 허기를 채워야 한다. 그런데 약육강식의 원리가 지배하는 이 지구에서는 한 끼 식사도 거저 주어지는 법이 없어 무한경쟁을 통해 목숨 걸고 쟁취해야만 한다. 우리의 치아나 발톱은 경쟁자인 맹수들에 비해 보잘것없고, 더군다나 우리에게는 호신용으로 쓸 만한 뿔조차 없다. 육지에서 육식을 하는 모든 동물이 기본적으로 몸에 장착하고 태어난 것을 우리는 환경으로부터 알아서 조달해야 할 형편이다.

일단 주변을 잘 관찰하여 우리의 불리한 점을 보완해줄 무언가를 찾아내 이용해야 한다. 또 사냥은 혼자 하기는 어렵고 여럿이 힘을 합쳐야 하니 사냥에 성공하면 그 수확물도 참여한 사람들에게 공평하게 분배되어야 한다. 사냥감을 공격하거나 열매를 가지로부터 떼어내고 수확물을 잘라 나눌 때 가장 필요한 것은 무엇일까? '뾰족하고 날카로운 모서리(sharp edge)'를 가지며 충분히 단단해 쉽게 변형되거나 부러지지 않을뿐더러 지나친 수고를 들이지 않고 손쉽게 구할 수 있는 도구여야 한다.

---

1 오스트랄로피테쿠스는 '남쪽의 원숭이'란 뜻으로 유인원보다 인간 쪽에 조금 더 가까운 화석 인류이다. 전기 구석기 시대에 서식하였고, 자갈의 한쪽 모서리에 날을 세운 가장 오래된 형태의 석기를 사용하였다. 호모 하빌리스는 '손을 잘 사용하는 사람'이란 뜻으로 역시 전기 구석기 시대에 서식하였다. 오스트랄로피테쿠스가 쓰던 것보다 좀 더 발전된 형태인 주먹도끼 등을 사용하였고 불을 다루는 방법을 터득하여 이용하기 시작하였다.

이러한 요건을 두루 충족시키는 것은 돌밖에 없다. 그런데 아무 돌이나 집어 들고 깨뜨린다고 해서 쓸모 있는 도구가 되는 것은 아니다. 날카로운 모서리를 얻으려면 잘 깨지는 돌이어야 하지만, 동시에 그 돌로 무언가를 두드리거나 맞춰야 하므로 또 너무 잘 깨져서는 안 된다. 그래서 이 모순을 해결하기 위한, 인간의 지능과 자연 간의 끝없는 싸움이 시작되었다.

잘 깨지면서, 잘 깨지지 않는 것?

사이먼과 가펑클(Simon And Garfunkel)의 노래로 잘 알려진 〈스카버러페어(Scarborough Fair)〉는 원래 16세기 무렵부터 전해 내려오는 영국의 전통 민요이다. 이 노래의 가사는 한 남자가 옛 연인에게 이런저런 불가능해 보이는 일을 해달라고 청하면서 만약 그 일을 해낸다면 다시 연인이 될 수 있으리라고 넋두리를 하는 내용이다(하지만 워낙 불가능한 일들을 청하기에 둘은 맺어지기 어렵다). 이를테면 비가 전혀 내리지 않는 곳의 말라버린 우물에서 빨래를 하라든지 바닷물과 백사장 사이에서 1에이커의 땅을 찾아달라든지 하는 모순된 요구사항이 등장한다.

이런 모순이 어디 노랫말에만 있겠는가. 우리 삶에서도 종종 이런 상황과 마주치게 된다(특히 아랫사람들 입장에서는 때로 윗사람의 지시가 이런 식으로 들리지 않을까 싶기도 하다). 이때 흔히 해결사로 나서는 것이 과학과 공학이다.

2가지 이상의 상반된 요구조건을 동시에 충족할 수는 없다. 어느 한쪽을 포기하고 감수하든가 양쪽 다 조금씩 희생하여 최적의 접점을 찾아야 한다. 이런 식으로 모순을 해결하면서 필요를 충족시키는 것을 우리는 발명(invention)이라고 부른다. 성공적인 발명을 위해서는 그 기능을 감당할 수 있는 특성을 지닌 적합한 소재를 구하는 것이 관건이다. 구석기 시대의 인류는 자연을 세심하게 관찰하면서 돌의 생김새와 특성을 이해하고 그것들을 분류하여 자신들의 목적에 가장 잘 맞는 돌과 가공법을 찾아냈다.

구석기 시대의 인류는 아마도 외관, 질감, 강도 등을 기준으로 유사점과 차이점을 파악하여 분류하고 그 특징 사이의 상관관계를 정리하였으리라. 이런 과정이 바로 '과학(science)'이다. 나아가 여러 가지 타격 방법을 시도해보고 각각의 경우마다 떨어져 나간 조각의 모양을 비교해보면서 성공 및 실패 사례에 따라 반복적으로 재현될 수 있는 가공법과 결과물 사이의 인과 관계를 후대에 전수하였으리라. 이 과정은 '공학(engineering)'이다. 국내 대학에서 '재료공학' 또는 '신소재공학'이라는 이름이 붙은 학과들을 미국 대학에서는 거의 예외 없이 'Materials Science and Engineering'이라 표기한다. 소재를 이해하고 다루는 일은 과학의 요소와 공학의 요소를 모두 포함하기 때문이다. 즉, 재료공학의 기원은 인류가 돌을 깨뜨려 도구를 만들기 시작한 때로 거슬러 올라간다고 볼 수 있다.

1960년대에 영미권 어린이들 사이에서 크게 인기를 끌었던 TV 만화영화 중에 〈The Flintstones〉라는 것이 있다. 〈고인돌 가족 플린스톤〉이라는 제목으로 우리나라에도 소개된 이 만화영화에는 오늘날 우리들이 누리는 온갖 문명의 이기가 재료만 돌로 바뀐 형태로 등장하는데, 필

석기 시대를 모티브로 한 만화영화 〈고인돌 가족 플린스톤〉의 한 장면.

자는 이것이 전혀 허황된 상상만은 아니라고 생각한다. 석기 시대 인류가 체계적인 데이터베이스나 효율적인 정보전달 등의 지식적 기반이 전혀 없는 상태였다는 점을 감안하여 그들이 돌을 어떻게 다루었는지 살펴보면, 현대인 못지않게 왕성한 지적 활동을 하였으리라 짐작할 수 있다. 2019년 일본 국립과학관 소속 연구진이 약 3만 년 전 구석기인들이 사용한 도구를 써서 당시 사용했음 직한 통나무배를 재현했는데, 타이완에서 오키나와까지 약 200킬로미터를 항해함으로써 그 시대의 과학기술이 결코 무시할 수 없는 수준이었음을 증명해 보였다.

구석기 재료공학의 기원,
돌의 재질 구분하기

앞서 언급한 것처럼, 2가지 상반된 요구 성능을 해결하기 위해 구석기시대 인류는 돌마다 다른 고유의 조직과 결(texture)에 주목했다. 어떤 종류의 돌들은 무슨 수를 쓰든 소용없이 울퉁불퉁하게 깨져 나가는 반면에 다른 어떤 종류의 돌들은 일직선으로 예리한 단면을 내며 깔끔하게 깨져 나가는 것이었다. 간혹 TV 드라마나 영화에서 싸움 장면을 보다 보면 주변에 있던 유리병을 깨뜨려 마치 칼처럼 휘두르는 모습이 나온다. 한편 화강석이나 대리석을 깨뜨려 그걸로 찌르려 하는 장면은 본 적이 없을 것이다. 유리는 깨뜨렸을 때 매우 날카로운 각도로 깨져 나가지만 화강석이나 대리석은 항상 울퉁불퉁한 단면을 만든다. 유리는 특정한 방향성이 없어 힘이 작용하는 방향을 따라 일직선으로 깨져 나가기 때문에 매끈한 단면이 나오지만, 화강석이나 대리석 등은 작은 알갱이들이 뭉쳐진 형태라 힘의 방향이 각각의 알갱이가 갖는 결에 따라 이리저리 분산되기 때문이다.

이렇게 단단한 재질과 함께 날카로운 단면을 만들 수 있는 석재로서 유럽 지역에서는 주로 흑요석(obsidian)이나 우리가 흔히 부싯돌이라 부르는 수석(燧石, flint)이 많이 사용되었다. 아시아 지역에서는 모래가 높은 온도와 압력을 받아 변성된 규암(quartzite)이 많이 사용되었다. 흑요석은 화산이 만들어낸 자연적인 유리질 암석이고, 수석은 입자의 크기가 워낙 작아서 결이고 뭐고 따질 것도 없이 직선에 가까운 단면을 만들 수 있다. 앞서 소개한 만화영화 속 주인공 가족의 성(姓)이 'Flintstone'

구석기 시대 네안데르탈인들이 개발한 기술로 화살촉을 제작하는 과정. 르발루아 기법(Levallois technique, 일명 돌려떼기)이라고도 한다. 이후 좀 더 발전된 기술로 좀돌날을 만들게 되었다.

© José-Manuel Benito Álvarez, CC BY-SA 2.5 / Wikipedia

인 것은 이런 의미를 품고 있는 것이다.

약 170만 년 전 호모 에렉투스(Homo erectus, 서 있는 사람)는 바로 이러한 돌의 특성을 이해하기 시작했다. 인류의 조상은 돌을 이리저리 돌려가며 여러 방향에서 내려침으로써 좌우 대칭이 특징인 다양한 도구를 만들어냈다. 이 기법은 최종 모양을 미리 설계해놓고 타격면을 가공해가면서 원하는 대로 형태를 만드는 꽤 난이도가 높은 기술이다. 만일 현대인에게 다른 기구 없이 손에 달랑 돌만 쥐어주고 만들어보라 한다면 과연 이 일을 해낼 수 있을 것인가. (모든 교육과 정보에서 차단된 상태에서는) 몇 세대가 흘러가야 할지도 모른다.

실제로 흑요석을 깨뜨려 돌날을 만들고 그것을 전자현미경으로 확대하면 강철로 만든 칼날과도 비교가 안 될 정도로 예리한 단면을 지닌 것을 볼 수 있다. 흑요석으로 만든 칼날의 끝은 30옹스트롬(약 33만 분의 1밀리미터) 정도로 매우 얇은데, 이는 가정에서 쓰는 최상품 면도날의 10분의 1에서 20분의 1 수준이다. 매우 제한적이지만 오늘날에도 흑요석 칼날을 수술 시에 쓰는 경우가 있다고 한다.

이런 배경에서 생각한다면, 돌이 '인류 최초의 소재'가 된 것은 지극히 당연한 결과로 보인다. 굳이 땅을 깊게 파거나 험한 산속을 헤집고 다니지 않아도 어디서나 쉽게 눈에 띄는 데다가 제대로 잘만 내리치면 세상에서 제일 날카로운 모서리를 선사해주어 불이나 다른 물질의 도움 없이도 돌만 가지고 도구를 쓱싹 만들 수 있으니 말이다. 그럼에도 다시한번 질문을 던져볼 필요는 있다. 과연 돌 말고 다른 대안은 없었을까? 선사 시대 인류에게 가장 필요한 도구였던 '날카로운 모서리'를 만들 수 있는 소재로는 나무나 뼈도 생각해볼 수 있다. 그러나 단단함이라는 측면에서 돌과는 상대가 되지 않기에, 즉 뾰족한 끝이 너무 쉽게 무뎌져버리기에 돌로 만들기 힘든 바늘 등의 용도 외에는 많은 제약이 따른다. 물론 이러한 소재는 시간이 지남에 따라 썩거나 분해되어 오늘날까지 보존되어 전해 내려오기도 어렵다. 그 때문에 당시 실제로 어떻게 사용되었는지 밝혀내는 것도 거의 불가능하다. 결국 인류사의 가장 오래된 두 시대의 타이틀은 '돌'이 차지할 수밖에 없다. 하지만 나무나 뼈 같은 보조 재료 역시 인류에게 돌 못지않게 중요한 소재였다. 구석기 인류는 바로 이런 보조 재료를 돌과 조합하여 혁신적 도구를 만들어냄으로써 혹독한 빙하기를 돌파할 수 있었다.

구석기 시대의 최고 발명품, 좀돌날

빙하기를 겪으면서 인류는 먹을 것을 찾아 끊임없이 이동해야만 했다. 언제 어느 때 먹을거리를 발견할지 몰라 도구들을 항상 소지하고 다녀야 했으므로 조금이라도 더 가벼운 도구가 필요했다. 또한 먹을거리가 절대적으로 부족해 수렵과 채집 활동이 필수였으므로 이를 위해서는 도구를 보다 효율적인 형태로 지속적으로 개선하는 일이 매우 중요했다.

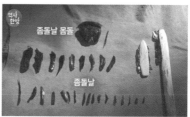

유튜브에서 좀돌날 도구의 제작과정을 재현한 동영상을 볼 수 있다. 몸돌(core)이라 부르는 돌덩어리를 왼쪽처럼 나무틀 사이에 끼워 고정시켜 그 가장자리를 꼬챙이로 누르거나 끌질하듯이 톡톡 두드려가면서 얇고 긴 날(microblade)을 떼어낸다. 떼어낸 날들은 오른쪽처럼 나무나 뼈로 만든 손잡이에 끼워 여러 가지 용도로 사용하였다.

자료: 'KBS 역사저널 그날' 〈https://www.youtube.com/watch?v=5VDQ0xKyrEE〉

    빙하기 인류가 호된 환경을 극복하는 과정에서 발명해낸 것이 구석기 시대의 '맥가이버칼'이라 할 수 있는 좀돌날(細石器, microblade)이다. 인터넷에서 'microblade technology'로 검색하면 관련 동영상이 많이 뜬다(단, 'microblade'로만 검색하면 눈썹 화장에 대한 자료들만 잔뜩 나올 수 있으니 주의가 필요하다).

    흑요석이나 수석(부싯돌) 등을 나무로 만든 틀에 고정시키고 가장자리 쪽에 꼬챙이 등으로 힘을 주면 얇은 조각이 떨어져 나오는데, 이것이 바로 좀돌날이다. 좀돌날의 모재(母材)가 되는 돌을 '좀돌날 몸돌(microblade core)'이라고 한다. 이렇게 만든 좀돌날은 나무나 뼈로 만든 손잡이에 홈을 파고 송진 등으로 굳혀서 칼로 쓰거나 긴 장대 끝에 양쪽으로 붙여 미늘창(barbed spear)을 만드는 데 사용되었다. 좀돌날은 이전 형태의 도구에 비해 가벼워 들고 다니기가 수월했고, 손잡이를 달아 가용 범위를 넓힐 수 있었을 뿐 아니라 날이 무디어졌을 때 금세 새것으로 교체할 수 있었다. 더욱이 미늘창은 사냥감에 상처를 크게 입혀 피를 많이 흘리게 함으로써 추격 거리를 단축시키는 등 효율을 높였다.

이러한 좀돌날 기술은 발명과 혁신의 모든 요소를 완벽하게 지니고 있다. 첫째, 때리는 방식으로는 섬세하고 정교한 날을 만들기 어려웠던 문제점을 꼬챙이 끝에 압력을 집중시켜 누르거나 톡톡 두들기는 방식으로 해결하였다. 둘째, 좀돌날 자체로는 너무 작아 손에 쥐고 사용하기 어려웠던 문제를 손잡이에 끼우는 융합의 방식으로 해결하였다. 나무나 뼈가 돌보다 덜 단단하지만 그 단점에 얽매이지 않고 반대로 장점에 주목하여 돌을 더 낫게 가공함으로써 돌의 활용 범위를 확장시킨 것이다. 셋째, 돌덩이 하나에서 하나의 도구만 만들던 방식에서 탈피하여 여러 개의 날을 만듦으로써 생산에 필요한 물자와 수고는 줄이고 생산 효율은 높였다.

흑요석은 화산 근처에서만 구할 수 있는 광물이었으므로 상당히 귀한 소재였는데, 초기 인류는 이렇듯 생산성을 높이는 방향으로 자원의 활용 가치를 극대화하였다. '대량생산'이라는 용어를 "규격화된 물품을 대량으로 생산하여 제조원가를 낮추는 것"에 한정한다면, 20세기 포드 시스템(Ford System)이 탄생하기 훨씬 이전인 후기 구석기 시대부터 인류는 대량생산을 시도하였다는 말이 된다.[2]

좀돌날 같은 정교한 도구를 가공하는 데는 힘을 가하는 방향과 힘의

---

2 Eric Boëda (2006). "The Intermediate Paleolithic: the first bladelet production 40,000 years ago". *L'Anthropologie*. Vol. 44. pp. 75-92; Yan Axel Gómez Coutouly (2018). "The Emergence of Pressure Knapping Microblade Technology in Northeast Asia". *Radiocarbon*. Vol. 60. pp. 821-855.

세기를 능숙하게 조절하는 것이 중요하다. 따라서 소재 역시 작업자의 의도대로 정확히 반응하는 것이어야 한다. 어느 방향, 어느 면에서든 균질(homogenous)한 특성을 갖고 있지 않으면, 기술자가 설계한 것과 다른 방향으로 힘이 전달되거나 기술자의 의도보다 더 많이 혹은 더 적게 깨지거나 잘려 나갈 수 있기 때문이다. 단단한 재질을 갖는 소재 중 이런 균질성을 가장 잘 갖춘 것이 바로 유리질이다.

그래서 점차 흑요석이 가장 사랑받는 소재로 부각되었고, 구석기인들은 질 좋은 흑요석을 구하기 위해 수백 킬로미터를 이동하기도 하였다. '무역'이라는 용어를 "특정 상품의 효용가치가 적은 곳에서 효용가치가 높은 곳으로 이양시킴으로써 재화의 효용 및 경제 가치를 증가시킬 뿐 아니라 모든 재화의 생산요소, 즉 원료·서비스·운송·여객·노동 및 자본의 이동까지 포함하는 행위"라고 정의한다면, 구석기 시대에 이미 흑요석 무역이 이루어진 것이라 볼 수 있다.[3]

우리나라에서 발견된 구석기 유물을 조사하는 과정에서도 흑요석의 이동이 확인되었다. 홍천 하화계리 유적이나 대구 월성동 유적에서 출토된 좀돌날은 백두산에서 나는 흑요석과 조성이 일치하고, 공주 석장리 유적에서 나온 좀돌날은 일본 규슈 지방에서 나는 흑요석과 같은 재질이라고 한다. 즉, 우리 조상들도 일찍이 구석기 시대부터 일본과 흑요석 교역을 시작했다는 이야기인데, 빙하기에는 해수면이 지금보다 약 150미터 정도 낮아 한반도와 일본이 육지로 연결되어 비교적 쉽게 왕래할 수

---

3 국사편찬위원회 (2006). 《한국문화사08−화폐와 경제 활동의 이중주》. 동아출판. (우리역사넷 〈http://contents.history.go〉에서 재인용)

있었던 것으로 보인다. 하기야 빙하기 때 이미 베링해협을 건너 미주 대륙으로 건너간 흔적도 있다고 하니 이 정도는 그리 놀랄 일도 아니다.[4]

뗀석기에서 간석기로:
돌을 갈아서 사용하기까지 5만 년이나 걸린 이유

필자가 대학원 석사과정에 진학해 제일 먼저 하게 된 일은, 박사과정 선배를 도와 1,500도 이상의 고온을 낼 수 있는 전기로(電氣爐)를 설계하고 제작하는 것이었다. 시험 분석에 쓰기 위해 골라낸 광물 조각[試片]이 들어갈 원통형 반응기 주위에 발열체를 배치하고 열이 외부로 빠져나가지 않도록 내화벽돌로 감싸는 구조였는데, 버려지는 공간을 줄여 공간을 효율적으로 활용하기 위해 직육면체의 내화벽돌 여섯 장을 사다리꼴로 꼼꼼히 다듬어 전체적으로는 육각형이 되도록 만들어야 했다.

당시만 해도 국내 공과대학의 실험실 환경은 상당히 열악해 웬만한 실험도구나 장비는 학생들이 직접 제작해야 했다. 3명의 대학원생이 벽돌가루와 먼지가 자욱한 실험실에서 일주일을 꼬박 매달린 끝에 양손이 온통 물집과 멍으로 뒤덮이고 나서야 완성할 수 있었으나, 그 결과물은 사다리꼴도 아니고 반원형도 아닌 정체불명의 벽돌조각이었다. 결국 우리는 전기로 제작을 포기하고 말았다. 사다리꼴 빗면들끼리 서로 정확히 들어맞아야 단열이 제대로 될 터인데 갖은 방법을 써봐도 모서리가

---

4 고고학자 레드먼(Charles Redman)은 1978년에 출간한 저서 《문명의 발생(*The Rise of Civilization: From Early Farmers to Urban Society in the Ancient Near East*)》에서 후기 구석기인들의 교역거리가 1,000킬로미터가 넘는다고 주장한 바 있다.

자꾸만 부스러져 나가 극심한 좌절을 맛보았던 기억이 난다.

이 경험은 머나먼 옛날, 동굴 속이나 야산에서 몇 날 며칠 동안 묵묵히 돌날을 갈아내던 신석기 시대의 인류를 떠올리게 했다. 그때 필자는 생생히 느꼈다. 왜 간석기(마제석기)의 등장이 새로운 역사의 시작을 알리는 전환점이 되었는지를. 금속제 공구라는 것이 아예 존재하지도 않던 구석기 시대에 돌을 갈아 날을 세운다는 것은 그저 열심히 노력한다고 되는 일이 아니었다. 적당한 재질의 돌을 찾아내는 일부터 매끈하고 반듯한 날이 만들어지도록 각도와 방향을 정렬하는 것, 돌이 부스러지지 않고 원하는 만큼만 갈리도록 하는 힘의 조절, 의욕이 앞선 나머지 돌날 대신 자기 손가락을 갈아버리지 않게끔 보호해줄 수 있는 보조 도구 등 다양한 지식과 경험이 계속해서 축적되어야만 가능한 일이었다. 여기에 한 가지가 더 필요했을 것이다. 돌날 하나를 완성하기까지 작업에 매달려야 하는 며칠 밤낮 동안 누군가가 생계를 대신 해결해줄 수 있어야만 한다.

인류 진화의 마지막 단계인 현생인류(新人, Homo sapiens sapiens)가 등장한 후기 구석기 시대의 시발점이 4만 5,000년 내지 5만 년 전이라 볼 때 우리의 직접 조상들은 자신들의 역사 대부분을 '돌은 깨뜨려서 쓰는 것(뗀석기)'이라는 생각을 가지고 살았다. 돌을 깨뜨려 사용하는 것에서 '갈아서 사용하는 것(간석기)'으로 패러다임이 바뀌기까지는 우리가 상상하는 것보다 훨씬 더 오랜 시간이 걸렸다.

각종 공구가 발달된 현대에 사는 우리들은 흔히 간석기(마제석기)가 뗀석기(타제석기)보다 모든 면에서 우수하다고 생각하고, '그냥 잘 갈기만

하면 반듯하고 정교한 날을 얻을 수 있을 텐데 왜 그 생각을 못했을까?'
하며 그 이유를 단순히 원시인들의 미개함으로 치부하곤 한다.

그러나 찌르고 베고 자르는 것에 용도를 한정한다면 간석기는 그 효율
성 면에서 뗀석기에 상대가 못 된다. 전문적 도구 없이 돌끼리 서로 마
찰시켜 날을 세우는 것은 몇 날, 아니 몇 주일이 걸리는 지루한 작업이
다. 당장 다음 끼니를 언제 때울 수 있을지 모르는 수렵 채집 생활 속에
서 많은 시간과 노력을 투자해 돌을 갈기란, 설령 그 방법을 알게 되었
다 하더라도 실행에 옮기기가 결코 쉽지 않았을 것이다.

그런데 1만 2,000년 전쯤, 사람들의 생각의 틀과 생활방식을 송두리
째 바꿔놓은 일이 있었으니 바로 농경의 시작이다. 학자들이 여기에 '혁
명'이라는 단어를 붙일 만큼 놀라운 사건이었다. 실제로 농업의 시작은
신석기 시대와 구석기 시대를 구분 짓는 가장 큰 특징이다. 이로써 인류
는 당장 다음 끼니를 해결하기 위해 먹을 것을 찾아 돌아다니던 생활방
식에서 벗어나, 한 지역에 정착하여 수확물을 저장해 두고두고 먹는 생
활방식을 영위하게 되었다.

사냥을 하고 고기를 나누고 열매를 딸 때는 끝부분만 날카로운 도구가
있으면 충분했었다. 하지만 이제는 땅을 갈아엎고 주거지를 지어야 하
니 묵직하면서 크고 긴 날을 가진 괭이, 가래, 도끼 등이 필요해졌다. 이
런 도구를 만들겠다고 더 큰 돌덩이를 내리치는 것은 바보 같은 짓이다.
시간이 걸리고 힘들더라도 조심스레 갈아서 날을 세워야 했다.

다행히도 농사를 짓고 살게 되면서 식량에 여유가 생겼으니 전처럼 사
냥을 위해 모든 사람이 목숨 걸고 나서지 않아도 되었다. 남는 일손이

있으니 몇 날 며칠이고 쪼그려 앉아 필요한 도구를 갈아낼 시간적 여유도 생겼다. 초기에는 뗀석기를 사용하다 날이 무디어지면 그 부분만 갈아서 사용하거나, 사용할 때 손이 덜 아프도록 손잡이 부분을 갈아서 둥그스름하게 만드는 것으로 시작하다가 점점 큰 도구를 갈아서 만드는 것으로 발전하였으리라 추정된다.

또한 잉여 농작물에 의해 생긴 여유는 사람들에게 배증(倍增, multi-plication) 개념을 심어주었다. 이는 양날의 검과 같아서, 한편으로는 생산성을 높이기 위해 새로운 도구를 만들어내고 기술을 발전시키는 창의성을 고취했지만, 다른 한편으로는 인간의 마음 깊은 곳에 도사리고 있던 탐욕을 일깨웠다. 씨앗 하나를 심어 낟알 30개를 얻을 수 있다면, 하나만 더 심어도 무려 60개의 낟알이 생기는 것이다. 씨앗을 더 심기 위해서는 땅이 더 있어야 하는데, 남들이 이미 터전을 잡을 정도로 소출이 잘 나는 땅이라면 더욱 구미가 당길 터였다. 비옥한 땅을 빼앗기 위한 전쟁은 그렇게 시작되었다.

과거에 사냥감이라는 공동의 상대를 위해 협력하였던 인간들이 이젠 토지자본이라는 무생물을 소유하기 위해 경쟁하고 서로를 적으로 돌리게 되었다. 적에게 먼저, 그리고 크게 위해를 가할 수 있으려면 조금이라도 더 긴 날이 필요했다. 그러나 돌로 이러한 칼의 형태를 만드는 것은 쉬운 일이 아니었고, 들이는 노력에 비해 실전에서의 활용성은 기대에 미치지 못했다. 따라서 이 시기에 돌칼은 실제 전투에서 광범위하게 사용되기보다는 우두머리의 신분과 권위를 나타내고 유사시 호신용 정도로만 쓰였던 것으로 짐작된다.

왜 금속보다 돌이 먼저 인간의 눈에 띄었을까?

이 질문의 답을 찾으려면 먼저 돌과 금속이 어떻게 형성되었는지를 알아야 한다. 돌과 금속의 근본적 차이는 원자 결합 방식에서 찾을 수 있다. 화학이나 재료공학에서 가장 먼저 배우는 내용이 바로 이것이다. 먼저 금속의 원자가 어떻게 결합하고 있는지부터 살펴보자.

금속 결합

금속(metal)이란 무엇인가? 원자들이 금속 결합(metallic bonding)에 의해 규칙적으로 배열되어 만들어진 고체이다. 그럼 금속 결합이란 무엇인가? 금속 원소들(metallic elements)끼리 형성하는 결합이다. 웬 동어반복이냐고, 아재 개그라도 하는 것이냐고 되물을 수 있지만, 엄연한 사실을 말하는 것이다. 그렇다면 금속 원소라는 것은 또 무엇인가? 한마디로 전자들을 버리려는 성향을 가진 원소들이다. 주기율표에서 IV-A 칸보다 왼쪽에 있는 원소들이 모두 여기 해당하는데 이들은 가장 바깥쪽 껍질에 있는 전자의 수가 4개 미만이다.

앞 장에서 설명하였다시피, 모든 원자는 가장 바깥쪽 전자를 0 또는 8개로 맞추려는 특성(옥텟 규칙, octet rule)이 있고, 그렇기 때문에 이들은 전자를 끌어들이기보다는 차라리 내보내는 편을 택한다. 즉, 금속 원소란 기회만 닿으면 자발적으로 전자를 내어놓고 양이온이 되려는 원소이다. 이들이 바깥쪽 껍질의 전자를 포기하면 전체 전자의 수가 양성자의 수보다 적어지니 그 차이만큼 양(+)전하를 띠게 된다. 그리하여 이것은 더는 원자라 불리지 않고 이온(ion)이라 불린다.

그렇다면 이들이 내다 버린 전자는 어떻게 될까? 버려졌기에 서러울 법도 하지만, 다른 관점에서 보면 이젠 속박에서 벗어나 무엇이든 마음대로 할 수 있는 몸이 된 것이다. 그래서 이들을 자유전자(free electron)라 부른다. 이전까지는 원자 내에서 음양(陰陽)의 조화를 유지하는 역할을 강요받고 엄격히 정해진 궤도로만 돌아다닐 수 있었지만, 이제는 말 그대로 자유롭게 어디를 쏘다니든 어떤 에너지를 갖고 다니든 간섭받지 않게 된 것이다.

가로·세로·높이가 각각 1센티미터씩 되는 각설탕 크기 정도의 금속 덩어리 안에는 대략 $10,000,000,000,000,000,000,000 (= 10^{22}$, 1해(垓)]개 이상의 원자가 들어 있다. 이 원자들이 각각 가장 바깥쪽 껍질에 있는 전자들을 내어놓는다고 생각해보자. 예를 들어 알루미늄은 위 숫자의 약 6배 되는 원자로 구성되어 있고 주기율표에서 III−A 칸에 위치하므로 원자 하나당 3개씩의 전자를 내어놓으니 그 안에는 저 큰 숫자의 약 18배 되는 자유전자들이 활보한다는 말이 된다. 자유전자는 열에너지나 빛에너지 등이 물질에 들어왔을 때 바로 낚아채서 지니고 다니다 쓰고 싶을 때 마음대로 쓸 수 있다. 이러한 자유전자들을 지닌 덕분에 금속은 전기가 잘 통할 뿐 아니라 열도 잘 전달한다. 여름철 뙤약볕 아래 세워놓은 차량이 손이 데일 정도로 뜨거워지는 것도 이 자유전자들의 소행이다.

이제 본격적으로 금속 결합 이야기를 해보자. 원자들의 결합은 인간사와도 좀 닮아 있다. 이런 이야기를 예로 한번 들어보자. "한 남자를 헌신적으로 뒷바라지하던 여자가 출세욕에 눈먼 남자에게 매정하게 버림받는다. 여자는 "보여줄게, 완전히 달라진 나"를 되뇌며 밑바닥에서부터 온갖 궂은일을 마다 않고 해내면서 한 계단씩 올라와 결국 능력을 인정받고 주위 사람들로부터 선망의 대상이 된다. 그러자 배신했던 남자가 돌아오려 하고 때마침 여자의 주변 인물 중에서도 그녀에게 호감을 갖는 남자가 나타난다. 두 남자는 처음에는 서로 으르렁거리지만 여자에게 위기가 닥치자 곧 의기투합한다. 결국 그들은 힘을 합쳐 위기를 극복하고 두 남자 사이에는 진한 우정이 싹튼다."

여기서 남자에 양(+)전하를 띤 금속 이온을, 여자에 음(−)전하를 띤 자유전자를 대입해보면 금속 원자들이 결합하여 금속 고체를 형성하는 과정이 설명된다. 먼저 금속 원자가 옥텟 상태를 이루기 위해 가장 바깥쪽에 있는 전자들을 버리고 양(+)이온이 된다. 그러나 초등학교에서 배운바 서로 반대되는 전하들끼리는 끌어당긴다는 쿨롱의 정전기력(Coulomb's electrostatic force) 때문에 어쩔 수 없이 금속 이온은 자유전자에게 다시 끌리게 된다. 그런데 이 자유전자와 다른 금속 이온 사이에서도 역시 마찬가지로 정전기력이 작용한다. 그래서 겉으로는 마치 두 금속 이온이 서로를 끌어당겨 결합하는 것처럼 보인다. 자유전자는 어디든 갈 수 있으므로 어디든지 존재한다. 따라서 이러한 결합이 3차원 공간에서 사방팔방으로 계속해서 이어져 우리 눈에 보이는 고체, 금속 덩어리가 되는 것이다.

여기서 잠시 주기율표를 전체적으로 다시 훑어보자. 왠지 속은 것 같다는 느낌이 든다면 지금까지 필자가 설명한 내용을 제대로 이해한 것이다. 분명 서두에 IV-A 칸보다 왼쪽에 있는 원소들이 금속 원소라고 한 것 같은데 웬걸, IV-A 칸을 따라 아래로 내려가거나 심지어 오른쪽으로 가도 주석(Sn), 납(Pb), 안티모니(Sb), 비스무트(Bi) 등 익숙한 금속의 이름들이 보인다. 주기율표에서 아래로 내려갈수록 전자는 원자의 중심으로부터 상당히 멀어지기 때문에 원자핵과 전자 사이에 서로 끌어당기는 힘도 무시할 수 있을 정도로 많이 약해진다. 이렇게 중심으로부터 먼 곳에 있는 전자들은 언제든지 떨어져 나갈 수 있다. 국가의 영토가 커지면 중앙정부의 통치력이 먼 거리에 위치한 변방에까지 미치지 못해 끊임없이 독립의 움직임이 일어나는 것과 마찬가지이다. 따라서 주기율표의 다섯 번째 줄을 포함해 그 아래에 위치한 원소들은 모두 금속의 성질을 갖게 된다.

이온 결합

금속 원소들은 자기네들끼리 있을 때만 금속 결합을 한다. 즉, 모든 구성원이 일제히 자유전자를 내어놓고 양(+)이온이 될 때에만 금속을 형성한다. 이들이 만일 전자를 받아들이고 싶어 하는 원소와 만난다면 어떻게 될까? 천생연분이 따로 없다. 가장 바깥쪽 전자의 정족수인 8을 맞추고자 하는 데 있어 쌍방의 이해관계가 정확히 맞아떨어지기 때문이다.

지금까지의 내용을 종합해보면, 전자를 받아들이려는 쪽은 주기율표에서 IV-A 칸보다 오른쪽(정확히는 오른쪽 윗부분)에 있는 원소들이며, 이들은 전자를 받아 음(−)이온이 될 것이다. 그럼 양(+)이온과 음(−)이온이 만나면? 둘 사이에 역시 쿨롱의 정전기력이 작용하여 서로 격정적으로 끌리게 된다. 그런데 이 힘은 금속 결합처럼 차버리고 난 뒤 간을 보는 수준의 끌림과는 비교도 안 될 정도로 강렬하다. 즉, 이온 결합에 의해 만들어진 고체는 금속보다 훨씬 단단하다.

또한 금속 결합에서 금속 원자가 전자를 받아줄 다른 원자만 있으면 결합하려 드는 것과 달리, 이온 결합에서는 금속 원자가 남아도는 전자를 비금속 원자에게 주고 비금속 원자는 이를 받아들이는 것으로 생각할 수 있다. 이때 이 전자를 청혼 반지나 결혼지참금(dowry) 같은 것에 비유해보면 이해하기가 쉬울 것이다. 결혼반지를 함부로 아무 데나 놔두거나 이 사람 저 사람 돌려 끼면 큰일 나지 않겠는가. 마찬가지로 금속 결합과 달리 이온 결합에서 금속 원자가 비금속 원자에게 준 전자는 절대로 자유롭게 돌아다닐 수가 없고, 비금속 원자의 무명지(ring finger)에 항상 단단히 끼워져 있어야 한다. 그래서 이온 결합으로 만들어진 고체는 대개 전기나 열을 잘 전달하지 못하며, 빛에너지가 들어와도 이를 맞아줄 만큼 한가한 전자가 없기 때문에 대체로 투명하다.

지구가 만들어질 당시에 여러 가지 금속 원자들이 비금속 원자, 그중 산소와 결합하여 화합물을 만들었다. 이들이 뒤섞여 굳은 것이 바로 광물, 암석이다. 즉, 금속은 금속 암석 속에 숨어 있어야 안정적이다. 차버린 애인에게 미련이 남아 주변을 배회하는 관계(금속 결합)와 무릎 꿇고 반지를 끼워주면서 백년가약을 맺은 관계(이온 결합)는 그 깊이나 영속성 면에서 비교가 되지 않는다. 그래서 선사 시대 인류의 눈에 먼저 띈 것은 금속이 아니라 돌이었다.

지금 이 순간에도 공기 중에 노출된 금속들은 부지런히 산소와 이온 결합을 하는데 이걸 우리는 녹이 슨다고 이야기한다. 따라서 녹과 광물은 본질적으로 같다고 볼 수 있고, 녹이 슨다는 것은 마치 생명체가 수명을 다하면 흙으로 돌아가듯이 인간이 광물로부터 뽑아낸 금속이 다시 자연으로 돌아가려고 하는 현상으로 이해할 수 있다.

공유 결합

금속 결합에서는 각각의 원자들이 너나없이 자유전자를 내어놓기 때문에 금속 결합에 의해 만들어진 물질은 전기가 잘 통하는 도전체(導電體,

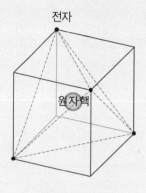

전자

원자핵

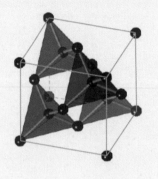

conductor)가 된다. 반면에 이온 결합에서는 금속 원자들이 전자를 내어놓는 족족 비금속 원자들이 챙겨 넣기 때문에 남아도는 전자가 없어 전기가 통하지 않는 부도체(不導體, insulator)가 된다. 그렇다면 딱히 전자를 내놓으려 하지도 않고 받아가려 하지도 않는 원자들이 결합하는 경우는 어떨까? 최근 우리 사회에 공유경제(共有經濟, sharing economy)가 화두로 떠오른 바 있는데, 이를 원자들은 태초부터 시행하여왔다. 이른바 공유 결합(covalent bonding)이다.

주기율표에서 IV-A 칸에 속한 원자들끼리 결합하는 경우를 살펴보자. 이 원자들은 가장 바깥쪽 전자의 수가 4개이다. 그리고 같은 음(-)의 전하들끼리 서로 밀어내는 성질 때문에 각각의 전자들은 최대한 떨어져 있으려고 한다. 4개의 전자가 최대한의 간격을 유지하려면 3차원 공간에서 어떻게 배치되어야 할까? 위쪽 그림과 같이 정육면체에서 서로 대각선 위치에 있는 꼭짓점에 전자가 하나씩 위치하면 각자 평등한 거리를 유지하며 최대한 떨어져 있게 된다. 이 모서리들을 연결하면 피라미드를 닮은 정사면체가 나온다.

이제 각 꼭짓점마다 똑같은 정사면체를 가져다 꼭짓점들끼리 맞닿게 한 다음에 전자의 수를 전부 세어보면 8개가 된다. 즉, 이러한 원자들은 4개의 원자가 전자를 모두 출자하고 4개의 원자를 동업자로 끌어들여 각각의 파트너와 전자 하나씩을 공동 소유함으로써 옥텟 상태를 완성하려고 한다. 그리고 꼭짓점에 갖다 놓은 원자들은 또 다른 3개의 원자를 자신의 꼭짓점에 끌어들여서 자기도 옥텟 상태를 완성하고자 하기 때문에 사방팔방으로 끊임없이 결합이 이어진다. 원자들이 3차원 공간에서 규칙적으로 결합하게 되었으니 이것은 당연히 고체이다.

탄소가 이렇게 피라미드 형태로 결합하여 만든 고체를 다이아몬드라고 하며, 이 같은 방법으로 원자들이 결합된 구조를 통칭하여 다이아몬드 구조라 한다. 전자를 내어놓으려 하는 원자도 없고 받아 챙기려 하는 원자도 없는 이 공유 결합은 전기에 대해 어떻게 반응할까? 영어권에서는 이렇게 어정쩡한 경우에 semi-라는 접두사를 붙인다. 여기서 반도체(半導體, semiconductor)라는 말이 만들어졌다. 반도체란 도전체와 부도체의 중간 정도로 전기가 통한다고 이해할 수도 있지만, 보다 학술적인 의미로는 조작이나 환경에 따라 도전체로도 부도체로도 자유자재로 왔다 갔다 하는 물질이라고 설명할 수 있다. 우리가 익히 아는 실리콘(규소, Si), 저마늄(Ge) 등의 반도체가 모두 다이아몬드 구조를 갖는다.

그런데 탄소 원자들을 중심으로 다른 원자들이 달라붙기 시작하면 전혀 다른 종류의 물질이 만들어진다. 전자들 중 1~2개는 다른 탄소 원자와 결합하고 나머지가 수소 또는 다른 원자들과 결합하면, 결합된 원자의 무리들은 대개 육각형의 고리 모양 또는 사슬 모양으로 늘어선다. 이렇게 만들어지는 물질들을 유기물(有機物, organic materials)이라 한다. 탄소 원자가 수십만 내지 수백만 개씩 늘어서기도 하는데 사슬 하나가 하나의 분자가 되므로 분자량 역시 매우 커진다. 그래서 이러한 물질들을 고분자(高分子, polymer) 물질이라고도 부른다. 고분자 물질들은 마치 실타래가 엉키듯 서로 엉겨 붙어 사슬들이 움직이지 못하므로 딱딱한 고체처럼 보인다. 이 가운데 약간의 열을 가해주면 사슬과 사슬 사이가 느슨해져 움직일 수 있게 되는 물질을 가리켜 플라스틱이라고도 부른다.

이제 실리콘 1개와 산소 2개가 결합하는 경우를 보자. 실리콘과 산소의 화합물인 SiO_2는 51%의 이온 결합 특성과 49%의 공유 결합 특성을 갖는다. 자유롭게 돌아다닐 수 있는 전자가 존재할 여지는 없다는 뜻이고, 결합이 아주 튼튼해 웬만해서는 분해되거나 변질될 염려 없이 유구한 세월을 고스란히 버텨낼 수 있다는 뜻이다. 이 물질이 자잘한 알갱이 형태로 바닷가에 흩어져 있으면 모래이고, 멋있게 각이 진 큰 덩어리로 발견되면 수정(水晶, crystal)이다. 광물명은 석영(石英, quartz)이다. 지표면에 존재하는 원소들을 전수 조사해보면 가장 많은 것이 산소로서 약 46%, 그다음으로 많은 것이 실리콘으로 약 28%를 차지한다. 여기에 세 번째로 많은(약 8%) 알루미늄이 가세하여 실리콘의 지원군 역할을 하는데, 이 3가지가 산과 들을 뒤덮은 모든 바위와 흙의 구성 요소(building block)가 된다.

갓 태어났을 때 지구는 땅덩어리가 아닌 쇳물 상태였다. 무거운 철, 니켈 등은 중심으로 모이고, 실리콘과 산소가 다양한 비율로 결합된 규산염(silicates)과 알루미노규산염(aluminosilicates, 규산염에서 규소의 일부가 알루미늄으로 치환된 물질) 등 가벼운 물질들은 표면으로 밀려났다. 시간이 지나면서 표면이 점점 냉각되어 지각(地殼, earth's crust)이 형성되니, 지표면에 가장 많은 성분은 당연히 규산염이 되었다. 다양한 종류의 규산염들이 이리저리 조합되더니 여러 가지 암석과 흙을 만들어냈고, 먼 훗날 인류가 이 땅에서 눈을 떠 자신들을 살려줄 도구를 만들고자 할 때 가장 먼저 눈에 띈 소재가 되었다.

금속의 발견은
인류를 어떻게
바꾸었나?

토기를 구워내는 가마의 설계에서 찾아낸 고대인들의 지혜! 고대인들은 어떻게
금속을 녹일 수 있는 높은 온도의 불을 얻었을까? 인류는 바위 속 깊이 숨어 있던
금속을 햇빛 아래로 끄집어냄으로써 찬란한 문명사회를 일구기 시작하였다.
근대과학의 태동과 산업혁명, 그리고 현대의 첨단 과학기술에까지 영향을 끼친
흥미진진한 연금술이 펼쳐진다.

© Shutterstock

'날카로운 모서리'에서 '저장 용기'로:
흙을 굽기 시작한 인류

농업혁명과 함께 신석기 시대가 열렸다. 인류의 생활양식은 '그날 잡아 그날 먹는 것'에서 '수확하여 저장해두고 먹는 것'으로 바뀌어갔다. 이에 따라 도구의 개념도 단지 '날카로운 모서리'를 가진 것에서 벗어나 '저장 용기'로 범위가 넓어졌다. 이전까지는 돌에 비해 인간의 시선을 덜 끌었던 흙이 진가를 발휘하게 된 것이다. 돌을 깎아 그릇을 만드는 것보다는 흙으로 빚는 편이 훨씬 쉬울 테니 말이다. 마침내 초등학교 때부터 수없이 들은 그 그릇, 빗살무늬토기가 등장할 때가 되었다. 빗살무늬토기는 신석기 시대의 대표적 유물이다.

인류가 불을 사용하면서 토기를 굽는 일보다 먼저 한 것은 음식을 익혀 먹는 것이다. 그런데 농경을 시작하면서부터는 점차 곡식이 주식이 되었다. 고기는 꼬챙이에 꽂아 바비큐를 하면 되지만 곡식은 그릇에 담아 익혀야 한다. 고기를 구울 때 그랬듯 그냥 가열하면 까맣게 타버리거나 팝콘처럼 터져 사방으로 흩날리니 정작 입에 넣을 수 있는 것은 얼마 남지 않게 된다. 인간은 초식동물만큼 어금니가 발달되지 않았고 되새김질도 할 수 없기에 곡식이나 열매를 물로 찌거나 삶아서 세포벽 안에 갇힌 영양소를 끌어내지 않으면 안 되었다.

식생활의 변화와 함께 도구의 개념도 점차 바뀌어갔다. 단순한 저장 용기가 아닌, 내용물이 빠져나가거나 새지 않고 뜨거운 불 위에서도 조리할 수 있는 주방 용품 혹은 식기로 발전하게 된 것이다. 풀을 엮어 만든 바구니는 액체를 담을 수 없다. 가죽으로 만든 주머니는 액체는 담을 수 있지만 불에 올려놓을 수가 없다. 거북이 등껍데기를 쓰면 좋겠지만 그건 구하기가 너무 힘들다. 금속을 발견하기 전까지, 인류는 흙을 구워 쓰는 것 외에는 뾰족한 수가 없었다.

석기 시대의 최첨단 기술,
토기와 가마

토기는 높은 온도에서 구울수록 조직이 더 치밀해져 물이 새지도, 잘 깨지지도 않게 된다. 그릇을 구웠을 때 물이 새나오지 않는 수준에 이르려면 섭씨 1,200~1,250도 정도는 되어야 한다.[1] 그런데 장작으로 모닥불을 피우는 정도로는 기껏해야 600~700도 정도밖에 올릴 수 없다. 인류는 자연을 열심히 관찰하여 불의 온도를 높이는 방법을 하나하나 알아내면서 마을 뒷산에 작은 화산(火山, volcano)을 하나씩 짓기 시작했다. 이것이 바로 가마 또는 요(窯, kiln)[2]이다. 여기서 청동기와 철기 문화가 싹을 틔우고 유리와 콘크리트 그리고 20세기의 반도체가 탄생하였다. 이후 산업혁명 시대까지, 높은 온도를 몇 날 며칠이고 균일하게 유지할 수 있는 가마를 설계하고 짓는 기술은 어느 문화권에서나 최첨단 기술에 속했다. 특히 우리나라는 삼한 시대부터 조선 시대 중엽까지 이 분야에서 최고의 경쟁력을 갖춘 기술 강국이었다.

바람이 불면 불길이 더 세차게 타오른다는 것은 누구나 알고 실제로

---

1 화산에서 뿜어 나오는 용암의 온도가 이 정도 된다.

2 'kiln'은 부엌, 화로 등을 뜻하는 라틴어 'culina'와 어원이 같다. 현대에는 맨 끝의 n을 발음하지만 원래는 묵음이었다. Kiln은 모든 것을 'kill'해버릴 만큼 제일 뜨거운 화로이다.

눈으로 목격하는 사실이다. 어떤 물질이 탄다는 것은 곧 산소와 결합한다는 뜻이다. 모닥불로 아주 센 불을 지피기 어려운 것은 주위의 산소가 장작과 모두 결합되고 나면 대류 현상에 의해 먼 곳으로부터 새로운 산소가 배달되어 올 때까지 기다려야 하기 때문이다. 바람이 불면 공기의 움직임과 함께 산소 공급도 빨라지니 연료가 더 잘 타게 되는 것은 당연한 이치이다. 그래서 고대 인류는 바람이 잘 불어 연을 날리기 좋은 언덕 위에 가마를 지었다. 열은 위로 올라가는 성질을 띠고 있으니 경사진 비탈에 가마를 지으면 아래쪽에서 피운 불의 열기가 위쪽으로 고르게 퍼질 터였다.

그런데 산소를 공급하여 빨리 타게 하는 것만으로는 온도를 높이는 데 한계가 있다. 열기가 흩어지지 않고 집중되도록 해야 한다. 사람들은 흙과 모래로 주위에 벽을 쌓고는 그 위를 깨진 토기 조각들로 덮었다. 나중에는 아예 이글루처럼 지붕을 꼭 막아 이른바 단열 시공을 했다. 그런데 이렇게 해놓으니 바람 길까지 막히는지라 좁은 틈새로 공기를 불어 넣을 풀무(bellows)[3]가 다시 발명되었다. 최대한 밀폐되면서도 연료와 산소가 원활히 공급되고 연기는 잘 빠져나가며 어느 지점에서나 균일한 온도를 유지하는 가마는 이렇게 탄생했다. 현대에 컴퓨터로 설계해도 쉽지 않은 조건을, 석기 시대 인류는 무수한 시행착오를 몸소 겪어가며, 또 다른 동물들과 맞설 유일한 무기인 통찰력을 사용해서 만들어냈다.

---

3 '풀무'의 우리말 어원은 '붊, 불무'이다. 'bellows'는 영어에서 배(腹, abdomen)를 뜻하는 'belly'와 어원이 같은데, '가방, 주머니'를 나타내는 고대 영어 belig에서 나온 말이다.

도대체 가마 속 온도는 어떻게 알았을까?

위에서 가마를 짓는 과정을 설명했지만, 여기엔 사실 중요한 질문이 하나 빠져 있다. 그것은 바로 '도대체 불이 얼마나 뜨거운지는 어떻게 알았을까?' 하는 것이다. 가마 속의 온도를 실시간으로 모니터할 수 있어야 풀무질을 계속할지 그만해도 될지 결정할 것이 아닌가. 온도계라는 것이 처음 발명된 때가 16세기 말이니 석기 시대에는 그런 걸 상상조차 할 수 없었을 것이다. 이 당시의 온도계는 지금 우리가 쓰는 것과는 조금 다르게, 물을 넣은 시험관을 물탱크에 거꾸로 꽂아놓은 형태였다. 위쪽 막힌 부분에 갇힌 공기가 온도에 따라 수축하고 팽창함에 따라 물기둥이 움직이는 원리였다. 설령 이 온도계가 석기 시대에 존재했다 하더라도 이런 형태로는 가마 속에 집어넣을 수도 없다. 인류는 어쩔 수 없이, 또는 자연스럽게 오감을 동원했다. 다행히 신석기 인류는 가마 속에 손을 넣어볼 정도로 무모하진 않았다.

고대로부터 우리의 눈은 훌륭한 온도계 역할을 해왔다. 지금도 많은 사람이 의식하지 못한 채로 사용하고 있다. 잠시 컴퓨터 모니터 또는 TV의 환경설정 버튼을 눌러보자. 색상 조정 또는 색온도 설정 메뉴가 있고 9300K, 7500K, 6500K 등의 값을 선택하도록 되어 있을 것이다. 낮은 숫자를 선택하면 화면에 전체적으로 붉은 기운이 돌고, 높은 숫자를 선택하면 전체적으로 푸른 기운이 돈다. 여기서 숫자는 절대온도(단위는 Kelvin, K)를 나타낸다. 모든 물체는 온도가 올라가면 빛을 내기 시작한다. 이것이 초등학교 때 배운 복사(radiation) 에너지이다. 온도에 따라 빛의 색깔이 달라지기 때문에 온도는 색으로, 또 색은 온도로 바꾸

어 표현할 수 있다.[4]

　예로부터 불을 다루는 장인들은 도제식 교육을 통해 가마에 조그맣게 난 구멍을 들여다보면서 화염의 미묘한 색깔 변화를 가지고 온도를 가늠하는 훈련을 받았다. 지금도 제철소에서 신(神)급 대우를 받는 명장(名匠) 중에는 용광로 불빛만 보고 온도를 거의 정확하게 맞히는 사람들이 있다. 실제 용광로에 쓰이는 온도계도 똑같은 원리로 작동한다. 불꽃에서 나오는 빛을 현대물리학 이론에 따라 카메라로 분석하여 온도를 결정하는 것이다. 이러한 작업을 수천 년 동안 이미 훈련된 인간의 눈과 뇌가 순식간에 처리해왔으니 인체의 신비함이란 가히 놀랄 만하다. 인터넷에서 'color temperature chart'로 검색하면 대조표들이 여럿 나오는데, 용광로나 가마를 구경할 기회가 있다면 이 대조표를 눈으로 직접 확인하는 기회로 삼아봐도 좋겠다.

　온도가 올라감에 따라 불꽃의 색깔은 점점 푸른 빛깔을 띤다. 즉, 처음에는 붉은색에서 시작하고 노란색과 흰색을 거쳐 아주 높은 온도에서는 푸른색으로 보인다. 재미있는 것은, 우리가 일반적으로 색깔을 통해 심리적으로 받게 되는 느낌은 붉은색은 따뜻하고 푸른색은 차다는 것인데, 실제 불꽃의 색깔과 온도 사이의 관계는 이와 정반대라는 것이다. 언뜻 이해하기 어려울 수 있겠지만, 한국 사람들이 뜨거운 국물을 마시

---

4 색온도 9300K라는 말은 컴퓨터에 흰색 화면을 띄웠을 때 우리 눈이 느끼는 푸르스름한 색감이 표준물질을 9,300도로 가열하였을 때 나오는 빛과 같은 색감이라는 뜻이다. 달리 설명하자면, 촛불의 불꽃은 약 1,000도에 달하는데 어떤 물체가 달구어지면서 빛을 내뿜을 때 촛불과 비슷한 색감을 낸다고 하면 그 물체의 온도가 1,000도쯤 되리라고 짐작할 수 있다는 것이다.

거나 찜질방에 들어앉아 시원하다고 말하지 않던가. 또한 우리는 매우
강렬한 빛을 보면 눈이 시리다고 표현하기도 한다.

금속의 발견:
자연 상태에서 인류가 최초로 만난 금과 철 그리고 구리

사람이 혼자 있으면 외로움을 느끼고 이성(異性)에게 끌리는 것과 마찬
가지로, 금속도 혼자 있기보다는 자신과 (화학적으로) 반대 성질을 가진
물질에 끌려 자꾸 반응하고 싶어진다. 지구상의 물질 중에 금속과 궁합
이 아주 잘 맞는 것 중 하나가 산소이다. 그래서 대부분의 금속은 틈만
나면 산소와 결합하려고 한다. 금속과 산소가 결합한 것이 인간의 입장
에서 볼 때 별로 거슬리지 않으면 우리는 점잖게 "표면에 산화막이 형성
되었다"라고 하지만, 마음에 들지 않으면 "녹이 슬었다"라고 표현한다.
여러 가지 금속이 산소와 결합한 상태로 뒤섞여 있는 것이 암석이고 그
것이 미세하게 부서진 것이 흙이다. 따라서 대부분의 금속은 암석을 구
성하는 하나의 화학적 성분으로 존재하거나, 순수한 상태로 존재하더
라도 마치 꽃등심의 마블링처럼 바위 속에 미량 퍼져 있는 상태로 박혀
있어 바위를 통째로 녹여버리기 전에는 구하기가 힘들다.

그런데 사람들 중에도 독신주의자가 있듯이 금속 중에도 산소와 결합
하기를 거부하고 홀로 빛나는 것들이 있다. 이들을 우리는 '귀금속'이라
부른다. 당연히 종류도 많지 않고 양도 매우 적어 맘먹고 찾아다녀도 발
견할까 말까 하지만, 어쨌든 이들은 자연 상태에서 순수한 금속의 형태
로 존재할 수 있다. 그런데 응당 받아야 할 대우를 받지 못하는 금속도

있다. 평소 귀한 취급을 전혀 받지 못하는 구리는 사실 개천에서 난 용처럼 이 '클라쓰'에 속한다. 구리의 화학적 성질은 은이나 금과 매우 유사하다.[5]

인류가 최초로 사용한 금속은 금(金, gold)이라고 한다. 다른 물질에 반응하지 않고 순수한 상태를 유지하며, 외부로부터 자극이나 충격을 받아도 늘어날지언정 깨지거나 부러지지 않는 데다 반짝거리기까지 하니 누구라도 호기심을 갖지 않을 수 없었을 것이다. 더구나 특유의 노란색이 태양빛과 닮아 있으니, 금은 인간과 조우한 순간부터 역사적으로 내내 우두머리 지위를 나타내는 상징물로 기능했다. 그러나 역설적으로 이러한 속성 때문에 여러 사람을 웃게 만들어준 동시에 그보다 더 많은 사람을 광기와 죽음으로 몰아가기도 했다.

그다음에 인류의 눈에 든 것은 철(鐵, iron)이다. 여기서 말하는 철은 외계에서 온 것, 즉 운석(隕石, meteorite)의 형태로 지구에 떨어진 것을 의미한다. 우주를 떠돌던 암석인 유성체(流星體, meteoroid)들이 지구의 대기권으로 끌려 들어오면서 공기와의 마찰에 의해 타기 시작하면 별똥별(流星, shooting star)이 되는데, 타고 남은 별똥별이 땅에 떨어진 것이 바로 운석이다. 운석의 족보를 따져보자면 이것은 초신성(supernova)이 폭발한 잔해이다.[6] 초신성은 내부에서 핵융합 반응을 계속하며 여러 가지

---

5 주기율표를 찾아보면 구리(Cu), 은(Ag), 금(Au)은 세로로 나란히 같은 칸에 들어 있고 금 옆에 백금(Pt)과 수은(Hg)이 좌청룡 우백호로 자리한다. 이들이 자연 상태에서 순수한 형태로 존재할 수 있는 금속들이다.
6 초신성은 별(항성)의 일생(또는 진화 단계) 중 마지막 단계(죽음)에 해당한다. 자신이 갖고 있던 에너지를 모두 방출하며 폭발함으로써 밝기가 평소의 수억 배에 이르렀다가 서서히 잦아드는데, 초신성이 폭발한 중심에는 중성자별, 블랙홀 등이 만들어지고, 폭발하면서 방출된 물질들은 다시 새로운 별을 만들기도 한다.

운석으로 떨어진 철-니켈 합금(왼쪽)과 바위틈에서 발견되는 자연 상태의 구리(오른쪽).
왼쪽: © H. Raab, CC BY-SA 3.0 / Wikipedia
오른쪽: © John Mortimore, CC BY-SA 3.0 / Wikipedia

원소를 만들어내는데 이 과정에서 나오는 폐기물에 해당하는 것이 바로 철이다. 따라서 운석은 거의 철로 이루어져 있으며[7] 약간의 니켈이 포함되어 있다. 별똥별이 탈 때는 섭씨 1,600도 이상 온도가 올라간다. 공기라는 용광로 속에서 아주 잘 제련되어 땅에 떨어지는 것이다. 철은 귀금속에는 끼지 못하지만 용광로에서 갓 꺼낸 것 같은 상태로 지구에 떨어져 순수한 금속의 모습을 하고 있다. 그런데 철에 대한 오늘날의 일반적 인식과 달리 운석으로 떨어진 쇳덩어리는 매우 푸석푸석해 도구를 만들기에는 별 매력이 없었다. 하지만 하늘에서 떨어진 데다 워낙 드물었기 때문에 신성한 것으로 여겨져 선사 시대 인류에게 장신구 등으로 활용되었다. 철을 일컫는 고대 이집트어 'bianpt'나 티베트어 'thokcha' 등은

---

7 운석과 마찬가지로 초신성 폭발의 잔해로부터 만들어진 지구도 중심부(core)의 89%는 철로 이루어져 있다.

모두 '하늘에서 떨어진 반짝거리는 것'이라는 의미를 담고 있다고 한다.

그다음이 구리이다. 이것 역시, 무르다! 도구를 만들기에 부적합하다는 말이다. 그런데 두드리면 무작정 늘어나는 금과 달리, 구리는 두드리면 조금씩 더 단단해진

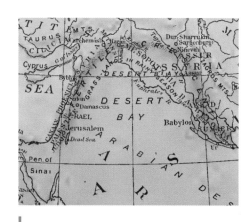

미국의 고고학자 제임스 브레스테드가 그린 비옥한 초승달 지대의 지도(1916년 출판). 아치 형태로 짙은 음영을 넣고 'FERTILE CRESCENT'라고 적어 넣은 것이 보인다.

다는 것을 사람들은 알아냈다. 그리고 최소한 금이나 철보다는 조금 더 쉽게 구할 수 있었다. 마침 농경이 가장 먼저 시작된, '비옥한 초승달 지대(Fertile Crescent)'[8] 부근에서 구리가 제법 많이 발견되었다. 한번 녹이 슬기 시작하면 속까지 다 번져버리는 철과 달리 구리 표면에 슨 녹은 안으로 파고들지 않아 잘 닦아내기만 하면 말짱했다. 청록색 녹을 그대로 두는 게 더 운치 있어 보이기도 한다.

메소포타미아 지역의 서쪽 키프로스(Cyprus)섬은 이후 로마 시대에

---

8 페르시아만(Persian Gulf)에서 시작하여 지중해 동부를 거쳐 홍해까지 연결되는 평원 지대는 기원전 9000년경 인류 역사상 최초로 정착생활을 기반으로 한 농경을 시작한 곳으로 알려져 있다. 1914년 미국의 고고학자 브레스테드(James H. Breasted)가 지도상에 보이는 모양을 따라 '비옥한 초승달 지대'라고 묘사한 이후 이 이름이 마치 고유명사처럼 굳어졌다. 4대 문명 중 하나인 메소포타미아 문명의 발상지이기도 하다. 현대의 지리상으로는 터키, 이라크, 시리아, 레바논, 팔레스타인, 요르단, 이집트의 일부를 포함하는 광활한 지역이다.

구리 광산으로 유명해졌다. 구리는 이 섬에서 나는 돌이라 하여 그리스어로 '퀴프리오스(kyprios)'라 부르다가 라틴어 'cuprum'을 거쳐 영어의 'copper'가 되었다. 지구 반대편인 미국 미시간주에는 세계 최대의 자연 구리 광산이 있는데, 인디언 원주민들은 기원전 7000년쯤부터 이미 이곳에서 구리를 채취해 사용하기 시작하였고 기원전 3000년경에는 활발히 도구를 만들었다고 한다. 그들은 구리가 박혀 있는 바위를 뜨겁게 달군 후 차가운 물을 부어 바위에 금이 가게 만들고, 이어 돌망치 등으로 내리쳐 구리 조각을 빼냈다. 만일 이 지역에서 고대 문명이 체계적으로 발전하였더라면 지금 우리는 구리를 'copper'가 아닌 'michigan'이라 부를 수도 있었을 것이다.

금속의 제련:
돌 속에 갇힌 금속을 뽑아내다

신석기 시대 중반까지, 자연에서 곧바로 채취한 이런 금속은 도구로서는 활용도가 낮았지만 워낙 귀했기에, 그리고 매우 반짝거렸기에 장신구로는 점점 더 쓰임새가 늘어났다. 농경과 함께 정착생활을 하게 되면서 소유와 분배 그리고 사회적 계층이라는 개념이 생겨났다. 이때 무리의 지도자를 나타내는 상징물로서 금속만 한 게 없었다. 농업 생산성이 높아져 물질적 여유가 늘어나고 사회가 점점 커지면서 금속의 수요는 폭발적으로 증가했으나 자연 상태의 금속은 그야말로 가물에 콩 나듯 하여 얻기가 어려웠다. 당연히 시간이 지날수록 점점 씨가 말라갔다. 그즈음 인류는 바위 틈새뿐 아니라 바위 속에도 금속이 (산소, 탄소, 수소 등과 결합하여) 자기 정체를 감추고 있음을 알게 되었고 어떻게든 이를 뽑아내고자 눈독을 들이게 된다. 이렇게 암석을 녹여 금속을 뽑아내는 것을 제련(製鍊, smelting)이라 한다.

구리 제련법을 발견하기 전 인류는 이미 돌로부터 납(lead, 원소기호 Pb)과 주석(tin, 원소기호 Sn)을 뽑아낼 수 있다는 것을 알고 있었다. 고대 유물 중 납으로 만든 구슬은 구리로 된 유물보다 1,000년 이상 앞서 있다. 납과 주석은 녹는점이 워낙 낮아서 이들이 포함된 암석을 모닥불에 던져 넣기만 해도 금속 형태로 녹아 나올 수 있다. 그럼에도 이들이 관심을 별로 끌지 못한 것은 둘 다 너무 무르고, 그렇다고 특별히 광택이 좋은 것도 아니었기 때문이다. 그래서 처음에는 뭔가 묵직한 것이 필요할 때 말고는 별로 사용되지 않은 것으로 보인다. 기껏해야 돌팔매질을 할 때 충격을 더 높일 수 있도록 돌 대신 쓰는 정도였다고 한다. 이집트인들은 '콜(Kohl)'이라는 검은색 안료에 납 가루를 섞어 눈화장을 하는 데 쓰기도 했다.

이후 납을 적극 활용한 것은 고대 로마인들이었다. 그들은 상식을 깨고 세계 최강 로마군단의 주 무기였던 창, 곧 '필룸(pilum)'이라 불리던 투창의 목 부분을 납으로 만들었다. 가볍고 단단하게 만들어도 아쉬울 판에 무르고 무거운 납이라니? 하지만 로마군은 그 특유의 성질을 역으로 활용했다. 고대에는 모든 물자가 워낙 귀했던 터라 전투 중 적이 쏜 화살이나 창을 다시 뽑아 재사용하는 일이 다반사였다. 그런데 로마군의 투창은 적의 몸이나 방패에 꽂혔을 때 창 자루의 무게 때문에 납으로 만든 목 부분이 휘어져버렸다. 상대편 군인 입장에서는 뽑아내기가 힘들어 재사용이 불가능했다. 일단 창이 꽂히면 거추장스러워 움직임이

둔해지고, 그래서 곧바로 달려든 로마군인의 칼에 속수무책 먹잇감이될 수밖에 없었던 것이다. 납은 또한 손가락으로도 쉽게 주물러 모양을바꿀 수 있기 때문에 구불구불한 파이프를 만들거나 스테인드글라스의유리 조각들을 서로 연결하는 등 건축자재로도 많이 사용되었다.

신석기 시대에 농경이 확산되면서 토기 굽는 기술이 발전하고 화산 수준의 불을 다루는 능력 또한 갖추게 된 것은 이야기한 바이다. 이 시대에 이미 900도 이상 올라가는 가마를 가뿐하게 만들 수 있었다. 이 정도면 구리 광석 내부에서 산소와 결합하고 있던 구리 원자들이 산소와 작별하고 이제 자기만의 길을 가는 데 충분한 인센티브가 된다.

유럽과 아시아 대륙의 경계에 있는 아나톨리아(Anatolia, 지금의 터키 일부, 소아시아라고도 함) 및 남쪽의 시나이(Sinai)반도에는 구리 성분을 포함하는 광물이 많이 있었다. 광물학 용어로는 '말라카이트(malachite, 공작석)'라고 하는데 청록색을 띠고 있어 눈에 잘 띈다. 굳이 땅을 깊게 파고들어가지 않더라도 야산이나 계곡 등지에서 쉽게 구할 수 있었다. 아마도 이 돌의 일부가 토기 굽는 데 들어갔을 것이다. 높은 열에 의해 말라카이트 속에 있는 구리 성분이 녹아 나와 토기 표면에 불그스름하게 반짝거리는 구슬이 맺혔고,[9] 인류는 마침내 암석 속에 갇힌 금속의 봉인을해제하는 데 성공했다.

---

9 순수한 구리는 우리가 동전이나 동파이프 등에서 보듯이 붉은 빛이지만 어떤 원소와 결합하느냐에 따라여러 가지 다른 색을 나타낸다. 말라카이트는 구리가 산소, 탄소 및 수소와 결합하고 있는 형태이기 때문에 청록색을 띠지만, 높은 열을 가해주면 이러한 원소들을 다 떼어내고 구리 원자들끼리만 뭉치게 된다."copper from malachite"로 동영상을 검색하면 말라카이트를 토치로 가열하여 구리를 뽑아내는 시연 장면을 볼 수 있다. 〈https://www.youtube.com/watch?v=CcxSTj8HSzc〉

연금술,
금속을 발견한 이래 인류를 사로잡은 꿈

선사 시대부터 인류가 사용한 7가지 금속을 '고대 금속(metals of antiquity)'이라 하는데 금, 은, 철, 수은, 주석, 구리, 납이 여기 해당한다. 이는 고대 철학 및 점성술과 밀접하게 연결되어 있어 금은 태양, 은은 달, 철은 화성, 수은은 수성, 주석은 목성, 구리는 금성, 납은 토성과 연결되었고, 이는 다시 한 주일을 구성하는 일(금), 월(은), 화(철), 수(수은), 목(주석), 금(구리), 토(납)의 각 요일에 대응되었다.

고대 철학에서 자연현상에 관심을 가지고 탐구하던 분야는 연금술(alchemy)로 발전하였다. 연금술은 일반적으로 사람들이 생각하는 것처럼 단순히 값싼 금속으로 금을 만들고자 했던 주술적 시도에 그치는 것이 아니라 철학, 기호학, 천문학, 의학 등을 아우르는 상당히 방대한 고대의 학문 분야였다. 지역적으로도 서양에 국한되었던 것이 아니라 아프리카와, 중동에서 극동까지 아우르는 아시아 지방에서도 광범위하게 연구되었다. 만물의 이치를 체계적으로 이해하기 위한 고대의 학문적 노력이라는 점에서 원형과학(protoscience)이라 부르기도 한다.

200여 국가에서 67개 언어로 번역 출간된 '해리 포터' 시리즈 제1편은《해리 포터와 마법사의 돌》이다. 그런데 영국에서 처음 출간되었을 때의 책 제목과 이후 미국에서 출간된 제목이 조금 다르다. 당초 작가가 영국에서 출간한 제목은 'Harry Potter and Philosopher's Stone'이었다. 그런데 미국 내 판권을 사들인 출판사에서 마케팅의 문제점을 들어 'Harry Potter and Sorcerer's Stone'으로 바꿔버린 것이다. 미국 어린이들은 'Philosopher'라는 제목을 보면 따분하고 고집불통인 노인을 떠올리고는 아무도 책을 사지 않을 것이라는 이유였다. Philosopher's stone은 '현자(賢者)의 돌'이라고 번역되는데 오래전부터 있던 연금술사들의 용어이다.

연금술에 관한 가장 오래된 기록은 서기 300년 즈음이다.[10] 그러나 실제 연금술의 역사는 사상적으로는 고대 그리스 철학의 원소론(元素論)에서 뿌리를 찾을 수 있고, 기술적으로는 금속을 본격적으로 가공하기 시작한 기원전 3500년경까지 거슬러 올라간다.

기원전 5세기에 활동한 엠페도클레스(Empedocles)는 이 세상이 물, 불, 흙, 공기의 4가지 원소 및 사랑과 다툼이라는 2가지 힘에 의해 돌아간다고 주장하였고, 이후 아리스토텔레스(Aristoteles)는 여기에 하늘을 채우고 있다고 믿어지던 아이테르(또는 에테르, aither, aether, ether)를 추가해 5원소설을 주장하였다. 이는 연금술의 근간을 이루는 핵심 이론으로서 의학과 약학에도 접목되어 18세기 중엽까지 열렬하게 신봉되었다. 신약성경에는 예수가 태어나자 페르시아로부터 현자들이 황금과 유향(frankincense)과 몰약(myrrh)[11]을 선물로 가지고 방문하는 장면이 나온다. 우리말로는 '동방박사(東方博士)'라 하고 영어로는 'magi' 또는

---

10 서기 296년 로마의 디오클레티아누스 황제는 이집트의 항구도시 알렉산드리아에서 일어난 반란을 진압한 후 점성술과 연금술을 불온한 사상이라 하여 관련 서적을 모두 불태웠다. 사실은 연금술사들이 실제로 금을 생산하기라도 하면 로마제국의 경제가 위태로워질지 모른다는 두려움 때문이었다. 알렉산드리아는 기원전 3세기 알렉산드로스 대왕 휘하의 장군이자 이집트의 왕이었던 프톨레마이오스 부자(Ptolemy I Soter, Ptolemy II Philadelphus)가 세운 세계 최대의 도서관이 있었을 정도로 사상과 학문의 교류가 매우 활발히 이루어지던 곳이다.

11 이집트의 '미라'는 몰약을 사용하여 시신을 방부 처리한 데서 나온 말이다.

'wise men'이라 표기되는 이들은 배화교(拜火敎, 조로아스터교 또는 자라투스트라교)의 사제들로 추정되며 점성술과 연금술에 능하였다고 한다.

암석을 뜨거운 불로 녹이면 금속을 얻을 수 있었으므로 연금술의 기본 원리는 고대 그리스의 원소설에 의하면 충분히 그럴싸한 것이었다. 원소들 중 흙과 불이 만나 금속이 만들어지는 것으로 생각하였으니, 이들이 조합되는 비율과 시간, 그리고 여기에 작용하는 힘을 적절히 조절하면 어떤 종류의 금속이든 만들어낼 수 있으리라는 추론이 가능했을 것이다.

동양에서는 물, 불, 나무, 금속, 흙의 5가지(오행)를 원소로 생각하였다. 금속을 불과 흙의 조합으로 만들어지는 것이 아니라 독립된 원소로 간주하였다는 점에서 서양의 원소설에 비해 과학적 본질에 좀 더 근접하였다고 볼 수 있다. 그러나 오늘날 우리가 알고 있는 바처럼 각각의 금속이 별개의 원자들로 이루어진 독립된 원소에 해당한다는 사실은 밝히지 못하였다. 오히려 다른 4가지 원소가 본질은 같지만 여러 종류로 나타날 수 있는 것과 마찬가지로 쇠붙이도 여러 가지 형태를 나타낼 수 있다고 생각하였기 때문에 하나의 금속을 다른 종류의 금속으로 바꾸고자 하는 노력 역시 계속되었다. 과거에는 모래에서 사금을 채취할 때 수은을 모래 위에 붓고 굴려서 금을 흡수하게 한 후 수은을 날려버리는 방법을 사용하였는데, 이는 여러 금속이 수은에 잘 녹는 성질을 이용한 것이다. 즉, 동양에서는 금을 양(陽), 수은을 음(陰)으로 분류하고 수은에 여러 가지 물질을 섞어보는 시도를 하였다. 그러다가 이 논리를 의학에까지 적용하여 불로장생약을 만들 때도 수은에다 이것저것을 섞어보았다고 한다. 영생을 꿈꾸었던 진시황이 결국 회갑연을 치르기도 훨씬 전인 만 50세에 객사했는데, 실제 사인은 수은 중독이었다는 설이 있다.

근대 과학의 전환점을 만들어낸 유명한 과학자들 중에도 활동 당시의 시각으로 보면 연금술사인 경우가 많다. 16세기에 활동한 덴마크의 천문학자 튀코 브라헤(Tycho Brahe)는 지동설을 주장한 코페르니쿠스의 이론을 천동설의 입장에서 절충하여 '튀코 체계'라는 수정된 천동설을 주장하였다. 왕은 그의 공로를 인정하여 전용 천문대를 설치할 수 있도록 벤(Hven)이라는 섬 하나를 통째로 하사하고 건축에 필요한 비용까지 지원하였다. 튀코 브라헤는 여기에 천문 관측 설비 외에도 연금술 장비들을 들여놓고 금속을 정제하는 실험도 했다고 한다. 그의 제자가 바로 행성의 움직임에 대한 기본 법칙들을 발견한 케플러(Johannes Kepler)이다. 이 법칙들은 뉴턴(Isaac Newton)이 만유인력의 법칙을 발견하는 초석이 되었는데, 뉴턴 자신도 물리학에 관한 논문보다 연금술에 관한 저술을 더 많이 발표하였다.

기체 법칙으로 유명한 17세기의 연금술사 보일(Robert Boyle)은 과학적이고 정량적인 실험 방법론을 연금술에 도입함으로써, 화학을 의학으로부터 분리해 독립된 학문으로 만들었다. 같은 시기에 활동한 브란트(Henig Brandt)는 소변을 가지고 '현자의 돌'을 만들어보려다가 인(燐, phosphorus)을 추출하게 되었는데,[12] 이는 근대적 의미의 원소를 최초로 발견한 사건이다. 18세기 초 서양의 자기(瓷器, porcelain) 기술을 독

---

12 소변의 색깔이 금색과 비슷한 데서 착안했다고 한다.

자적으로 개발한 것으로 알려진 뵈트거(Johann Friedrich Böttger)도 원래는 연금술사로서 왕의 명령으로 '현자의 돌'을 만들고자 여러 가지를 시도하다가 자기 제조법을 알아낸 것이다.

소설 《해리포터와 마법사의 돌》에서도 언급된 것처럼 '현자의 돌'이란 2가지 의미를 갖는다. 하나는 불로장생의 영약[13]을 가리키고, 또 하나는 값싼 금속을 금으로 만들어주는 물질이라는 의미이다. 연금술사들은 금을 직접 만들어내는 것보다 현자의 돌을 찾는 데 더 많은 노력을 기울였고, 이를 'magnum opus(위대한 업적)'[14]라고 표현하였다.

이 같은 노력은 현대 과학에 그대로 계승되었다. 예전에는 불치병으로만 여겨지던 질병들이 수많은 예방약과 치료제 개발로 정복되고, 같은 무게의 금보다 수십 배 이상의 부가가치가 붙는 소재와 제품이 만들어지고 있는 것이다. 특히 어떤 물질을 다른 물질로 바꾸어줄 수 있는 '촉매(觸媒)'는 현대의 화학, 화학공학, 재료공학 등에서 매우 중요하게 다루어지는 연구 분야이다.

오늘날의 현자의 돌, 촉매

촉매는 영어로 'catalyst'라고 하는데, '매듭을 완전히 푼다'라는 뜻을 갖는 고대 그리스어 'katalyein'에서 나왔다. 촉매란 자신은 화학반응에 참여하지 않지만 다른 것들의 반응을 촉진하거나 억제하는 물질을 가리

---

13 서기 950년경 중국의 연금술사들은 불로불사 또는 만병통치의 영약을 만들다가 '실수로' 화약을 발명하였다.
14 이 말은 '득도의 경지'를 뜻할 때도 쓰인다.

킨다. 그 의미를 조금 더 확대하자면 이렇다. 즉, 일반적 환경에서는 일어날 수 없는 반응이 촉매를 넣어주면 갑자기 잘 일어난다든지, 원하지 않는 반응이 일어나 자꾸 변하는 것을 촉매를 사용해 변동 없이 유지가 되도록 할 수 있다는 뜻이다. 촉매 역할을 하는 제3의 물질을 활용해 '그 어려운 걸 자꾸 해내려는' 노력은 인류가 처음 '돌'에서 금속을 뽑아냈을 때부터 시작되었다.

원래 돌 속에 숨어 있는 구리 원자들을 산소 원자들로부터 떼어놓으려면 섭씨 2,400도까지 온도를 높여야 한다. 그야말로 상상하기 힘든 온도다. 그러나 구리 광석을 잘게 부수고 거기에 숯(탄소)을 고루 섞어 넣은 뒤 불을 붙이면 탄소 원자들이 산소 원자를 알아서 먼저 데리고 나가기 때문에 1,000도 근처에서 충분히 구리를 뽑아낼 수 있다. 이 원리는 철광석에서 철을 뽑아낼 때도 똑같이 적용된다. 더욱이 철은 원래 여러 면에서 구리에 비해 열등했는데 만약 탄소와 적정 비율로 섞이면 구리보다 가벼우면서도 엄청나게 강해졌다. 여기서의 탄소는 엄밀히 따져 촉매라고는 할 수 없지만, 암석 속에 들어가 반짝이는 금속을 만들어내는 '현자의 돌' 역할을 한 것은 분명하다.

신약성경 요한복음에는 예수가 물을 포도주로 만드는 장면이 등장한다. 상식으로는 도저히 납득할 수 없는 일이기에 이런 일을 우리는 '기적'이라 부른다. 그러나 촉매의 힘을 빌리면 이런 기적을 비슷하게는 흉내 낼 수 있다. 쌀밥을 그냥 놔두면 딱딱하게 마르거나 쉬어버리지만 여기에 누룩이 들어가면 막걸리가 되지 않던가(누룩을 넣자마자 술로 바꿀 수 있다면 진짜 기적이 되겠지만, 숙성되는 시간을 기다려야 하니 기적을 모방하는 정도에서 그치는 셈이다. 너무 욕심을 부리지는 말기로 하자).

또 다른 예로, 고층 건물 유리창에 덕지덕지 낀 때를 박박 문질러 닦는 것은 힘도 들거니와 매우 위험한 일이기도 하다. 그런데 유리창 표면을 이산화티타늄(TiO_2)이라는 촉매로 코팅하면 유리창에 붙은 먼지에 햇빛이 닿았을 때 햇빛 속의 자외선에 의해 먼지가 분해되었다가 빗물에 간단히 쓸려 내려갈 수 있게 된다. 따로 청소를 하지 않아도 비만 오면 깨끗해지는 것은 동화 속 신데렐라나 콩쥐를 도와주는 요정이나 선녀가 행하는 기적에 필적할 만한 일이다. 이 역할을 해주는 광촉매(光觸媒, photocatalyst)[15]는 까마득한 높이에서 밧줄 하나만 의지한 채 매달려 유리를 닦아야 하는 위험을 없앴다는 면에서 돈으로 환산할 수 없는 가치를 지니는 현자의 돌이라 하겠다.

진정한 현자의 돌이란?

소설 《해리 포터와 마법사의 돌》에서, 호그와트에 실물로 보관되어 있던 마법사의 돌은 결국 파괴된다. 덤블도어 교장은 해리에게 그를 지켜준 것은 마법사의 돌이 아니라 해리 부모님의 희생과 사랑이었다고 이야기해준다. 이후 속편들에서도 불가능한 것들을 가능하게 하는 기적과 절망에서 희망으로, 패배에서 승리로, 슬픔에서 기쁨으로 변화를 가능하게 하는 힘은 마법이 아니라 서로를 향한 존중과 배려, 협력과 사랑이

---

15 빛을 쬐었을 때 어떤 화학반응을 빠르게 또는 느리게 해주는 물질을 말한다. 이산화티타늄에 빛을 쬐어주면, 이와 접촉하는 공기 중의 산소와 수분이 화학반응에 의해 오염물질을 분해할 수 있도록 도와준다. 이산화티타늄은 현재 가장 많이 상용화되었기 때문에 광촉매의 대명사처럼 여겨진다.

라는 것이 소설의 주제로서 되풀이된다.

별 가치가 없던 것들을 가치 있는 것으로 바꿔주는 것은 인간의 끝없는 호기심과 상상력 그리고 문제를 해결하기 위해 끝까지 매달리는 집념이다. 아니 어쩌면, 숨어 있던 가치를 찾아 드러내준다고 말하는 편이 더 맞을지도 모르겠다. 어쨌든 이 세상의 무엇이든 인간의 손에 닿으면 엄청난 것으로 변모할 수 있다는 사실은 인류의 역사에서 반복적으로 증명되었다. 이 같은 관점에서 보면 우리 인간이야말로 가장 뛰어난 '현자의 돌'이라 할 수 있겠다.

금수저와 흙수저:
이온화 경향

지표면에 있는 모든 원소를 양이 많은 순서로 줄을 세워보자. 무게 기준으로 산소가 46%이니 압도적으로 양이 많고 그다음이 실리콘(28%), 알루미늄(8.2%), 철(5.6%) 등의 차례이다. 구리는 불과 0.006%에 지나지 않아 그 순서가 무려 25번째이다. 그런데도 왜 인류가 처음 사용한 금속은 알루미늄이나 철이 아니라 하필 구리였을까?

잠시 중학교 시절로 돌아가보자. 과학 시간에 선생님이 무조건 외우라고 한 것이 몇 가지 있다. 그중 하나가 이온화 경향 또는 전기화학열(電氣化學列)이라고 부르는, 아래와 같은 서열이다.

칼륨(K) > 칼슘(Ca) > 나트륨(Na) > 마그네슘(Mg) > 알루미늄(Al) >

아연(Zn) > 철(Fe) > 니켈(Ni) > 주석(Sn) > 납(Pb) > 수소(H) > 구리(Cu) >

수은(Hg) > 은(Ag) > 백금(Pt) > 금(Au)

이온화하려는 경향이 강한 순서로 나열해놓은 이 원소 서열은 중학교 때는 시험을 잘 보기 위해 무턱대고 외웠을 테지만 사실 쓸모가 많다. 이걸 알아야 도금도 제대로 할 수 있고, 겨울철 빙판에 뿌린 염화칼슘으로 자동차 밑바닥이 부식되는 것도 막을 수 있으며, 망망대해에 몇 달씩 떠 있는 선박에 따개비(암초나 배 밑바닥 등에 붙어서 고착생활을 하는 절지동물의 일종)가 들러붙지 않도록 할 수 있다. 그런데 잘 들여다보면 이 서열에 포함된 원소들이 수소를 제외하고는 전부 금속이다. 자연 상태에서 순수한 금속의 형태로 우리 눈에 띌 수 있는 것은 수소를 기준으로 그 뒤에 나오는 5가지뿐이다.

이 서열의 의미를 쉽게 이해하려면 금속을 공기 중에 내어놓거나 물에 담갔을 때 순서가 앞에 있는 것일수록 불안정하여 변하기 쉽고 순서가 뒤로 갈수록 안정된 상태가 되어 녹슬지 않고 온전하게 존재한다고 생각하면 된다. 실제로 앞에서 세 번째에 있는 나트륨 같은 경우 물에 넣자마자 불이 붙고 폭발해버린다. 인터넷에서 'sodium in water'로 검색하면 그 장면을 생생하게 목격할 수 있다. 반대로 맨 끝에 있는 금이나 백금은 녹도 슬지 않고 왕수(王水, 진한 염산과 질산을 3:1 비율로 섞은 액체)에 녹이기 전에는 꽤 고약한 환경에서도 끄떡없이 버틴다. 그래서 값이 나가는 것이고 소장 가치도 있는 것이다. 즉, 은과 백금과 금은 단순히 매장량이 적어서가 아니라 녹이 슬지 않고 표면의 광택을 잘 유지하기 때문에 귀금속이라 불린다. 반면 이 서열의 보다 앞쪽에 위치하는 금속들은 낮을 비(卑) 자를 써서 비금속이라고도 부른다. 한국 사회에서 출신 계층에 따른 차별이나 불평등을 이야기할 때 '금수저', '흙수저'라는 표현을 사용하는 것처럼 금속도 금수저에 해당하는 귀(貴)금속과 흙수저에 해당하는 비(卑)금속으로 분류되는 것이다. 다행인 것은, 건강한 사회라면 태생과는 상관없이 공정한 기회가 주어져야 하듯이, 소재들의 사회에서는 귀금속이나 비금속이나 공업적으로 똑같이 중요한 활용도를 지닌다는 점이다.

이온화 경향에 대해 알고 나면, 왜 구리가 철이나 알루미늄보다 인류에게 먼저 다가오게 되었는지 이해가 간다. 이온화 경향이 구리보다 앞서는 철이나 알루미늄은 산소 등과 단단히 결합하여 암석의 상태로 존재하기 때문에 알아보기도 힘들고 제련하기도 힘들다. 반면 상대적으로 더 안정한 구리는 지표면에 존재하는 양은 적더라도 대신 순수한 형태로 존재할 확률도 높고, 산소와 결합하여 암석의 모습을 하고 있더라도 비교적 손쉽게 암석에서 뽑아낼 수 있기에 인류의 손에 먼저 쥐어질 수 있었다.

왜 구리 시대가 아니고
청동기 시대일까?

농업혁명과 잉여생산은 인간의 생활양식에 어떤 변혁을 가져왔으며,
청동기 기술을 어떻게 발전시켰는가?
또 구리보다 다루기 어렵고 열등하게 여겨졌던
철을 활용하는 기술을 개발할 수밖에 없었던 이유는 무엇일까?

© Shutterstock

구리와 청동,
맹물과 소주만큼이나 다르다

신석기 시대와 철기 시대 사이를 우리는 동기(銅器)가 아닌 청동기(靑銅器) 시대라고 배웠다. 왜 이 시대만 유달리 색깔을 강조해야 하는 것일까? 혹자는 구리 표면에 스는 푸른 녹을 청동이라고 생각하거나,[1] 심지어 초등학교 과학 시간에 자주 등장하는 황산구리를 청동으로 착각하는 경우도 있는데, 아무리 옛날 사람들이라도 이런 물질로 도구를 만들었을 리 만무하다. 구리와 청동은 이름만 보면 그게 그거 같지만 사실 맹물과 소주만큼이나 엄연히 다른 물질이다.

영어로 구리는 copper, 청동은 bronze라고 하는데, 올림픽 중계방송 등에서 구리로 만든 동메달이 bronze medal이라고 나오기 때문에 더 헷갈릴 수는 있겠다. 우리가 흔히 햇볕에 그을린 피부를 구릿빛이라고 표현하는 것을 영어나 프랑스어에서는 bronze라고 한다. 그런데 우리말로 홍인종이라 칭하는 아메리카 원주민의 피부색은 영어로 copper-skinned라고 한다. 우리나라에서 놋쇠 또는 유기(鍮器)라 부르는 것이 청동이다.

청동은 구리에 다른 금속을 섞은 합금(合金, alloy)의 일종이다. 2가지 이상의 물질이 균질하게(homogeneous) 섞여 있는 것을 용액 또는 용체(solution)라고 하는데, 자세히 구분하자면 액체 상태인 것을 용액(liquid

---

1 녹의 색깔 때문에 청동이라는 이름이 붙긴 하였지만 녹 자체가 청동은 아니다. 구리나 청동이나 똑같이 녹이 슨다.

solution), 고체 상태인 것을 고용체(solid solution) 또는 합금(alloy)이라 부른다. 예컨대 술은 물과 에탄올이 균질하게 섞여 있는 용액이다. 즉, 술은 아무리 오랫동안 놔둬도 에탄올이 물과 분리되어 가라앉거나 동동 뜨거나 하지 않는다. 현미경으로 들여다봐도 어디가 물이고 어디가 에탄올인지 전혀 구분이 되지 않는다. 이것이 '균질하다'라는 의미이다. 마찬가지로 청동은 구리에 주석 또는 다른 금속이 균질하게 고체 상태로 섞여 있는 것이다.

만일 누가 절벽 위에 순수한 구리로 만든 막대를 꽂아놓고 거기에 매달려보라고 한다면 나는 절대로 그 말을 듣지 않을 것이다. 순수한 구리는 몹시 물러서 사람의 몸무게를 견디지 못하고 휘어질 것이기 때문이다. 그런데 청동으로 만든 막대라면 얘기가 달라진다. 어쩌면 거기에 자신 있게 밧줄을 걸고 온갖 멋을 다 부리며 레펠(rappel, 등반 기술의 하나로, 급경사인 고지대에서 로프의 도움을 받아 저지대로 내려오는 것)을 시도해도 될지 모른다. 구리에 주석을 10% 안팎으로 섞은 청동은 순수한 구리에 비해 그 강도가 10배 이상이기 때문이다. 하기야 맹물에다 에탄올을 그 정도만 섞어 넣어도 사람들을 몰라보게 용감하게 또는 무모하게 만들 수 있으니, 청동이 구리보다 10배 이상 단단해진다고 해서 그리 놀랄 일은 아닐 법도 하다.

청동은 공기 속의 수분, 이산화탄소 등과 반응하여 표면에 동록(銅綠) 또는 녹청(綠靑, verdigris, patina)이라는 청록색의 녹이 스는데 이 때문에 그런 이름이 붙었다. 청동을 만드는 데는 주로 주석(tin, 원소기호 Sn)이 들어가며, 넓은 의미에서는 황동, 백동, 양은을 제외한 모든 구리 합금을 청동이라 부른다. 그런데 황동이나 백동, 양은 같은 구리 합금은 청동보다 강도가 약하며 훨씬 후대에 만들어진 것이다. 황동(黃銅, brass)은 구리에 아연(zinc, 원소기호 Zn)을 합금한 것이고, 백동(白銅, cupro-nickel)은 니켈(nickel, 원소기호 Ni)을, 양은(洋銀, nickel silver, German silver)은 아연과 니켈 2가지를 합금한 것이다.[2]

중동 지역에 살던 고대인들은 구리를 제련할 때 어떤 광석을 원료로 사용하느냐에 따라 얻어내는 금속의 강도가 다르다는 것을 발견하였고 이내 호기심과 창의력이 발동했다. 그들은 구리 광석에 이런저런 물질을 섞어보았고 시행착오를 거치며 새로운 지식을 쌓아나갔다. 그런데 유감스럽게도 그들이 최초로 시도했던 것이 비소(砒素, arsenic, 원소기호 As)였다.[3] 하필이면 독극물이라니. 골라도 한참 잘못 고른 것이었다. 구리를 다루던 사람들이 비소 증기를 맡고 죽어나가자 비소 사용이 중단되었고, 이들은 더 많은 시행착오를 겪어야 했다. 마침내 그동안 너무 무르고 쉽게 녹아 별 볼일 없던 주석이 최적의 후보로 인정받았고, 이후 구리-주석 합금이 청동의 대명사가 되었다.

청동기는 석기에 비해 가공하는 데 시간과 비용이 너무 많이 들어가 평민들이 일상에 두루 쓸 수 있을 만큼 대대적으로 보급되기는 어려웠다. 따라서 청동기 시대란 실제로는 청동기와 석기가 혼용된 시대였고

---

2 라면 애호가들이 가장 선호하는 조리 도구인 양은 냄비는 실은 구리 합금이 아니라 알루미늄으로 만들어졌다. 알루미늄은 스테인리스 스틸보다 열전도율이 높아 면발이 붓지 않고 빨리 익으니, 라면 애호가들의 선택에 어느 정도 과학적 근거가 있다고 해야 할 것이다. 흔히 '냄비 근성'이라는 용어도 양은, 아니 알루미늄 냄비에서 나온 말이다.

3 사극에 독약으로 가끔 등장하는 비상(砒礵)이 바로 비소 결정이다.

후기로 갈수록 자원이 고갈되어 점점 귀해졌다. 청동을 만드는 데 핵심 소재인 주석은 구리보다 먼저 인류에게 알려진 물질이었지만(2장 〈금속의 발견은 인류를 어떻게 바꾸었나?〉 참조), 주석 광석은 매우 한정된 지역에서만 구할 수 있었기에 더더욱 청동기가 널리 쓰이는 데 걸림돌이 되었다.[4]

청동기 시대의 가장 큰 발명품, 도시

한때 "그 어려운 걸 제가 자꾸 해내지 말입니다"라는 말을 유행시키며 대한민국 육군 장교를 일등 신랑감 반열에 올려놓은 TV 드라마가 있다. 그 드라마에서 대한민국 대테러부대 소속 알파팀이 주둔한 지중해 연안의 가상 국가 이름은 '우루크(Uruk)'였다. 그런데 우루크는 실제로 현재 이라크의 수도 바그다드 남쪽에 존재하는 도시의 이름이다. 인류 최초의 문명인 수메르 문명의 전형(典型)을 보존하고 있는, 고고학적으로 매우 중요한 의미를 지닌 도시이다. 우루크는 메소포타미아 지역의 도시 국가 시대를 연, 밀집된 인구를 가진 세계 최초의 도시로 알려져 있다.[5] 이라크라는 국명이 우루크에서 파생되었다는 설도 있다.

구약성경 창세기 10장 10절에는, 세상의 첫 용사이자 용감한 사냥꾼이던 니므롯(Nimrod)이 바벨(Babel), 에렉(Erech), 악갓(Akkad) 등의 도

---

4 유라시아 대륙에서 주석 광산은 금 광산보다도 수가 적었고, 석기 시대부터 장신구 소재로 각광받던 호박(amber)보다도 드물었다. 청동기 시대에 들어와서 뒤늦게 관심을 받게 된 주석은 이미 이전부터 형성되어 있던 호박의 무역로인 호박로(琥珀路, amber road)를 따라 공급이 이루어지기 시작하였다. J. D. Muhly (1973). "Tin Trade Routes of the Bronze Age". *American Scientist*. vol. 41, No. 4, pp. 404–413.

5 메소포타미아(Mesopotamia)는 '두 강줄기(potamus) 사이(meso)의 영역(-ia)'이란 뜻으로서 지역 이름을 나타내며 수메르는 부족의 이름 또는 수메르 부족이 사는 땅이라는 뜻이다.

시를 세웠다고 나오는데, 에렉과 우루크를 같은 지명으로 보는 학자들도 있다. 소설가 톨킨(J. R. R. Tolkien)은 이를 차용해 대표작 《반지의 제왕》에서 거대한 가상의 세계를 창조하였다. 그는 가상 왕국 모르도르(Mordor), 곤도르(Gondor) 등을 만들고, 곤도르 왕국의 지역 중 하나에 에렉이라는 이름을 붙였다. 이어서 여기에 사는 종족을 도깨비(ogre)라는 뜻의 영어 고어 오크(Orc)라 하였고, 마법사 사루만이 이들을 변형시켜 만든(요즘으로 따지면 유전자 조작), 체격이 크고 힘센 사람들을 우루크하이(Uruk-hai)라고 이름 지었다. 톨킨은 가상의 왕국뿐 아니라 가상의 언어도 만들어냈는데, 모르도르 왕국의 가상 언어인 암흑어(Black Speech)로 우루크하이는 '오크족 사람'이라는 뜻이라고 한다.

인류 최초의 도시 문명인 메소포타미아 문명은 이처럼 많은 창작자에게 동경의 대상이 되었고 영감을 주었다. 그리스 로마 신화에 나오는 신들과 인간 영웅들이 사용하는 무기나 도구들도 전부 청동제이다.

청동기 시대가 이렇게 풍부한 창작의 샘이 된 원동력 중 하나로 문자의 탄생을 꼽을 수 있다. 그렇다면 청동기 시대 사람들은 어째서 문자를 쓸 생각을 하게 되었을까. 농경을 시작하면서 잉여 농작물이 생겨나 그 수확량을 기록하고, 또 교역이 활성화되면서 계약과 관련해 정확한 기록을 남길 필요가 생겼기 때문이다. 문자의 사용은 추상적인 뜻이나 소리를 구체적 이미지로 변형시킬 수단을 제공함으로써 인간의 상상력과 창의성을 크게 확장시켰다. 실제로 문자를 읽고 쓸 줄 아는 사람들은 극소수에 불과했지만, 문자의 등장은 정확한 기록과 데이터를 바탕으로 체계적 사고에 따른 의사결정이 가능한 환경을 조성하는 데 큰 역할을 하였다고 볼 수 있다.

신석기 시대에 시작된 농경은 인류에게 잉여(剩餘, surplus)의 개념을 알려주었다. 수확이 끝나고 나면 일단 먹을 것과 시간이 남아돌았다. 모든 사람이 식량을 구하는 데만 매달릴 필요가 없어졌기 때문에 각자의 특별한 관심사에 따라 자아실현을 할 수 있게 되었다. 또한 정착생활을 시작하면서 제대로 된 가마를 짓고 토기를 구워내는 과정에서 불과 흙과 돌의 조합이 만들어내는 무한한 가능성에도 매료되었다. 돌 속에서 나온 반짝거리는 금속, 처음엔 무르고 푸석하지만 이것저것 섞고 돌망치로 이리저리 두드리면 마침내 돌을 깰 수 있을 정도로 강해지는 청동에 인생을 거는 사람들이 생겨났다. 수많은 시행착오 경험을 분석하고 이를 후대에 전수하여 체계적으로 기술을 발전시키기 위한 과학적 사고가 자연스레 형성되었다. 이런 측면에서 문자의 사용과 청동기의 발전은 그 궤를 같이한다고 볼 수 있다.

농경이 가져다준 잉여의 개념은 인류에게 '저장'이라는 문제를 던져주었다. 수확이 끝나고 다음 수확 시기까지 곡식을 저장하려면 예전에는 미처 생각지 못했던 규모의 공간이 필요했다. 또한 농업 외에 다양한 직업이 생겨나 사회구조가 복잡해지면서 더 많은 사람이 모여 살게 되니 대규모의 저장 공간은 물론이고 사람들의 거주 공간, 그리고 다양한 직업 활동을 수행할 수 있는 거대 건축물도 필요했다. 나무와 흙만 가지고는 이러한 구조물을 세우기가 불가능했다. 바위를 다듬어 튼튼한 벽을 쌓아야 했다. 그러려면 바위를 때렸을 때 깨지지 않을 정도로 단단한 소재를 개발하는 일이 절실했는데, 때마침 청동이 거기 있었다. 이집트의 피라미드나 중동 지역의 지구라트(Ziggurat) 등 오늘날 불가사의라고 일컬어지는 거대한 구조물은 청동기가 있었기에 가능했다.

잉여 농작물이 생겨 저장을 해야 한다는 사실이 던져준 더 큰 문제가 있었다. 견물생심이라고 좋은 게 잔뜩 쌓여 있는 걸 보면 부럽고, 갖고 싶고, 더 나아가 뺏고 싶어지기도 하는 것이다. 인간의 탐욕은 다른 사람뿐 아니라 자신까지 멸망에 이르게 하는 파괴적 속성이지만, 아이러니하게도 역사의 수레바퀴를 앞으로 굴리는 힘이 되어왔다는 사실 역시 잘 알려진 바이다. 앞서 1장에서 언급한 배증의 개념과 함께 잉여의 개념은 필연적으로 전쟁을 가져왔고 청동은 전쟁을 수행하는 데 핵심 소재가 되었다. 적의 무기와 부딪쳤을 때 부러지지 않는 소재로서 병사 개인의 무장을 개량하는 데 필요할 뿐 아니라, 병사들을 보호하고 적보다 빨리 달릴 수 있는 수레[戰車], 치열한 전장을 누비면서도 망가지지 않는 바퀴를 만드는 데도 청동기는 없어서는 안 될 소재였다.

도시를 표현하는 고대어들을 찾아보면 라틴어의 civitatem, 그리스어의 polis 등이 나온다. 전자는 시민권(citizenship), 시민사회(community)라는 의미가, 후자는 성채(citadel), 요새(fortress)라는 의미가 강하다. 이 어휘들은 라틴어 'castellum'과 연결되는데, 이는 벽으로 둘러싸인 마을이란 뜻으로 영어의 castle, 프랑스어의 château 등의 어원이다.[6] 성(城, castle)이라고 하면 아무래도 디즈니 만화영화에 나오는 왕자와 공주가

---

6 17세기 초기의 영어 성경에는 그리스어로 마을을 나타내는 'kome'라는 말이 'castle'로 번역되어 있다. 또 프랑스 보르도 지역의 포도원들은 전부 'Château'라는 이름으로 불린다.

사는 화려한 건물이 맨 먼저 떠오를 테지만, 사실 '성'이란 외부의 침략을 막기 위해 담을 쌓고 그 안에서 사람들이 안전하게 모여 살던 지역을 의미한다.

그렇다면 역으로 이렇게도 생각해볼 수 있다. '도시'라는 말에는 항상 싸울 준비가 되어 있는 성벽과 무장이 필연적으로 내포되어 있다고 말이다. 영어의 civil engineering은 우리말로 토목공학이라 번역되는데 여기서 토목은 '축토구목(築土構木)'의 줄임말이다. 즉, 인류 문명은 농경을 위한 수리 사업으로 흙을 쌓아올리고 나무로 엮어 괴는 일을 시작으로 점차 성을 쌓고 도시를 건설하는 것으로 발전하였다. 도시를 나타내는 말들 중 어디에도 '청동'은 포함되어 있지 않지만, 도시의 출현과 발전은 청동이라는 소재가 등장하기 전까지는 일어날 수 없는 일이었다.

이처럼 도시 문명은 청동기 사용을 바탕으로 탄생하였으므로, 혹자는 청동기 시대의 가장 큰 발명품은 도시라고 말하기도 한다. 즉, 신석기 시대를 농업혁명의 시대라고 하는 것에 대응해 청동기 시대를 도시혁명의 시대라 부른다.

청동기 시대는 왜 그리 금방 저물었을까

성경을 한 번도 들춰본 적이 없다 하더라도 다윗과 골리앗의 이야기는 누구나 여러 번 들어보았을 것이다. 구약성경 사무엘상 17장에 보면 블레셋족(Philistines)이 이스라엘을 침공했을 때 아직 이마에 솜털이 보르르한 소년 다윗이 키가 2미터를 훌쩍 넘는 적장 골리앗을 혼자서 상대하여 물맷돌(slingshot) 하나로 해치우는 장면이 나온다. 사실 우리나라 사람들에게는 이 이야기가 별로 특별하게 들리지 않는다. 삼국통일 전쟁 때의 관창 등 화랑들의 이야기나, 임진왜란 때 고향을 지킨 이순신 장군의 셋째아들 이면(李葂)의 이야기 등등 다윗급의 전투력과 용기를 보유한 소년 영웅들의 활약이 우리 역사 속에 생생하게 전해오기 때문이다.

그런데 성경을 몇 장 더 앞으로 넘겨 사무엘상 13장 19~22절로 가보면 꽤 흥미로운 이야기를 만날 수 있다. 다윗과 골리앗 이야기의 배경을 설명한 대목이다.

> 그때에 이스라엘 온 땅에 철공이 없었으니 이는 블레셋 사람들이 말하기를 히브리 사람이 칼이나 창을 만들까 두렵다 하였음이라. 온 이스라엘 사람들이 각기 보습이나 삽이나 도끼나 괭이를 벼리려면 블레셋 사람들에게로 내려갔었는데, 곧 그들이 괭이나 삽이나 쇠스랑이나 도끼나 쇠채찍이 무딜 때에 그리하였으므로 싸우는 날에 사울과 요나단과 함께한 백성의 손에는 칼이나 창이 없고 오직 사울과 그의 아들 요나단에게만 있었더라.

여기서 사울과 요나단은 당시 이스라엘의 왕과 왕자이다. 이 당시는 청동기 시대가 저물어가고 철기의 사용이 궤도에 오르기 시작하던 과도기였다. 인류는 대부분의 시간을 구석기 시대에서 보냈고, 청동기 시대는 가장 짧아서 불과 약 2,000년 만에 급격히 철기 시대로 넘어가는데,[7]

---

7 메소포타미아 지역 기준으로 청동기 시대는 기원전 3300년경 시작되었고 이곳에서 철기 문명이 시작된 것이 기원전 1200년경이다.

그 이유가 꽤나 흥미롭다.

앞서 설명한 바와 같이 청동은 구리에 주석을 약 12% 합금하여 만든다. 그런데 당시 고대 문명이 태동한 메소포타미아나 이집트 지역에서 구리 광석은 상당히 많은 곳에서 발견되었지만 주석이 들어 있는 광석은 얻을 수 없었고, 주석 광산은 유럽 전역을 통틀어도 몇 군데 되지 않았다. 따라서 중동−동유럽−이집트를 잇는 교역로가 자연스럽게 형성되었다. 심지어 교역로가 영국까지 확장되기도 하였다.

이렇게 청동기 문명이 발전하자 어느 날 해양 민족(Sea Peoples)이라 불리는 사람들이 수준 높은 청동제 무기로 무장하고 나타나 지중해 연안을 습격했다.[8] 이들은 군사력을 더욱 강화하고자 이 주석 교역로를 끊고 주석 광산을 점령한 뒤 내륙에 정착했다. 이어 당시 철기 기술이 가장 앞서 있던 히타이트(Hittite)를 정복하여 그 기술까지 흡수해나갔다.

언더독의 반란,
청동기의 몰락과 철기의 시작

사실 당시의 '철기' 기술은 주석이 부족해 청동기가 귀해지자 궁여지책으로 개발하기 시작한 것이었다. 처음에는 쓰던 청동기들을 모아 다시 녹여 재활용하는 방법을 택했으나, 청동기의 수요가 워낙 늘어나 여기에도 한계가 있었다. 그런데 구리를 제련할 때는 불순물을 제거하기 위

---

[8] 혹시 이 습격자들이 바이킹이라고 생각한 독자가 있다면, 아쉽지만 잘못 짚었다. 바이킹이 역사의 무대에 등장하는 것은 기원후 2세기 무렵이다.

해 약간의 철광석을 넣는다. 철광석은 원료 중에 섞여 있는 모래와 결합하여 아래로 가라앉아 슬래그(slag)라는 덩어리를 형성하기 때문에 찌꺼기를 구리(또는 청동)로부터 쉽게 분리할 수 있게 해준다. 이 슬래그에는 당연히 하얗게 반짝이는 철이 포함되어 있었을 것이고, 사람들은 여기에 주목하기 시작했다.

철광석은 구리보다 더 높은 온도에서 녹기 때문에 제련하기도 어렵고, 제대로 된 합금을 만들려면 탄소의 함량을 1% 안팎으로 정확히 맞춰야 하므로 다루기가 여간 까다로운 게 아니었다. 따라서 초기의 철기는 청동기에 비해 품질이 떨어져 외면받았다. 하지만 점차 사람들의 관심을 끌게 되고 특히 해양 민족의 영향으로 급속히 발전했다.

많은 학자가 블레셋 족속과 가나안 족속을 바로 이 해양 민족의 일부로 생각하고 있다. 이들이 어디서 왔는지 조상이 누구인지는 역사상 기록이 전혀 없지만 이들의 침략이 청동기 시대가 급격히 몰락한 주요 원인이라는 데는 학자들이 동의하고 있다. 당연히 이들은 자신들의 영업 비밀이자 아직 대중화되지 않은 첨단 기술, 곧 '철기를 다루는 노하우'를 철저히 비밀로 하였다. 사무엘상 13장 19절이 바로 그 내용이다. 반면 이스라엘은 제정분리(祭政分離)가 제대로 되지 않았던 부족 단위의 지도 체제에서 막 벗어나 왕정으로 넘어간 직후라 국가로서 기틀이 확립되어 있지 않았고 전반적 생활수준도 보잘것없었다.

따라서 이스라엘 사람들은 어쩔 수 없이 비싼 값을 치르고 블레셋으로부터 철기를 수입해 써야 했고 사후 관리마저 그들에게 의존해야 했다. 즉, 이스라엘은 블레셋에 기술적으로나 경제적으로나 예속된 나라였다. 당연히 일반 병사들은 제대로 무장을 할 수 없었다. 게다가 청동제 무기는 철제 무기보다도 더 귀했기 때문에, 철기 기술을 확보하지 못한 이스라엘 병사들의 손에 들려 있던 것은 나무를 깎아 만든 창이나 돌도끼 정도였다고 보는 게 실상에 더 가까울 것이다. 철기의 중요성을 깨달은 다윗은 나중에 왕이 된 뒤 철기 기술을 보유한 히타이트 사람을 참모로 둔다.

이러한 배경을 염두에 두고 이 이야기를 다시 들여다보면 다윗의 승리는 더 큰 의미로 다가온다. 비유하자면 6·25전쟁 때 군번도 계급도 없는 학도병이 홀로 포위망을 뚫고 적진에 잠입하여 소련군 야전사령관을 해치운 것과 다름없다. 청동기를 제치고 이후 현재까지 소재의 절대군주 자리를 차지하게 된 철도 약 3,000년 전까지는 골리앗 앞에 선 다윗의 입장이었다. 앞서도 말했듯 호메로스의 서사시에 등장하는 신들과 영웅들의 손에 들려 있는 최고 성능의 무기들은 죄다 청동제였다. 《일리아스》와 《오디세이아》가 저술된 기원전 9세기까지만 하더라도 사람들이 생각하는 첨단 무기는 하나같이 청동으로 만든 것이었다. 철은 청동에 비하면 보잘것없는 소재였다. 원래의 출신 성분도 구리를 제련할 때 모래찌꺼기에 엉겨 붙어 밖으로 끌고 나오는 비천한 신분이었다. 청동을 만들 때는 비싸고 귀한 주석이 뭉텅뭉텅 들어가지만 철에는 숯으로부터 스며든 탄소가 소량 존재할 뿐이다.

그런데 이 작디작은 탄소가 큰일을 냈다. 철을 다루는 사람조차 얼마만큼의 탄소가 언제 어디로 어떻게 들어갔는지 제대로 알 수 없었지만, 탄소의 비율이 정확히 맞기만 하면 철은 청동보다 더 가벼우면서도 더 단단한 소재인 강철(鋼鐵)로 거듭날 수 있었다. 귀하신 몸인 주석이 고갈되어 더는 청동을 만들어내지 못하게 되었을 때 철은 인간의 끈기와 지혜에 힘입어 흔하디흔한 탄소를 품게 됨으로써 '소재의 제왕'으로 등극하였다. 비록 그 정체가 연료로 사용한 숯으로부터 나온 것이라는 사실을 인지하고 정확한 비율을 찾아내기까지 무려 3,000년 가까운 시간이 걸리긴 했지만, 철은 갖은 악조건을 뚫고 다윗이 골리앗을 쓰러뜨리듯 청동을 급속히 대체해나갔다.[9]

---

9 18세기 후반까지 사람들은 철을 숯불에 넣으면 탄소가 스며든다는 사실을 인식하지 못했고, 오히려 불순물이 빠져나가 철이 더 순수하게 정제된다고 믿었다.

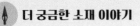

청동과 아이들:
황동, 백동, 양은

청동계의 지존, 방짜 유기

우리나라는 단군 이래로 전통적인 청동기 강국이었다. 고조선 시대의 비파형 동검은 무엇 하나 모자람 없는 동북아 최강의 무기였고, 구리거울인 정문경(精文鏡)은 현존하는 다뉴세문경 중 가장 정교한 것으로 인정받는다. 고조선의 청동은 구리 : 주석 : 아연의 비율이 대략 75 : 14 : 7 정도로, 엄밀히 따지자면 청동보다는 양은에 더 가깝다. 신라 시대에는 철유전(鐵鍮典)이 설치되어 합금 기술이 획기적 발전을 이루었는데, 이후 중국에서는 신라동, 고려동 등으로 부르면서 고급 종(鐘)이나 식기를 만드는 용도로 이를 수입해 갔다.

청동 기술에 정점을 찍은 것은 조선 시대의 방짜 유기(鍮器)이다. 방짜라는 말은 유래가 여러 가지인데, 오늘날의 KS마크에 해당하는 '方字'에서 온 것이라는 설이 유력하다. '方'에는 '네모반듯하다', '바르다', '법, 규정, 지침' 등의 뜻이 있어, 규격에 맞게 제대로 만들어진 물품에 대해 품질을 보증한다는 의미로 이 글자를 찍어주었다는 것이다. 그러나 현재 확실하게 알려진 것은 구리와 주석의 비율이 78 : 22인 것은 방짜, 값이 비싼 주석의 함량을 줄여 80 : 20으로 만든 것은 반방짜, 비율을 제대로 지키지 않았거나 잡금속을 섞은 것을 퉁짜라고 한다는 것 정도이다. 즉, 방짜와 퉁짜는 요즘 젊은 층에서 사용하는

'찐'과 '짝퉁'에 해당하는 우리 고유의 말이라고 볼 수 있다.

방짜란 단어를 사전에서 찾아보면 "품질이 좋은 놋쇠를 녹여 부은 다음 다시 두드려 만든 그릇"이라고 나온다. 여기서 우리 조상들의 우수성이 드러난다. 현대 재료공학 이론에 의하면 주석의 양이 많을수록 놋쇠가 단단해지긴 하지만 동시에 잘 깨질 수 있기 때문에 주석 함량이 10%가 넘지 않도록 하는 것이 좋다고 되어 있다. 그런데 방짜는 주석 함량이 이 기준의 2배가 넘는데도 불구하고 "두드려서" 만들었다는 것이다. 더구나 역시 같은 방짜로 만드는 징이나 꽹과리는 아예 용도 자체가 쉴 새 없이 두드리는 것인데도 연주 도중에 깨지는 것을 본 적이 없다.

나중에 밝혀진 바에 의하면, 주석 함량이 높더라도 18~25% 사이의 범위에 있다면 섭씨 600도 정도로 달군 상태에서는 두드려도 깨지지 않는 조건이 된다. 그래서 장인들이 둘러앉아 방짜를 불에 달구어 두드리고 식으면 다시 달구어 두드리고 하는 것을 반복하면서 그릇의 모양을 잡아나가면, 마침내는 원자들의 배열 구조가 충격에 잘 견디는 형태로 재배열되어 상온에서도 잘 깨지지 않는 조직으로 바뀌게 된다. 우리 조상들은 수많은 시행착오 끝에 이 비밀의 문을 찾아낸 것이다.

조선 시대에 유기 명산지로는 평안북도의 납청과 경기도의 안성이 쌍벽을 이루었다. 방짜는 원래 납청이 더 유명했다고 한다. 이에 비해 안성은 주변에 숯가마가 많아 연료를 조달하기 쉬웠고, 무엇보다 영남과 호남의 특산물들이 도성으로 올라오는 길목에 위치한 까닭에 교통의 요지로서 생산품의 유통이 원활하였으므로 유기를 생산해 판매하기에 최적의 입지였다. 그래서 서울의 양반들은 식기나 제기(祭器)를 안성에 있는 유기장(鍮器匠)들에게 일습(一襲), 즉 세트로 주문했다. 유기장들은 이러한 맞춤 제품에 대해서는 일반 시장에

내다 파는 물건들과는 비교할 수 없을 정도로 심혈을 기울여 제작하였기에 그 품질이 주문자의 마음에 쏙 들 만큼 뛰어나 '안성맞춤'이라는 말이 생겨난 것이다.

임진왜란 이후 우리나라의 도자기 산업은 날로 쇠퇴해 품질이 점점 떨어졌다. 이때 조선 귀족은 물론 일반 대중의 눈을 사로잡은 것이 금의 광택을 닮은 유기였다. 유기는 (금속치고는 상대적으로) 보온도 잘되고 살균 효과도 있는 데다 사기처럼 깨질 염려도 없으니 식기로는 말 그대로 안성맞춤이었다. 흔히 한국과 일본의 식문화를 비교하면서 한국에서는 밥그릇을 상에 놓은 채로 숟가락을 사용해 입으로 가져가는 데 반해 일본에서는 밥그릇을 손에 들고 입가까이 가져가 젓가락으로 쓸어 넣는다는 식으로 차이점을 이야기한다. 혹자는 그 이유가 그릇을 만드는 소재의 차이 때문이라고 설명한다. 우리나라에서는 식기를 사기 또는 유기로 만들었기 때문에 그릇 자체가 무거웠다. 게다가 옛날의 밥주발은 요즘 밥공기의 3배 정도의 용량이었기에 밥그릇을 손에 들고 먹는다면 몇 숟갈 뜨기도 전에 팔이 저려올 것이다. 반면에 일본에서는 그만 한 기술이 없어 주로 옻칠한 목기를 만들어 썼고, 그래서 가볍게 들고 먹을 수 있었다.

조선 시대에 명성을 떨쳤던 유기는 지금은 남아 있는 것이 거의 없다고 한다. 일제강점기에 일본이 태평양전쟁을 일으키면서 탄피를 만들기 위해 전부 공출해 갔기 때문이다. 그나마 남은 것은 일부 양반가에서 목숨처럼 소중히 여겼던 제기 등을 일제의 눈을 피해 몰래 땅에 묻어 보존했던 덕분이다. 광복 직후 유기는 최고 전성기를 맞아 식기 외의 일상용품 및 농악용 악기까지 방짜 기법으로 만들었다.

사물놀이에 쓰는 징과 꽹과리도 방짜로 만든다. 서양식 악기 핸드벨은 청동을 주물로 틀에 부어 만드는데, 주물로 만든 이런 금속은 내부 조직이 치밀하지 못해 소리를 잡아먹는다. 유사한 방식으로 만드는 학교 종은 기껏해야 '땡땡땡' 소리밖에는 내지 못한다. 그러나 방짜 기법으로 두드려 만든 징과 꽹과리는 내부 조직이 매우 치밀해져 특유의 공명과 맥놀이(여운으로 소리가 주기적으로 커졌다 작아지기를 반복하면서 길게 지속되는 현상)를 지닌다. 그래서 사물놀이 리듬을 들으면 심장 박동이 그에 동조하면서 자기도 모르게 몸이 들썩이게 된다.

알려진 바와 같이 구리와 청동은 특유의 청록색 녹이 슨다. 청동으로 만든 조각상이나 건축물은 자연스레 녹이 슬면서 내는 색깔이 마치 에메랄드와도 같은 독특한 아름다움을 더한다. 산소나 습기뿐 아니라 다른 이물질에 대해서도 쉽게 반응해 색깔이 변한다. 그래서 채소 등에 농약이 묻어 있는지를 알아보기 위해 일부러 놋그릇이나 놋수저를 사용하는 사람들도 있다.

역설적이게도 이러한 장점이 놋그릇의 몰락을 가져왔다. 원래도 시도 때도 없이 녹이 슬고 변색이 되는 것 때문에 옛날 우리 어머니들은 곤욕을 치렀다. 주방 세제나 청소 스펀지 등이 없던 시절에는 볏짚으로 만든 수세미에 기와를 곱게 빻은 가루를 묻혀 수시로 닦아줘야 했다. 대부분의 국민이 난방과 취사를 연탄에 의존하던 1960~1970년대, 연탄가스(일산화탄소)는 사람의 생명뿐 아니라 놋그릇에도 치명적이었다. 때마침 등장한, 일산화탄소에도 말짱한 스테인리스 스틸에 밀려 놋그릇은 가정에서 자취를 감추었다.

청동의 녹과 관련하여 재미있는 일화가 있다. 국회의사당은 원래 덕수궁 옆에 자리해 있다가 1975년 지금의 여의도 건물로 이전하였다. 그런데 원래의 설계안에는 돔이 없었다(로봇 태권브이 이야기를 하려는 것이 아니니 조금만 더 참고 읽어보시길). 건축가들은 한국적인 조형미와 평등하고 열린 공간을 추구하며, 돔이 없이 평평한 지붕을 가진 정갈한 모더니즘 양식의 설계도를 제시하였다. 그러자 해외 나들이를 갔다가 외국의 의사당들을 보고 온 국회의원들이 왜 우리 의사당은 모자를 쓰지 않았느냐고 반발하였다. 결국 수많은 재설계 끝에 모더니즘을 지나 거의 포스트 모더니즘적인, 그야말로 태권브이라도 튀어나오는 게 어울릴 법한 이도저도 아닌 지금의 건물이 탄생하였다.

우여곡절 끝에 동판으로 돔을 올렸는데, 국회 고위 관계자가 또 시비를 걸었다. 청동 돔인데 왜 붉은색이냐는 것이었다. 건설 관계자들이 구리는 원래는 불그스름한 색이고 시간이 흐르면서 자연스럽게 녹이 슬어 푸른색으로 바뀔 것이라고 설명했으나 의원들은 막무가내였다. 당시 국회 사무총장을 지낸 선우종원 씨에 따르면, 국회 사무처 건설 담당 책임자가 하는 수 없이 그 자리에서 소변을 보아 색깔이 변하는 것을 확인시킴으로써 겨우 무마했다고 한다.[10]

미국의 시각주의 전위예술가(또는 팝 아티스트)인 앤디 워홀(Andy Warhol)은 이와 똑같은 방법으로 구리의 녹을 예술 작품으로 승화시켰다. 1977년 12월 어느 날, 워홀은 구리판으로 만든 캔버스를 늘어놓고, 친구들을 초대하여 그 위에 마음대로 소변을 보도록 했다. 한술 더 떠 섭취하는 음식을 바꿔가며 나중에 구리판에 어떤 색깔이 나타나는지 실험해보기도 했다. 워홀은 이렇게 탄생한 '작품'들에다가 '산화(oxidation)' 시리즈라는 이름을 붙였다. 시기를 따져 본다면 우리나라 국회의사당의 돔이 이 새로운 예술 장르의 원조인 셈이다.

---

10 선우종원 (1998). 《격랑 80년: 선우종원 회고록》. 서울: 인물연구소.

황동

황동(黃銅, brass)은 구리와 아연의 합금으로서 구리에 주석이 들어간 청동 과는 구성 성분이 다르지만 우리나라에서는 모두 다 놋쇠라고 부른다. 황동 이 영어로는 brass인데 대부분의 사람들은 이 말을 들으면 브라스 밴드(brass band)를 제일 먼저 떠올릴 것이다. 금빛으로 번쩍거리는 취주악기로 구성된 악단에 이런 이름이 붙은 이유는 황동이 관악기를 만드는 데 최적의 소재이기 때문이다. 관악기는 노상 입김에 노출되므로 녹이 잘 슬지 않아야 하고, 정확 한 음을 낼 수 있으려면 얇게 펴서 이리저리 구부려 복잡한 모양을 만들 수 있 도록 가공성이 좋아야 한다. 이 2가지 요구사항을 만족시키는 것이 황동이다.

황동은 연성(延性, 가늘게 늘어나는 성질)과 전성(展性, 얇게 펴지는 특성)이 좋다. 표면을 아주 매끈하게 만들 수 있어 마찰이 잦은 문손잡이, 경첩, 베어링, 지 퍼, 밸브 등을 만드는 데 제격이다. 황동은 청동만큼 강하거나 단단하지는 않 기 때문에 그 옛날 무기 소재로는 그리 환영받지 못했다.

그러나 근현대에 들어와 총이 보편화되면서 얘기가 달라졌다. 특히 총기의 작동 방식이 변화되면서, 즉 이전에는 총구를 통해 화약과 탄환을 넣는 전방 장전식(muzzle loading)인 머스킷(musket)이었으나 이것이 탄두와 화약을 같 이 탄피에 밀봉하여 격발 위치에 바로 투입하는 후미 장전식(breech loading) 의 라이플(rifle)로 바뀌면서 탄피의 역할이 매우 중요해졌다. 탄약의 폭발력을 탄두에 최대한으로 전달하려면 탄피가 탄두를 빈틈없이 감싸야 한다. 화약이 터지는 순간 찢어지면 안 되니 충분히 질겨야 하고 당연히 고온에 잘 견뎌야 한다. 너무 딱딱하면 총기 내부를 마모시킬 우려가 크고, 너무 무르면 화약이 터질 때 부풀어 올라 총기 내부에 꽉 끼어버리니 밖으로 빼내지 못할 수도 있 다. 오래 보관했을 때 화약 성분 등에 의해 부식이 되어서도 안 된다. 여러모로 황동이 제격이다. 그래서 제1·2차 세계대전과 6·25전쟁, 베트남전쟁 등을 거치면서 황동 가격이 수십 배로 급등했다고 한다.

미국 군대에서 brass라고 하면 2가지 중 하나를 가리킨다. 하나는 앞서 이야기한 대로 탄피이다. 그리고 나머지 하나는 장성급 지휘관이다. 옛날에는 고위 장교의 계급장을 황동으로 만들었기 때문에, 우리나라에서 장군을 별이라고 부르듯 미국에서는 brass 또는 top brass라고 부른다.

백동

백동(白銅, cupronickel, copper-nickel)은 구리와 니켈의 합금으로서 여기에 철, 망간 등이 소량 추가된다. 백동은 선박이나 해양 플랜트를 만드는 데 아주 중요한 소재인데 소금기에 잘 견디기 때문이다. 같은 이유로, 손에서 나는 땀이 늘 묻을 수밖에 없는 동전도 백동으로 만드는 나라가 많다. 우리나라 500원짜리 동전과 100원짜리 동전이 대표적이다. 현악기의 줄을 감싸고 있는 가느다란 철사의 코일이나 기타(guitar)의 프렛(fret) 역시 연주자의 손에서 나는 땀으로부터 자유로울 수 없기에 백동으로 만든다.

백동은 기원전 300년경 중국에서 발명되었으며, 춘추전국 시대 후반부터 무기를 만드는 데 사용하였다고 한다. 차갑게 빛나는 은빛은 구리나 청동의 따뜻한 느낌보다 훨씬 더 위압적이고 살기마저 느껴진다. 강철처럼 쉬이 녹이 스는 것도 아니니 관리하기도 좋다. 그런데 이 시기는 이미 철기가 사용되던 때다. 백동은 강철보다 무르기 때문에 날이 금방 무뎌지는 데다 무겁기도 하다. 그렇다면 아마도 백동으로 만든 무기들은 실전에 사용하기 위한 것이라기보다 마치 이순신 장군의 장검처럼 지휘관의 권위를 나타내는 상징물의 의미가 더 컸을 가능성이 있다.

《삼국지연의》의 몇몇 다른 사본 중 하나에는, 도원결의(桃園結義) 후 관우가 대장간에 청룡언월도(靑龍偃月刀)를 주문하였을 때 대장장이가 당연히 장식용인 줄 알고 처음에는 날을 세우지 않은 채 내어주었다는 이야기가 나온다. 주문한 칼의 규격이 길이 약 2미터, 무게 약 18킬로그램에 달하였으니(우리 국군이 사용하는 M60 기관총 무게의 2배쯤 된다) 실전에서는 걸리적거리기만 할 것이다. 칼을 들어 올리는 동안 벌써 적의 창검에 찔릴 판국이라 그렇게 생각할 만도 하다. 어쨌든 실전용 무기와 전시용 무기는 이렇게 따로 있었다(어차피 청룡언월도니, 장팔사모(丈八蛇矛)니 방천화극(方天畵戟)이니 하는 무기들은 삼국 시대에는 있지도 않았고, 나관중이 투철한 작가 정신을 가지고 지어다 붙인 것이므로 큰 의미를 둘 필요는 없겠다).

분명 구리가 주성분인데 색깔은 은과 같이 흰색이니 유럽의 연금술사들은 이 백동에 혹할 수밖에 없었다. 중국은 백동 수출을 법으로 금했지만 16세기 무렵부터 인도를 통해 유럽으로 밀수출이 되기 시작했다. 유럽인들은 이 신기한 금속을 백동의 광둥어 발음 그대로 'Paktong'이라 불렀고, 독일의 연금술사들은 1750년부터 비슷한 합금을 만들어냈다. 19세기가 되자 여기에 아연을 첨가하여 양은을 만들어낸다.

양은

양은(洋銀, nickel silver, nickel brass, German silver)은 19세기 독일의 금속 장인들이 중국의 백동을 들여다 개량한 것이다. 이름에 은이라는 말이 들어가 있지만 실제 합금에 은 성분은 1도 포함되어 있지 않다. 우리나라에서는 은과 외양이 같지만 서양을 통해 들어왔다고 해서 양은이라 불렀다. 후에 양은은 알루미늄 합금을 가리키는 말로 의미가 바뀐다.

관악기 중에서도 플루트 같은 것은 금색이 아니라 은색이다. 전문 연주자들이 사용하는 것은 진짜 은이 들어간 합금으로 만들고 가격도 수백만 원 혹은 그 이상을 호가하지만, 학생들이 연습용으로 쓰는 것은 전부 양은으로 만든다. 재료공학자의 현실적 경제 감각으로 따져보자면,《레 미제라블(*Les Miserables*)》에서 장 발장이 훔쳤다는 은촛대도, 미리엘 주교가 그렇게 순순히 가져가라고 내어준 걸 보면, 실은 백동이나 양은으로 만든 것인지도 모를 일이다(빅토르 위고여, 부디 노여워 마시길……).

왜 도자기 시대는
따로 없을까?

돌과 함께 인류가 처음 접했던 소재인 흙! 도기 및 자기의 형태로 인간과 가장
가까운 곳에서 중요하게 사용되고 있는 흙의 역사는 곧 인류의 역사다.
중세까지 중국과 한국이 독점하였던 자기 기술은 1709년 연금술사인
치른하우스와 뵈트거의 제조법 발견, 그리고 일본의 전략적인 도공 납치 등을 통해
유럽의 여러 나라와 일본으로 이전되었고 이들을 근대 강국으로 발돋움시켰다.
도자기로 들여다보는 흥망성쇠의 역사!

© Getty Images Bank

불을 다룬다는 것의 의미:
인류, 에너지를 다스리게 되다

인류가 불을 사용한 흔적은 약 190만 년 전으로 거슬러 올라간다. 음식을 익혀 먹은 흔적이 발견되었다는 의미인데, 자발적으로 불을 피웠다기보다는 어쩌다가 산불이나 벼락 등에 의해 그을리게 된 것을 먹었다고 보는 편이 나을지 모른다. 의도적으로 불을 피우고 다스릴 줄 알게 된 것은 약 40만 년 전이고, 음식이 아닌 흙을 불에다 구워서 무언가를 만들 생각을 하게 된 것은 약 3만 년 전이라고 한다. 그런데 이 시기의 유물로 발견된 것은 그릇이 아니고 인형이다. 그 무렵 오늘날의 체코 지역에서는 흙으로 비너스상을 만들었다. 지금까지 발견된, 흙으로 구워 만든 가장 오래된 '그릇'의 연대는 이보다도 약 1만 년이 늦다. 어쩌면 선사 시대의 인류는 배를 채우는 것보다 머리를 채우는 것을 더 중요하게 생각했는지도 모른다. 어쨌든 이때까지 인류는 따끈한 국물 요리의 맛은 몰랐을 것이 분명하다.

불을 지피는 것과 음식을 먹는 행위 사이에는 큰 공통점이 있다. 두 경우 모두 물질이 산소와 결합할 때 나오는

체코의 돌니 베스토니체(Dolní Věstonice) 유적에서 발견된 비너스상. 높이 111mm, 너비 43mm. 기원전 29000~기원전 25000년 제작 추정.

© Petr Novák, CC BY-SA 2.5 / Wikipedia

에너지를 이용하여 일을 한다. 차이점은 '한꺼번에 빨리'와 '조금씩 천천히'이다. 에너지를 한마디로 정의하면 '일을 할 수 있는 능력'이다. 누구나 초등학교 때 경사면에서 공을 굴려가면서 운동에너지와 위치에너지를 계산해보고 에너지의 총합이 같다고 하는 '에너지 보존의 법칙'을 배운 기억이 있을 것이다. 사실 이 법칙의 정식 명칭은 '열역학 제1법칙'으로서 이 우주를 지배하는 기본적인 법칙 중 하나이다. 이 법칙의 의미에 대해 학교에서는 '에너지는 그 형태만 바뀔 뿐 새로 만들어지거나 없어지지 않는다' 정도로 배우지만, 진짜 중요한 의미는 '세상엔 공짜가 없다'라는 것이다. 즉, 에너지는 저절로 생겨나지도 않고 또 헛되이 사라지지도 않으니 노력을 쏟지 않으면 아무 일도 벌어지지 않으며, 또한 노력은 당장 눈에 보이는 성과는 없더라도 언젠가는 되돌아온다는 것, 이것이 바로 온 우주를 움직이는 근본 법칙이다.

동양 자연철학의 중심 사상인 음양오행설(陰陽五行說)에 의하면 이 세상 만물은 물 → 나무 → 불 → 흙 → 쇠붙이 → 물의 순환을 되풀이한다.[1] 물을 뿌려 나무를 키우고 장작을 태워 불을 피우고 불타고 남은 재는 흙으로 돌아가고 땅에서 광석을 캐어 금속을 뽑아내는 이치를 묘사하는 이 순서는 인류가 소재를 탐구하고 다루어온 과정과 너무나도 닮아 있다.

---

[1] 우리나라 이름의 돌림자도 이 순서를 따른다. 즉, 어느 한 세대의 돌림자에 나무 목(木) 자가 부수(部首)로 들어간다면, 그 위 세대의 돌림자에는 물 수(水) 자가, 그 아래 세대의 돌림자에는 쇠 금(金) 자가 들어가는 식이다. 물론 문중에서 별도로 정해놓은 바에 따라 대체 글자를 쓰기도 한다. 족보를 펼쳐놓거나 가족관계증명서를 한 통 떼어놓고 정말 그런지 한번 살펴보라. 나름 재미있다.

인류는 처음에 돌을 깨뜨려 도구를 만들었다. 돌이 계속 부스러지면 흙이 되는데 이것을 다시 뭉쳐 불 속에 넣으면 도로 돌처럼 단단해진다. 오행(五行) 순환의 순서에서, 불에서 흙이 태어난다는 부분은 한자로 '火生土'라 하는데, 이는 소재라는 관점에서 보면 불이 흙에 생명력을 불어넣는 것으로 해석할 수 있다. 돌을 죽여서(깨뜨려서) 도구를 만드는 데는 모양이나 크기를 자유롭게 할 수 없는 등 여러 가지 제약이 있다. 그러나 흙을 빚은 다음 불로 생명을 불어넣으면 다양한 모양으로 단단하게 만들어질 수 있는 돌로 재탄생하는 것이다.

그다음 단계인 흙에서 쇠붙이가 태어나는 과정은 한자로 '土生金'이라 한다. 비록 글자로 명시되지는 않았지만 여기서도 불은 매우 중요한 역할을 한다. 산소 원자 등 다른 원자에 얽매여 있던 금속 원자들을 사슬로부터 끊어주는 원동력이자, 금속 성분이 자유롭게 흘러 다닐 수 있는 액체 상태가 되어 그들끼리 다시 뭉칠 수 있게 하는 추진력이다. 즉, 흙에서 금속이 태어날 수 있도록 산파 역할을 하는 것이 불이다.

결국 인간이 불을 다룰 수 있게 되었다는 것은 곧 에너지를 다스리게 되었다는 뜻이다. 에너지란 그 자체로 생성되거나 소멸되지는 않지만, 새로운 아이디어를 탄생시키고 이 세상을 계속 새로운 모습으로 변화시키는 능력을 지녔다. 구약성경 창세기에는 조물주 하나님이 '가라사대', 또는 '말씀'으로 세상 만물을 창조하였다고 기록되어 있는데, 여기서 말씀에 해당하는 것이 바로 에너지라 하겠다. 아인슈타인의 유명한 공식 $E=mc^2$은 물질이 에너지로, 또 에너지가 물질로 바뀔 수 있다는 의미이니 이와도 일맥상통한다.

또한 그렇게 만들어진 세상을 다스리도록 하기 위해 인간을 창조하였다고 창세기에 기록되어 있다. 인간은 불을 사용하게 되면서 다른 동물과 식물 등의 생명체만이 아니라 흙, 바위, 물 등의 무생물까지 다스릴 수 있는 능력과 권한을 부여받았다. 하지만 모든 능력과 권한은 양날의 검이다. 제대로 쓰면 쓰는 사람을 보호하고 이롭게 하지만, 교만이나 탐욕에 사로잡혀 함부로 휘두르면 쓰는 사람을 상하게 한다. 불이 가져다준 진짜 축복은 우리 인간이 얼마나 큰 권한을 가지고 능력을 발휘할 수 있는 존재인지를 자각하는 동시에, 우리가 속해 있는 이 세상에 대하여 얼마나 큰 책임을 위임받은 존재인지를 상기하며 대자연 앞에 겸손할 수 있도록 일깨워주는 것이리라.

불에서 태어난 소재, 세라믹스

도자기를 포함하여, 고운 입자를 고온에서 소성(燒成) 가공하여 얻는 모든 소재를 통틀어 세라믹스(ceramics)라 한다. 세라믹스는 그리스어 'keramos'에서 나온 말로, 아주 뜨거운 불로 굽는다는 뜻이다. 여기서 뜨겁다는 것은 웬만한 금속은 다 녹여버릴 정도의 높은 온도를 의미한다. 즉, 세라믹스는 금속이 녹을 만큼 뜨거운 화염을 견뎌내고 살아남은 소재이고, 그만큼의 에너지를 머금은 소재이다. 인간이 불을 사용하기 시작한 이래 인간의 손에서 처음 탄생한 소재이며, 오늘날에도 우주 탐사를 비롯해 금속이나 플라스틱 등 다른 소재들이 감당할 수 없는 환경에서 해결사 역할을 해주는 소재이다.

반도체도 하나의 칩이 완성되기까지는 1,000도 이상 고온의 환경을 몇 번씩 드나들어야 하니 이 또한 세라믹 소재라 볼 수 있다. 현대 전쟁의 양상이 보이지 않는 곳에서 소리 없이 싸우는 전자전의 형태로 바뀌어가는 것을 생각하면, 반도체야말로 가장 날카로운 무기이다.

　도자기로 대표되는 세라믹 소재는 항상 인류 곁에 있어왔고 어느 시대를 막론하고 그 중요성이 퇴색한 적이 없다. 그래서 도자기 시대 또는 세라믹스 시대라고 따로 분류하는 것은 의미가 없다. 석기, 청동기, 철기 등은 무기나 도구를 만들기 위한 소재로서 주인공이 되었던 시기가 언제부터 언제였다고 못박을 수 있지만, 흙이라는 이 친근한 소재는 인류 문명의 역사를 처음부터 현재까지 늘 대변하고 있기 때문이다.[2] 어떤 학자들은 세라믹 소재를 음악 용어를 가져와 바소 오스티나토(Basso Ostinato)[3]라고 표현하기도 한다. 음악에서 묵직하게 깔리는 저음은 우리 귀에 두드러지게 들리지는 않지만 그 덕택에 다른 악기들이 연주한 아름다운 멜로디가 풍성한 화음을 구축할 수 있는 것처럼, 인류 문명의 역사에서도 흙으로 빚은 도자기가 항상 저변을 믿음직하게 받쳐주었기 때문에 다른 소재들이 각자의 특징과 역량을 뽐낼 수 있었음을 빗댄 말이라고 볼 수 있다.

2　히브리어로 흙, 땅, 점토 등을 나타내는 단어가 adamá이고, 그래서 구약성경 창세기에 등장하는 최초 인간의 이름도 '아담'이다. 이러한 관점에서 보면 인류의 역사는 곧 흙의 역사라고도 볼 수 있다. 실제로 창세기에는 "하나님이 땅의 흙으로 사람을 지으시고 생기를 그 코에 불어넣으시니 사람이 생령이 되니라"라고 적혀 있는데, 이는 도예가가 자신의 영혼을 다 쏟아부어 심혈을 기울인 걸작을 탄생시키는 장면을 연상시킨다.

3　낮은 음의 같은 선율이 계속 반복되는 것으로 고집저음(固執低音)이라고도 한다. 위 성부의 화성과 선율이 바뀌면서 음악이 진행된다. 많은 사람들에게 친숙한 파헬벨(Johann Pachelbel)의 〈카논(Canon und Gigue in D-Dur)〉이 가장 대표적인 예이다.

그 시절 도자기는 금보다 비쌌다!

서양 가정집의 모습 가운데 우리나라 사람들에게 잘 이해되지 않는 것 중 하나는 장식장에 고이 모셔놓은 큼지막한 도자기 접시나 화려한 식기 세트가 아닐까 싶다. 찬장 안팎을 부지런히 드나들어야 할 그릇들이 거실 한복판에 전시되어 있으니 말이다. 사실 유럽에서 자기(瓷器)[4]는 산업혁명 이전까지 하얀 금(white gold)이라고 불릴 만큼 귀한 물건이었다. 뽀얀 우윳빛인 데다 표면에는 매끈한 광택이 흐르고, 얇아서 안의 내용물이 비쳐 보이는데도 잘 깨지지 않는 자기그릇은 같은 무게의 금보다 더 비싼 가격에 거래되었다. 이렇다 보니 어쩌다 손에 넣으면 아까워서 차마 쓰지는 못하고 집 안에서 제일 잘 보이는 곳에 자랑삼아 세워놓는 것이 어쩌면 당연한 일이다.

우리가 흔히 도자기(陶瓷器, chinaware, ceramics)라고 부르는 것은 도기(陶器, earthenware, pottery)와 자기(瓷器, porcelain)를 합쳐서 일컫는 말이다.[5] 도기는 섭씨 1,200도 이하의 온도(통상 1,000~1,150도)에서 구워 만들며 주성분은 점토(clay)이다. 우리나라에서는 도기를 다시, 유약을 바르지 않은 질그릇과 유약을 바른 오지그릇으로 구분해 부른다. 도기는 굽는 온도가 낮아 흙 입자들끼리 완전히 달라붙지 못하므로 내부에 미세한 구멍이 많이 존재한다. 이 때문에 깨지기 쉽고 액체를 담으면

---

4 자기를 영어로 'porcelain'이라고 하는데 이는 중국의 자기를 유럽에 맨 처음 소개한 마르코 폴로가 붙인 이름이라고 전한다. 속이 비칠 정도로 얇은 자기가 마치 계란이나 조개껍데기를 연상시킨다고 해서 영어 'shell'에 해당하는 이탈리아어 'porcellana'라고 부른 데서 비롯되었다고 한다.

5 한자로 '자기'를 쓸 때 우리나라와 중국에서는 '瓷器'라 쓰고 일본에서는 '磁器'라 쓴다.

조금씩 스며들기도 한다. 얇게 만들기도 힘들고 그래서 당연히 불투명하다.

반면에 자기는 고령토(高嶺土, kaolin)[6]를 주성분으로 하여 도기보다 높은 온도에서 구워낸다. 고령토는 밀가루처럼 뽀얀 색깔이며 점성이 적어 웬만큼 숙련된 사람이 아니고는 그 모양을 제대로 빚어내기 힘들다. 또한 산속 깊이 들어가야 채취할 수 있기 때문에 귀할 수밖에 없다. 여기에 장석(長石, feldspar)과 볼클레이(ball clay), 석영 등을 정확한 비율로 섞어주어야 좋은 결과물이 나온다. 자기는 굽는 동안 그 성분 중 일부(주로 장석)가 녹아 흐르며 흙 입자들 사이의 빈 구멍을 유리처럼 메워준다. 그래서 따로 유약을 발라주지 않아도 표면이 매끄럽고 잘 깨지지 않는다. 충분히 얇게 만들면 그릇 안이 살짝 비쳐 내용물이 얼마나 남았는지도 알 수 있다.

유약(釉藥)은 광택을 내는 소재라는 뜻이다. 영어로는 'glaze'라고 부르고, 주로 잿물을 사용하였기에 빛이 검은 물이라는 의미로 '泑藥'이라고도 쓴다.[7] 도자기 표면에 바르는 유약은 색깔을 내는 미적인 역할을 넘어 실은 훨씬 더 중요한 역할을 한다. 도자기나 유리는 압축 방향의 힘에는 매우 강하지만 잡아당기는 방향으로 가해지는 힘에는 매우 취약하다. 어떤 물질이 외부로부터 충격을 받으면 잡아 늘이는 방향으로 어디

---

6 고령토는 백토라고도 부른다. 우리나라 지명인 경상북도 고령과는 관계가 없고, 중국에서 고령토가 많이 나는 산의 이름인 고령산(高嶺山)에서 유래하였다.

7 도넛이나 사탕, 사과 등의 표면에 초콜릿이나 설탕으로 매끈하게 코팅한 것을 glazed라고 하는데, 유약과 같은 의미이다.

든 힘이 걸리는 부위가 생기기 마련이다. 이때 눈에 보이지 않을 정도의 미세한 기포나 균열이라도 있으면 그 틈이 빠르게 벌어지면서 순식간에 깨져나간다.[8]

잿물 속의 알칼리 성분이 점토 안의 석영(이산화규소, SiO_2) 성분과 반응하면 유리(琉璃, glass)가 만들어지는데 이 유리질이 표면의 작은 구멍이나 틈새를 메우고 매끄럽게 감싸 틈이 벌어지는 것을 원천적으로 차단한다. 또한 이 유리질은 식는 과정에서 몸체보다 천천히 수축하는데 이렇게 되면 표면이 단단하게 압축되는 효과가 있다. 도자기가 깨지는 것은 표면을 잡아 늘이는 방향으로 충격이 가해지기 때문인데, 표면이 이미 압축되어 있다면 충격을 상쇄할 수 있어 더더욱 잘 안 깨지게 된다.

17세기까지 대부분의 유럽 사람들은 나무를 깎아 만든 목기 아니면 값싼 점토로 낮은 온도에서 구운 도기를 사용했다. 도기는 일단 무겁고 색깔도 거무튀튀하며 표면이 거칠어 잘 깨진다. 한마디로 우아함과는 거리가 멀다. 반면에 자기는 빛깔도 세련되어 보이고 유리 같은 광택과 금속 같은 소리를 지녀 그야말로 신비스러웠다. 더욱이 자기는 전량 중국으로부터의 수입에 의존하였으므로(1600년대 중반 이후에는 일본에서도 들여왔다) 왕이나 귀족이 아니고야 구경조차 어려운 귀한 물건이었다. 따라서 유럽 각국의 군주들은 어떻게든 자기 제조법의 비밀을 손에 넣어 부(富)를 거머쥐고자 안달이었다. 그 옛날에도 산업스파이들이 기승

---

8 심해 잠수정의 몸체는 금속으로 만들지 않고 유리로 만든다. 깊은 바다 속에서는 엄청난 수압이 사방에서 압축해 들어오는데, 웬만한 금속은 견디지 못하고 찌그러지지만 유리는 오히려 표면의 미세한 균열들이 압력에 의해 닫히고 조직이 치밀해지면서 생기는 원자들 간의 반발력이 수압을 버텨주기 때문이다.

을 부렸던 터라, 유럽에 자기가 처음 소개된 1200년대 후반 이후 호시탐탐 중국까지 원정도 마다하지 않았으나 400년이 흐르도록 별 소득은 없었다.

당시 유럽의 군주들은 역시 같은 목적으로 현자의 돌(philosopher's stone, 2장 내용 참조)을 얻고자 했다. 그것이 만병통치약이 되었건 금이 되었건, 만들 수만 있다면 엄청난 부가 굴러떨어질 것이므로, 연금술사와 철학자 들을 열심히 후원하였다.[9] 자기도 가격으로 따지자면 이미 금보다 비싸게 거래되고 있었으니 그 자체로 현자의 돌이나 마찬가지였다.

서기 1700년, 현재의 독일 베를린 지역에서 약사(藥師) 훈련을 받고 있던 18세의 뵈트거는 돌연 현자의 돌을 연구하겠다며 칩거한다. 그런데 이것이 마치 그가 현자의 돌 제조에 관한 중요한 실마리를 잡은 것처럼 포장되어 연금술의 권위자라고 소문이 났다. 소문은 프러시아(프로이센)의 왕 프레데리크 1세의 귀에까지 들어갔고, 왕은 국가 기술 보안 차원에서 그를 드레스덴에 있는 안가에 연금시킨다. 드레스덴을 관할하던 작센 지방의 영주 아우구스투스 2세는 돈에 집착한 위인으로, 뵈트거를 지하감옥에 가두고 생명에 위협을 가하며 현자의 돌을 빨리 만들어내라고 종용한다.

아우구스투스 2세는 자기 제조법을 알아내려고 수학자이자 철학자인 치른하우스(Ehrenfried Walther von Tschirnhauß)도 따로 후원하고 있었다. 1704년, 뵈트거에게서 영 싹수가 보이지 않자 아우구스투스 2세는

---

9 말이 좋아 후원이지 실상은 불공정 전속 매니지먼트 계약 같은 것이다.

그를 치른하우스의 조수로 보직 강등한다. 1708년, 마침내 치른하우스는 고령토, 장석, 볼클레이(ball clay) 등 자기 기술을 완성할 수 있는 모든 재료를 밝혀내고, 제조법의 비밀을 하나하나 풀어낸다.[10] 그런데 본격적인 생산을 위한 준비가 2% 부족한 상태에서 치른하우스가 갑자기 사망하는 바람에 유럽에서의 독자적 자기 개발자라는 영예는 뵈트거가 차지하게 된다.[11] 뵈트거는 유럽 최초의 자기 공장을 짓고 그 우두머리가 되어 남작 작위를 수여받고, 치른하우스 연구팀이 개발한 자기는 'Böttger ware'라고 불리게 된다.

아우구스투스 2세는 1710년 마이센(Meissen) 지역에 도자기 공장을 세우고 조각가들과 기술자들을 모집하여 마이센 자기 생산을 시작했다. 마이센 자기는 이후 큰 명성을 떨친다. 당시 마이센 자기는 2개의 검이 교차하는 문양을 내세웠는데, 이는 지금까지도 세계에서 가장 오래된 상표권으로 알려져 있다. 그 후 자기 제조 기술은 이웃 나라로 퍼져, 마이센과 더불어 세계 3대 도자기 회사로 꼽히는 영국의 로열 웨지우드(Royal Wedgewood)가 1759년에, 덴마크의 로열 코펜하겐(Royal Copenhagen)이 1775년에 세워졌다. 이에 앞서 1748년에는 영국의 프

---

10 고령토는 당시 유럽에도 이미 알려져 있었으나 도자기와는 전혀 상관없이 가발(假髮)에 흰 빛깔을 내기 위해 분칠을 하는 용도로 쓰였다. 고령토는 퍼석퍼석해서 잘 뭉쳐지지도 않고, 원래 단독으로만 사용해서는 높은 온도로 구워도 좀처럼 단단해지지 않았기 때문에 유럽인들은 그것으로 도자기를 만들 수 있으리라고는 생각지 못했다. 고령토는 종이를 만들 때 펄프 사이사이 공간을 메우는 충진재(filler)로도 사용된다.

11 그러나 자기를 대량생산할 수 있는 가마를 개발한 것은 뵈트거의 업적이다. 치른하우스는 지름이 1미터나 되는 거대한 확대경으로 태양빛을 모아 그릇 하나의 온도를 섭씨 1,436도까지 올려 구워낸 데 반해, 뵈트거는 동양의 오름가마와 비슷한 수평 형태의 가마를 만들어내는 데 성공했다.

라이(Thomas Frye)가 가축의 뼈를 갈아 넣어 만드는 본차이나(Bone China) 기술을 완성한다.[12] 본차이나는 상아를 연상시키는 순백색에다 모서리가 잘 깨지지 않는 장점이 있어 영국을 대표하는 자기가 되었다.

뵈트거는 요즘으로 치면 '방송 좀 아는' 사람이었다고 한다. 치른하우스가 급사한 후 모든 프로젝트가 중단되고 행정적 정리 절차와 대책이 논의되던 도중 느닷없이 군주에게 자기 개발이 완료되었다고 보고한 것이다. 그는 사람들의 이목을 확실히 끌 수 있는 퍼포먼스를 준비하였는데, 가마에서 시뻘겋게 달구어진 자기를 꺼내 바로 물속으로 던져 깨지지 않는 것을 보여주었다고 한다. 실제로 이런 일이 일어났는지는 확인되지 않지만 후대의 많은 자기 기술자가 이 퍼포먼스를 따라 하고 있다.

유럽에서 독자적으로 개발한 자기 제조 기술은 인류 문명 발전의 무게 중심을 동양에서 서양으로 옮겨놓는 대사건이 되었다. 이젠 유럽에서도 금을 마음대로 찍어낼 수 있게 된 것이나 마찬가지였으니 말이다. 자기 제조법 개발에 힘입은 기술과 재화의 축적은 이후 산업혁명을 일으키는 중요한 기반이 되었다. 산업혁명 이전까지 중국은 경제적으로나 기술적으로나 문화적으로나 명실상부 세계 최강국이었다. 하지만 명나라가 청나라로 교체되는 과정에서 중국이 몸살을 앓는 동안, 대항해시대[13]를 거치면서 전 세계로 영향력을 넓히며 자본을 축적해온 유럽은 실질적 현

---

12 뼛가루의 양이 전체 재료의 절반 가까이를 차지한다. '본차이나'는 프라이의 공법을 개량하여 상품화한 스포드(Josiah Spode)가 붙인 이름이다. 스포드의 회사는 현재 포트메리온(Portmeirion)에 흡수되었다.

13 15세기 초반부터 18세기 중반까지 유럽의 배들이 세계를 돌아다니며 항로를 개척하고 탐험과 무역을 하던 시기. 아메리카 대륙 등 지리적 발견이 이루어지면서 유럽 제국주의의 시발점이 되었다.

자의 돌인 자기 기술까지 손에 넣음으로써 철기 시대를 본격적으로 이끌어나가는 새로운 문명의 주역으로 도약하게 된다.

숨 쉬는 그릇, 옹기:
소박한 재료가 만든 최고의 성능

우리 속담에 '뚝배기보다 장맛'이라는 말도 있지만, 그래도 역시 라면은 찌그러진 양은 냄비에 끓여야 제맛이고 뜨끈한 설렁탕이나 청국장은 뚝배기에 담아야 제맛이다. 김치나 간장, 된장 등을 담글 때도 플라스틱 용기를 쓰면, 장독에서 곰삭은 맛을 따라가지 못한다.

도기 중에서도 우리나라에서 흔히 장독으로 사용하는 옹기(甕器)는 도기의 단점을 장점으로 승화시킨 걸작이라 할 수 있다. 옹기는 원래 형태에 의한 분류를 나타내는 말로서 항아리 형태의 배불뚝이 그릇을 가리킨다.[14] 일반적으로 도기는 정제된 원료토를 사용하는 데 반해 옹기는 정제되지 않은 저급 점토를 섞어 만들기 때문에 도기와 구분하여 석기(炻器, stoneware)라 부르기도 한다. 볏짚을 태운 잿물을 유약으로 사용하기에 소재 면에서 옹기는 서민적이고 대중적인 그릇이다. 그러나 옹기 속에 숨어 있는 기술은 절대 소박하지 않다.

우리나라의 장독을 가리켜 '숨을 쉬는' 항아리라고 하는데, 실제로 옹기 벽 속의 미세한 구멍으로 산소가 드나들 수 있어 발효를 위한 최적의 환경을 제공한다. 발효 중 공기와의 접촉이 너무 많으면 상하거나 곰팡

---

14 근대 이후에는 자기 이외에 흙으로 구워 만든 모든 그릇을 통칭하는 말로 의미가 변하였다.

이가 피겠지만, 옹기의 구멍은 발효에 꼭 필요한 만큼만 매우 천천히 통과시키므로 그럴 염려가 없다. 또한 이 구멍들은 물방울보다 훨씬 작아 장독이 비를 맞아도 안으로 빗물이 새어 들지 않는다. 빗물은 막고 땀은 배출하는 고어텍스와 같은 기술을 우리 조상들은 이미 장독에서 구현했던 것이다.

옹기에 장을 담그면 이 미세한 구멍을 통해 염분과 불순물이 밖으로 서서히 배어 나와 허옇게 엉기는데 이를 소금쩍이라고 한다. 우리 조상들은 소금쩍이 맺히는 양에 따라 어떤 것은 김칫독으로, 어떤 것은 물항아리로, 또 어떤 것은 마른 음식을 보관하는 등 용도를 다르게 쓰는 지혜를 발휘했다. 우리네 어머니들은 이 숨구멍이 막히지 않도록 매일 장독을 정성스레 닦았다. 이렇게 소박한 재료들로 이렇게 성능 좋은, 게다가 사람도 들어갈 수 있을 만큼 큰 항아리를 뒤틀리거나 깨지지 않도록 대량으로 구워낸다는 것은 절대 말처럼 쉬운 일이 아니다.[15] 그렇기에 외국의 도예가들이나 재료공학자들은 옹기를 우리말 그대로 'onggi'라고 부르면서 찬탄해 마지않는다.

도자기 전쟁

13세기 후반 마르코 폴로가 중국의 자기를 유럽에 소개했을 때 유럽인들은 이 첨단 제품에 열광하면서 동시에 좌절감을 느꼈다. "지금까지 이런 그릇은 없었다! 이것은 금속인가 토기인가?" 분명히 금속은 아닌

---

15 제대로 만든 옹기의 가격은 같은 용량의 냉장고보다 비싸다.

데 얇고 가벼우면서 손끝으로 두드리면 영롱한 쇳소리가 나는 이 물건에 그들은 향신료나 비단 이상으로 매료되었다. 그러나 이 신기한 그릇은 마르코 폴로가 보고 왔다는 방법대로 아무리 복제를 하려 해봐도 굽는 족족 깨져 나오니 속이 탈 노릇이었다. 당시 이런 고도의 첨단 기술을 보유한 것은 지구상에 단 세 나라밖에 없었다. 중국과 베트남 그리고 한국이다. 이후 대항해시대가 본격적으로 열리면서 유럽인들은 극동 지역까지 무역로를 개척한다. 16세기 무렵에는 포르투갈과 네덜란드 상인들의 주도로 동북아 지역에서 자기를 수입하기 위한 유통망이 자리 잡는다.

때마침 일본 전국을 통일한 도요토미 히데요시(豊臣秀吉)는 이러한 정세를 정확히 읽었다. 포르투갈 상인들로부터 이것저것 사고 싶은 것은 많은데 당시 일본의 경제 사정으로는 은(銀) 말고는 변변히 내놓을 만한 게 없었다. 그마저도 조선에서 발명한 획기적인 은 제련법인 연은분리법(鉛銀分離法, cupellation)[16]을 1526년에 습득하여 생산성을 크게 높인 덕분이었다. 조선에서는 흔하디흔한 도자기 기술이야말로 세계와의 교역 무대에서 일본의 위상을 한 방에 갑(甲)의 위치로 올려놓을 수 있는 게임 체인저(game changer)였다.

당시 사무라이(侍, 무사) 문화에서 보더라도 조선의 자기 기술은 탐낼 만한 것이었다. 다이묘(大名, 영주)와 사무라이들은 충성을 맹세하고 결

---

16 연은분리법은 회취법(灰吹法) 또는 단천연은법(端川鍊銀法)이라고도 한다. 정작 이 기술의 개발 당사자인 조선에서는 은광 개발을 억제한 탓에 빛을 보지 못했다. 결과적으로 조선에서 화폐경제가 정착되는 것도 일본보다 뒤처지게 되었다. 박종인 (2018). 《땅의 역사》. 상상출판사.

속을 다지기 위해 찻잔의 차를 돌려가며 마시는 풍습이 있었는데, 이때 사용한 것이 이도다완(井戸茶碗)이다.[17] 이는 조선에서 서민들이 일상생활에서 사용한 막사발이었으나 일본에서는 성(城) 한 채의 값과 맞먹을 정도로 귀한 물건이었다.[18] 전투에 나가 공을 세운 사무라이들에게 영주가 하사하는 최고 영예가 이도다완이었으며, 도요토미의 서명이 있는 다완은 그의 측근이라는 증표였다고 한다. 일본 열도를 지배하기 위해 필요한 통치 자금으로서 조선의 막사발만 한 게 없다는 의미였다.

일본 열도의 통일이 아직 완결되지 않아 정국이 불안한 상태임에도 불구하고 도요토미가 조선 침공을 결심한 데는 이런 계산이 깔려 있었다. 더군다나 조선 침략을 준비하면서 포르투갈 상인들에게 최신형 조총과 군함을 사려 했다가 일언지하에 거절을 당하고부터는 조선의 도자기 기술에 대한 욕망이 더욱 끓어올랐다.

도요토미는 조선에 파병하는 군대를 전방의 전투부대와 후방의 특수부대로 나누어 편성하였다. 특수부대의 임무는 다름 아닌 약탈과 납치였다. 그래서 일본에서는 임진왜란과 정유재란을 도자기 전쟁(燒物戰爭, やきものせんそう)이라고 부른다.[19] 도요토미는 임진왜란을 일으킨 이듬

---

17 이도다완에 의미를 부여한 이는 일본의 다도(茶道)를 정립한 승려 센노 리큐(千利休)이다. 간소함과 자연스러움을 추구하던 그는 평소 신념에 따라 지나치게 화려한 중국의 자기가 아닌 소박함과 비대칭의 멋을 지닌 투박한 조선 사발이 다도의 정신과 완벽하게 들어맞는다고 설파했다 한다. 그는 도요토미가 임진왜란을 일으키는 것을 반대했고 결국 그 때문에 자결했다고 한다. "[법기요·부산요 궤적을 쫓다] 2부—부산요의 근원 부산요 4. 주문다완은 언제부터 시작되었을까?" (2019. 7. 21), 《부산일보》.

18 김해 지역에서 제사를 지낼 때 김치를 담던 제기라는 설도 있다.

19 일본에서 임진왜란과 정유재란을 부르는 정식 명칭은 자신들의 연호를 딴 '분로쿠·게이초 출정(文禄·慶長の役)'이지만 '야키모노센소'라는 별칭으로도 일컫는다. 최영수 (2014), 《400년 조선도공의 눈물: 임진왜란은 도자기 전쟁이었다》, 사람들.

해 특수부대를 이끄는 장수 나베시마 나오시게(鍋島直茂)에게 특명을 내렸다.[20] "조선인 포로 중 세공을 하는 자와 손재주가 있는 자는 일을 시킬 수 있도록 상부로 보낼 것." 겉으로는 빙빙 돌려서(立て前, たてまえ, 표면상 방침) 내린 명령이었지만, 실질적으로는(本音, ほんね, 본심) 각 분야의 기술자들과 지식인들을 닥치는 대로 잡아 오라는 뜻이었다.[21]

규슈 지방 사가현의 영주로서 도자기 무역을 경제적 기반으로 삼고 있던 나베시마는 본인의 이해관계와도 딱 맞아떨어지는 이 임무를 찰떡같이 알아듣고 수많은 사기장(沙器匠)[22]을 납치하여 조선에서 일본으로 데려갔다. 도요토미는 휴전이 논의되는 동안에는 사쓰마(현 가고시마) 영주 시마즈 요시히로(島津義弘)에게도 사기장 납치를 지시하여 정유재란 때에는 두 장수가 경쟁적으로 사기장들을 납치해 갔다.[23]

일본에 간 사기장들은 우선 흙부터 찾아야 했다. 일본인들이 원하는 자기는 아무 진흙이나 퍼다 빚는다고 해서 만들어지는 것이 아니고 반드시 백토(白土)라 부르는 고령토가 들어가야 했기 때문이다. 나베시마에게 끌려간 이삼평(李參平)이라는 이름의 사기장은 첩첩산중을 헤맨 끝에 마침내 1616년 아리타(有田) 지방에서 백토를 발견하고 그 자리에 도

---

20 나베시마 가문은 영친왕비 이방자 여사의 외가 쪽 집안이라고 한다.

21 이 명령은 바꿔 말하면 이용 가치가 없는 사람들은 어떻게 하든 좋다는 뜻이기도 했다. 그래서 왜군들은 수많은 조선인을 학살하고 코와 귀를 베어 전리품으로 가져갔다. 어린아이들이 말을 듣지 않거나 위험한 장난을 할 때 부모들이 "에비야!" 하고 겁을 주는데, 이 말의 어원이 "이비야(耳鼻野)"로 귀와 코를 베어 가는 야만인들이 나타난다는 뜻이라고 한다.

22 일본에서는 흙으로 그릇을 만드는 기술자를 모두 도공(陶工)이라 부르지만, 우리나라에서는 무엇을 전문적으로 만드느냐에 따라 와장(瓦匠), 옹장(甕匠), 사기장 등으로 구분하여 불렀다. 자기를 만드는 기술자는 사기장으로 표기한다.

23 시마즈 요시히로는 노량해전에서 이순신 장군에게 패한 일본 함대의 지휘관이다.

일본 아이치현 도코나메에 있는 노보리가마.
© Gryffindor, CC BY-SA 4.0 / Wikipedia

요(陶窯)를 건설한다.[24]

이때 지은 가마가 노보리가마(登り窯, climbing kiln)라는 오름식 가마로서 비탈진 곳에 연이어 구획을 만들고 연료를 장입할 수 있도록 구획으로 나뉜 방 옆면에 일정한 간격으로 구멍을 낸 것이다. 방들이 조금씩 높은 위치로 올라가며 연결되어 있는 모양새가 용의 몸통과 닮았다고 해서 용요(龍窯, dragon kiln)라고도 부른다. 이러한 방식의 가마는 열기

---

24 아리타를 지도에서 찾아보면 검은 머리 산이라는 뜻을 가진 산 구로카미야마(黑髪山)의 깊숙한 분지에 위치해 있다. 마을을 관통하는 주요 도로도 편도 1차선에 불과한 오지이다. 유홍준 교수의 해석처럼, 도저히 밭이 있을 것 같지 않은 심산유곡이라 "어, 이런 곳에 밭이 다 있네"라는 뜻으로 '아리타(有田)'라는 지명이 붙은 것일 수 있다. 그만큼 일본에 끌려간 사기장들은 백토를 구하기 위해 험한 산골을 찾아다니는 고초를 겪어야 했다.

가 경사면을 타고 위로 올라가면서 어느 방이나 고르게 높은 온도를 낼 수 있고, 나무나 숯에서 나온 재 또한 비탈을 따라 날아가 그릇의 표면과 반응하여 자연적 유약의 역할을 해준다. 이전의 일본 기술자들은 상상도 못한 높은 온도를 낼 수 있는 최첨단 자기 전용 가마가 일본 최초로 들어선 것이다.

이삼평은 그 유명한 아리타 자기(Arita ware)를 개발하여 일본에서 도자기의 신 또는 도조(陶祖)로 추앙받게 된다. 아리타에서 자기가 제작되기 시작하면서, 지도에도 표시되지 않는 오지였던 이 지역은 어느새 도자기의 중심지로 급부상하였다. 한편, 인근 다케오 지역으로 남편과 함께 끌려온 여성 사기장 백파선(百婆仙)은 남편이 죽자 1631년 휘하의 사기장과 식솔 960명을 이끌고 아리타로 이주해 이삼평과 아리타 자기의 양대 산맥을 형성했다.[25]

오름식 가마에서는 위치에 따라 온도나 통풍 등의 조건이 다 다르기 때문에 빚은 그릇들을 어떻게 배치하느냐에 따라 완성품의 표면 질감이나 색깔, 단단함 등이 천양지차이다. 결국 불을 때기 전 그릇들을 크기와 모양에 맞추어 배열하는 노하우가 구워져 나온 자기 품질의 절반은 좌우한다고 해도 과언이 아니다. 사기장은 그 모든 배치를 머릿속에 기억하고 그에 맞춰서 불을 조절한다. 이는 오랜 기간 축적된 경험이 있

---

25 '백파선'은 진짜 이름이 아니라 '인품이 자애로운 할머니'라는 존경의 의미로 그의 증손자가 붙인 칭호라고 한다(머리가 하얀 할머니를 의미한다는 설도 있다). 백파선을 모델로 하여 《불의 여신 정이》라는 소설이 발표되고 이것이 다시 드라마로 제작, 방영되기도 하였으나 역사적 사실과 다른 허구적 내용이 많고 무엇보다도 부실한 고증 때문에 많은 아쉬움을 남겼다.

어야만 가능한 일이었으니 일본인들이 아무리 기술을 훔쳐다가 가마를 비슷하게 짓고 불을 열심히 땐다고 해도 쉽사리 흉내 낼 수 있는 성질의 것이 아니었다.

시마즈에게 끌려간 심당길(沈當吉), 박평의(朴平意)[26] 역시 일본 도자기의 대명사인 사쓰마(薩摩) 도기를 개발하였다. '불만 일본 것을 사용했고 나머지는 모두 조선의 솜씨'라는 뜻으로 그들이 만든 찻사발을 '히바카리(火計り) 다완'이라 불렀다. 심당길의 12대 후손 심수관(I세)[27]이 1873년 오스트리아 국제박람회에 출품한 대형 도자기 〈금수대화병〉이 예술성을 인정받고 이후에도 수차례 국제박람회에서 수상하면서, '사쓰마웨어'라 불리는 일본의 도자기는 국제적으로 명품 대우를 받게 된다.

그들은 왜 조선으로 돌아오지 않았을까?

도요토미가 죽고 전쟁이 끝나자 새로 정권을 잡은 도쿠가와 이에야스(德川家康)는 평화 협상을 시도한다. 도쿠가와는 자신에게 다른 꿍꿍이가 없음을 증명하는 수단으로 전쟁 중에 납치한 조선인들의 귀환을 제안한다.[28] 1차로 1,400명을 돌려보낸 후 조선이 파견하는 쇄환사(刷還使,

---

26 박평의의 13대손 박무덕의 일본 이름은 도고 시게노리(東鄕茂德)로, 일제강점기 후반 두 차례나 일본 정부의 외무대신을 지냈다. 제2차 세계대전이 끝난 후 A급 전범으로 피소되어 복역 중 사망하였다. 그러나 그는 일본이 태평양전쟁을 굳이 일으키지 않아도 되는 방향으로 정세를 만들고자 외교적 노력을 다하였으며 군부에 맞서 화친과 항복을 주장함으로써 그 이상의 희생 없이 전쟁이 일찍 끝나도록 하는 데 기여하였다는 평가를 받고 있다.

27 카이사르가 한 가문의 이름에서 제왕을 나타내는 칭호로 바뀐 것처럼, 심수관이란 이름도 12대부터는 개인의 이름이 아니라 도자기 가장에 대한 칭호로서 대로 이어졌다. 현재 활동하고 있는 심수관이란 인물은 심당길의 후손으로 심수관 IV세에 해당한다.

후에 조선통신사로 명칭이 바뀜)를 통해 지속적으로 포로를 찾아내 데려갈 수 있도록 조치한다. 그런데 뜻밖의 일이 벌어졌다. 강제로 일본에 끌려갔던 사기장들 중 상당수가 귀환을 거부한 것이다.[29] 그중 일부는 심지어 조선에 들어왔다가 형제들과 문하생들을 이끌고 도로 일본으로 가버렸다. 일본에 간 사기장들이 그곳에서 새로이 누리게 된 사회적 위상과 대우가 조선과는 비교가 되지 않았기 때문이다.

조선 사회에서 도자기 산업은 대표적인 3D 업종이었고, 사기장은 사회적 먹이사슬의 제일 말단에 있었다. 그들에게는 보상은 없이 의무만 잔뜩 지워졌다. 일설에 의하면 진짜 최고 수준의 도자기는 유물로 남아 있는 것이 없다고 한다. 사기장들이 남몰래 산속에 들어가 깨뜨려버렸기 때문이다. 과학적 이론이 정립되지 않고 오로지 경험과 직관으로 도자기를 만들던 그 시절에 극상의 걸작은 아무 때나 마음먹은 대로 뚝딱 하면 나오는 것이 아니었다. 그런데 만약 최고의 작품을 공물로 바치면 그런 사정을 알 리 없는 관청의 공물 납부 요구 수준이 너무 높아질 것이고, 그만한 물량을 맞추기 위해서는 작업량이 감당하지 못할 수준으로 늘어나게 될 것이었다. 죽어라 애를 써도 그만한 작품은 평생 영영 다시 만들어내지 못할 수도 있다.

---

28 실제로는 중간에서 전령 역할을 한 대마도주(對馬島主)가 양측의 국서를 위조해 화평이 성사되었던 것이다. 조선 조정에서는 이를 알아챘지만 실리를 취하기 위해 모른 척하고 사명대사를 통신사로 파견했다. 대마도 역사민족자료관에 위조된 국서와 옥새가 전시되어 있다고 한다.

29 일본에서는 이들이 전쟁 중 일본에 부역한 것 때문에 조선으로 돌아가면 처벌을 받을까 봐 귀국을 거부한 것이라고 합리화하기도 한다. 유홍준 교수는 《나의 문화유산 답사기 일본편 1: 규슈》에서 아리타에 있는 이삼평의 비문을 인용하며, "…… 나베시마군에 붙잡혀 길 안내 등의 협력을 명령받은 것으로 추정된다"라는 대목이 자신을 화나게 만든다고 적고 있다.

조선에서는 1467년, 음식을 담당한 관청인 사옹원(司饔院)의 분원으로서 아예 관요(官窯)가 경기도 광주에 설치되었다. 도자기의 생산과 소비를 나라에서 독점해버리니 개발된 기술을 표준화하고 보급하는 데는 유리했지만, 민간의 경쟁이 사라지면서 창의성을 발휘할 길이 막혀버려더 새로운 기술은 나오기 힘들어졌다. 사기장은 세습직으로서 직업 선택과 거주 이전의 자유가 원천적으로 박탈되었을 뿐 아니라 그 가족들도 생계를 위해 농업이나 상업 등 사적 경제 활동에 종사하는 것이 금지되었다.[30]

반면 일본에서는 납치해 간 사기장들을 사무라이와 동급으로 대우했다. 그들이 각지를 돌아다닌 끝에 마침내 자기의 주원료인 고령토를 찾아내자 그곳에 가마를 지어주고 필요한 물자와 인력을 충분히 지원해주었다. 무엇보다도 조선에서는 세습 규례 때문에 배우기 싫어도 마지못해 배워야 하니 가르치는 쪽이나 배우는 쪽이나 재미가 있을 리 없었고 열악한 환경과 대우 때문에 외부에서 배우겠다고 찾아오는 사람도 없었는데, 일본에서는 배우겠다는 의지와 열정이 넘치는 사람들이 줄을 이었다.[31] 도자기에 인생을 걸겠다는 일본인 지원자들이 모여 조선 사람인 자신을 스승으로 추앙하니 신바람이 날 만도 했을 것이다.

---

30 1697년 관요의 도공 39명이 굶어 죽는 사건이 벌어진다. 《승정원일기》에는 "농업과 상업으로 생계를 꾸릴 방도도 없고 이익을 위해 그릇을 만들지도 못하니, 분원에서 굶어 죽은 자가 39명이나 된다"라고 기록하고 있다. 박종인 (2019). 《대한민국 징비록》. 와이즈맵.

31 1647년 기준으로 이삼평에게 직접 기술을 배우고 감독을 받은 사기장 집안만 무려 155가구나 되었다고 한다. 조용준 (2019. 7. 13). "[도자기 세계사] 일본 최초의 이삼평 백자, 메이지유신 성공의 기틀을 만들다". 《시사저널》.

유럽에서 큰 인기를 끈 아리타 자기

조선으로부터 첨단 자기의 소성 기술을 습득한 일본은 중국의 안료 기술을 사들여, 화려한 채색을 특징으로 하는 독자적인 '아리타 자기'를 탄생시킨다.[32] 1647년 드디어 외국에 내다 팔 만한 수준의 자기 기술이 확보되었고, 이 무렵 동아시아의 정세는 다시 한번 일본에 미소를 짓는다. 새로 일어난 청나라가 세력을 넓혀감에 따라 도요지(陶窯址)들이 파괴되어 중국의 도자기는 씨가 말랐으며 조선 또한 이미 임진왜란으로 생산 기반이 거덜 난 상태였다. 공급선이 끊긴 네덜란드의 동인도회사는 혹시나 하는 마음으로 일본의 아리타 자기를 신상품이라며 유럽에 소개했는데 이게 대히트를 쳤다.[33] 마침내 중국을 접수한 청나라에서도 이번에는 역으로 아리타 자기를 모방한 짝퉁을 만들어낸다.

유럽풍 형태에 화려한 채색을 특징으로 하는 아리타 자기는 유럽 문화계에까지 영향을 끼쳤다. 19세기 중반 프랑스를 중심으로 자포니슴(Japonisme) 열풍이 불었다. 1855년 만국박람회에 출품된, 우키요에(浮世絵, Ukiyo-e)라고 불리는 일본의 채색판화를 보고 프랑스 인상주의 화가들이 영감을 얻은 데서 시작하여 그 뒤를 채색 자기가 받쳐준 것이다.[34] 자포니슴의 영향을 받은 화가는 마네, 모네, 고흐, 고갱, 드가 등

---

32 아리타 자기는 일본의 공식 기록에도 일본 최초의 자기로 등장한다.

33 《하멜 표류기》로 유명한 하멜(Hendrick Hamel) 일행이 탄 동인도회사 소속 스페르베르(De Sperwer) 호가 나가사키를 향하다 풍랑을 만나 제주도 남쪽 모슬포 해안에서 난파된 것도 이 무렵(1653년)이다.

34 항간에는 이런 설도 있다. 깨지기 쉬운 자기를 포장하면서 먼 항해에도 안전하도록 종이를 완충재로 넣었는데, 거기에 쓰인 종이가 상품가치가 없어 버려진 우키요에였다고 한다. 유럽의 자기 구매자들이 도자기의 포장을 풀다가 색다른 그림을 발견하고 관심을 가지게 되었다는 것이다. 자포니슴은 공연예술에도 영향을 미쳐 영국의 설리번(Arthur Sullivan)과 길버트(W. S. Gilbert)는 일본을 배경으로 한 가극 〈미카도(The Mikado)〉를 창작하였다.

미술 교과서에 단골로 등장하는 인상파 화가를 비롯해 20세기 초반의 클림트까지 다양하다. 이렇게 해서 일본의 자기는 서구의 정신문화까지 장악할 정도로 명성을 얻어 유럽의 돈을 쓸어 담았다.

이보다 조금 먼저 1639년에는 일본 측에서 역시 화평을 도모하자는 핑계로 조선 조정에 사업계획서를 하나 들이민 적이 있다. 부산에 들어서게 될 일본인 전용 신도시인 초량왜관(草梁倭館)[35] 부지에 가마를 짓고 합작 사업을 하자는 것이었다. 조선이 사기장과 흙과 땔감을 대어 일본이 제시하는 주문서대로 도자기를 만들어주면 일본은 사기장의 품삯을 지불하고 일본에서 파견한 기술자들이 검수해 일본으로 수입해 가는 방식이었다. 누가 보더라도 조선이 너무 밑지는 장사였지만 임진왜란 이후 병자호란까지 치러 재정이 피폐해질 대로 피폐해진 데다 일본이 자꾸 트집을 잡고 말썽을 피우면 조선 입장에서는 더 난감한 노릇이었으므로 울며 겨자 먹기 식으로 제안을 받아들인다.

1644년 마침내 가마가 설치되고 이후 73년 동안 매년 수 톤의 흙과 목재가 무상으로 제공되었다. 이 불공정 무역은 1717년 조선 조정에서 그 이상의 무상 지원은 거부함으로써 종료되었는데, 일본에서 순순히 받아들인 이유가 참으로 허탈하다. 일본의 기술이 이미 조선을 넘어섰으므로 더는 아쉬울 게 없기 때문이었다.

---

35 17세기 중반 이후 조선과 일본 사이의 무역이 증가하면서 일본인들의 집단 거주지로 설치된 상업지구.

도자기와 일본의 군국주의:
자기 수출로 전쟁 자금을 조달하다

이후 일본은 (역시 조선의 기술자를 불러다 배운 연은분리법 덕분에) 세계 3위의 은 생산국으로 올라섰고, 첨단 명품 도자기 기술을 보유한 국가가 되었다. 일본의 은은 한때 세계의 무역화폐로 거래되기도 했다. 이렇게 쌓아올린 국부(國富)는 일본이 메이지(明治)유신을 통한 근대화를 거쳐 제국주의로 변모하는 데 자금줄 노릇을 톡톡히 하였다.

19세기 들어 강철(steel)의 대량생산 기술이 개발되자 일본은 이 신기술을 급속히 도입하였다. 자기 생산을 위해 고온의 가마를 짓던 기술을 철을 녹이는 용광로를 설계하는 데에 그대로 응용하여 근대식 용광로인 반사로(reverberatory furnace)[36]를 만들어냈다. 용광로 내부에 사용할 내화 벽돌을 만드는 기술은 사쓰마의 도공들이 개발하였다. 철광산을 개발하고 제철소를 건설하는 데 필요한 자금은 자기를 수출

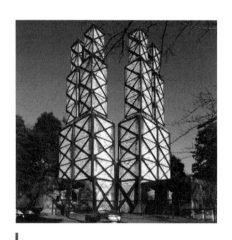

1857년 건설된 일본 시즈오카의 니라야마(韮山) 반사로.
© Wiiii, CC BY-SA 3.0 / Wikipedia

---

36 연료나 불꽃이 금속에 직접 닿는 것이 아니라, 금속을 열원(숯이나 석탄) 옆에 놓고 열을 돔 형태의 천장을 통해 금속에 반사시켜 가열하는 용광로의 한 방식. 생산비용이 낮고 금속의 오염을 줄일 수 있다.

해 조달하였다. 조선에서 건너간 원천 기술들이 일본의 군국주의를 탄생시킨 군수산업의 핵심이 되어버린 것이다. 이 용광로에서 나온 강철은 대포가 되고 군함이 되었다. 한반도는 다시 한번 쓰라린 역사와 마주하게 되었다.

진흙의 변신:
말리는 것과 굽는 것

진흙으로 그릇을 빚어 그늘에 잘 말리면 전체적으로 약간 줄어들기는 하지만 비교적 모양이 잘 유지된다. 그러나 이를 물에 넣으면 시간이 지나면서 도로 풀어진다. 그런데 높은 온도에서 구우면 물에 넣어도 끄떡없다. 말리는 것과 굽는 것 사이에 어떤 근본적 차이가 있는 것일까?

우선 말렸을 때 일어나는 일을 살펴보자. 초등학교 과학 시간에 메스실린더의 눈금 읽는 법을 배웠을 것이다. 수면에서 실린더 벽에 닿는 부분은 다른 쪽보다 조금 더 올라가기 때문에 수면의 가장 낮은 쪽을 기준으로 눈금을 읽어야 한다. 수면의 가장자리가 올라가면서 만들어지는 이 곡면을 메니스커스(meniscus)라고 하는데, 모세관(毛細管, capillary) 현상 또는 표면장력(表面張力, surface tension)에 의해 생긴다. 물이 실린더 벽에 강하게 달라붙어 벽을 안쪽으로 끌어당긴다는 의미이다. 이 현상은 실린더(모세관)가 가늘수록 더 뚜렷하게 나타난다. (물 대신 수은을 넣으면 이와 반대로 가장자리가 밑으로 내려간다. 즉, 수은은 유리벽에 붙지

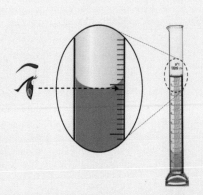

않으려 하고 오히려 벽을 밀어낸다는 의미이다.)

이제 실린더 벽을 흙 알갱이들로 대체해서, 즉 흙 알갱이가 물을 둘러싸고 있다고 생각해보자. 마찬가지로 물이 흙 입자 표면에 강하게 달라붙어 흙 입자들도 서로를 끌어당길 것이다. 물이 너무 많으면 흙 입자들 사이가 멀어지니 물에 의해 당겨지는 힘(張力)이 약하게 나타날 것이고 물이 너무 적으면 흙 입자 표면에 물이 미처 다 묻지 못할 테니 당기는 힘이 아예 나타날 수 없을 것이다. 물이 적당량 들어가면 가루 입자끼리 서로 잡아당겨 차진 반죽이 만들어진다. 흙이든 밀가루든 횟가루든 다 같은 원리이다.

이와 같이 진흙 반죽에서 흙 알갱이들 사이에는 얇은 물의 막이 존재하는데, 물이 마를수록 물의 전체 양이 줄어들게 되므로 알갱이들 사이의 거리도 가까워진다. 즉, 모세관의 지름이 짧아지는 것이나 마찬가지여서 흙 알갱이들이 서로를 잡아당기는 힘은 더 커진다. 토기를 빚어 그늘에 잘 말리면 딱딱한 상태로 모양이 유지되는 이유이다. 이를 다시 물에 넣으면 흙 알갱이들 사이의 틈으로 물이 스며든다. 간격이 좁을수록 물이 알갱이들을 잡아당기는 힘이 더 커지는 것과 마찬가지로 물이 침투하려는 경향도 더 크다. 그래서 마른 반죽 표면에 물을 떨어뜨리면 순식간에 스며드는 것을 볼 수 있다. 물의 양이 충분히 많아지면 알갱이들의 간격이 점점 더 멀어져 마침내는 다시 진흙 상태로 풀어지게 된다.

그럼 이제 높은 온도에서 구워냈을 때 무슨 일이 일어나는지 살펴보자. 일반 가정이나 학교에 1,000도 넘게 올라가는 가마가 있을 리 만무하니 흙을 가지고 직접 구워보기는 어려울 것이다. 그렇다면 발상을 전환해보자. 요즘엔 원룸 자취방에도 웬만하면 냉장고 하나씩은 갖추어져 있다. 1,000도 이상 되는 가마는 없지만 영하로 내려가는 냉장고는 있는 것이다. 그렇다면 온도를 고스란히 아래쪽으로 평행 이동시켜 가마 대신 냉장고를 가지고 실험을 해볼 수 있다.

　냉장고의 냉동실은 보통 영하 15도 내지 영하 20도 정도로 맞춰져 있다. 섭씨 0도에서 얼음이 녹는다는 것은 누구나 아는 사실이므로 이보다 훨씬 낮은 온도인 냉동실에서는 절대 얼음이 녹지 않으리라는 점은 확실히 믿을 수 있다. 이제 각얼음(ice cube)을 큰 그릇에 가득 담아 냉동실에 넣어두었다가 한 달쯤 지난 뒤 꺼내보자. 얼음 덩어리들이 서로 단단히 들러붙어 있을 것이다. 냉장고가 고장 난 것일까? 혹 그릇에 뚜껑을 제대로 덮지 않아서? 그도 아니면 냉동실 문을 너무 자주 여닫아서? 여러모로 이유를 궁리해볼 수 있지만, 그 누구의 잘못도, 책임도 아니니 너무 고민하지 말자. 바로 여기에 흙을 빚어 구우면 단단해지는 것과 정확히 똑같은 자연의 이치가 작용하고 있다.

　도자기를 만드는 데 쓰이는 일반 점토가 완전히 액체 상태가 되려면 대략 섭씨 1,800도까지 온도를 올려주어야 한다. 그런데 도기를 구워낼 수 있는 섭씨 1,000도쯤이면 녹는점보다는 매우 낮은 온도이지만 실내온도와 비교하면 말할 수 없이 뜨거운 온도이다. 즉, 점토가 녹기에는 터무니없이 낮은 온도일지라도 점토를 구성하는 일부 분자들이 제멋대로 움직이기 시작하기에는 충분히 높은 온도이다. 그래서 이 정도 온도만 되어도 비록 눈에는 보이지 않을지라도 점토 입자 표면의 분자들이 끊임없이 이리저리 입질을 해보다가 옆의 입자 표면 분자와 만나면 서로 들러붙어 죽고 못 사는 사이가 된다. 마치 냉동실 안에서 엉겨붙은 '각얼음'처럼 말이다. 이런 일들이 계속 벌어지다 보면 마침내 두 입자가 한 덩어리가 된다. 즉, 흙을 빚어 굽는다는 것은 틈새를 사이에 두고 양쪽에 있던 흙 알갱이들끼리 하나로 뭉쳐지며 빈 공간이 가능한 한 남아 있지 않도록 만들어주는 일이다. 빈 공간이 없어지니 당연히 물에 넣어

142

도 물이 스며들지 못한다.

　도자기를 굽는 것은 다시 말해 흙 입자들 사이에 빈 공간이 없이 밀착되도록 한다는 것이니, 전체적으로 보면 부피가 크게 줄어든다. 처음 빚었을 때와 비교하여 대략 30% 정도까지도 작아진다. 그런데 각 부분마다 수축하는 정도가 다르면 결국 도자기가 일그러지면서 깨지게 된다. 모양이 복잡할수록, 크기가 커질수록 이런 경향은 더 심하게 나타난다. 우리 도자기 장인들의 위대함이 여기 있다. 그들은 온몸을 던져 반복되는 훈련과 경험을 통해 수축한 후의 크기와 모양을 가늠하고 굽는 도중 깨지지 않도록 두께와 형태를 적절히 조절하는 기술을 축적했던 것이다.

콘크리트와 유리는
어떻게
로마제국의 토대가 되었나?

범접할 수 없는 자연의 위력은 인류에겐 때때로 축복으로 작용하기도 했다.
화산이 만들어낸 콘크리트는 모양을 자유자재로 설계하는 것을 가능케 했을 뿐 아니라
물속에서도 구조물을 세울 수 있게 함으로써 로마제국에서 현대에 이르기까지
도시의 수로 시설, 포장된 도로와 광장, 항만 등의 인프라스트럭처를 받쳐주는
핵심 소재가 되었다. 또한 사막의 번개가 만들어낸 유리는 비바람을
막아주는 창문에서 진화해 각종 화학 실험 기구, 렌즈, 광섬유 등
현대 과학문명을 가능하게 한 공신이다.

© Shutterstock

대자연이 준 결정적 힌트

대자연이 선보이는 놀라운 에너지는 많은 경우 재앙과 재해의 형태로 다가와 인간에게는 두려움의 대상이다. 그러나 우리가 직접 보지 못하는 곳에서 대자연의 막대한 에너지는 생태계가 조화를 유지할 수 있도록 축복을 안겨주기도 한다. 인류가 더 뜨거운 불을 만들기 위해 온갖 노력을 기울이는 동안 자연은 범접할 수 없는 위력으로 인간이 생각지도 못한 소재를 만들어냈다.

콘크리트와 유리가 빠진 현대 문명의 모습은 상상하기 어렵다. 한 도시의 기술 수준을 상징하기도 하는 마천루는 차치하더라도, 콘크리트가 없었다면 우리는 해일과 홍수에 속수무책으로 당할 수밖에 없었을 것이다. 찬바람이 들이칠 걱정 없이 바깥 경치를 감상할 수 있게 해주는 유리창에 대한 감사함은 미처 느끼지 못한다 할지라도, 광섬유와 평판 화면이 없었다면 어땠을까. 우리는 당장 웹 서핑도, 화상 통화도 할 수 없을 것이다.

콘크리트와 유리라는 이 중요한 소재는 자연이 먼저 보기(example)를 제시해주지 않았더라면 인간 스스로는 찾아내지 못했을지도 모른다. 인간이 만든 가마의 성능을 훨씬 뛰어넘는 헤파이스토스(Hephaestus)의 용광로는 화산 폭발을 통해 땅 위에서 구경하기 힘든 여러 가지 광물질을 흩뿌려주었고, 제우스(Zeus)가 장난감 다트(dart)처럼 던져대는 번갯불이 사막의 모래 한가운데 꽂혔을 때 훗날 우주의 저편은 물론 인간의 몸속까지 들여다볼 수 있는 비장의 소재가 만들어졌다.[1] 우리의 선조들은 대자연이 주는 힌트를 놓치지 않고 현대 문명의 근간이 될 소재들을 손에 넣었다. 콘크리트와 유리의 이야기는 역사상 가장 강하고 오래 지속된 제국, 로마에서 시작된다.

모든 길이 로마로 통할 수 있었던 까닭:
화산 폭발과 로만 콘크리트

로마는 역사상 가장 오랜 기간 유지된 제국이다. 로마 번영의 비결을 알아내기 위해 많은 학자가 로마의 정치 제도, 전쟁 수행 능력, 철학과 문화 등 여러 분야를 연구하고 분석하는데 그중 시민들의 삶을 보다 윤택하게 만들기 위해 건설한 다양한 사회간접자본(infrastructure)을 빼놓을 수 없다. '모든 길은 로마로 통한다'라는 말처럼 사방으로 뻗어나간 규격화된 포장도로만이 아니라 항만의 접안 시설, 용수로(aqueduct)를 이용한 상하수도 시설 등은 로마 사회를 지탱하는 기둥이자 새로운 사상과 제도, 기술 등을 끊임없이 탄생시키는 요람이었다.

그런데 더 놀라운 것은 이런 시설이 제국의 오랜 역사를 버텨냈을 뿐 아니라 오늘날까지도 굳건히 남아 있다는 점이다(그 덕분에 제국의 후손들이 관광 수입으로도 충분히 먹고살 수 있게 되었다). 이러한 사회간접자본의 건설은 천 년 넘게 버틸 수 있는 소재가 로마제국에 존재하였다는 점, 그리고 그것을 사람들이 제대로 가공해 사용할 줄 알았기에 로마제국이 가능했음을 말해준다. 로마는 하루아침에 이루어지지 않았다는 말

---

1 헤파이스토스는 그리스 신화에 나오는 기술, 대장장이, 장인, 공예가, 조각가, 금속, 야금, 불의 신이다. 로마인들은 시칠리아섬의 에트나 화산이 그의 대장간이라고 여겼다. 제우스는 그리스 신화의 최고신으로 기상 현상을 주관하며 번개와 독수리를 상징물로 삼고 있다.

처럼, 로마제국의 저력은 단순히 막강한 군사력에서만 나온 것이 아니라 주변국들로부터 기술과 문명을 흡수하여 이를 바탕으로 지속가능한 사회 시스템을 든든하게 구축한 것에서 비롯되었다고 할 수 있다. 이러한 사회간접자본의 구축에는 다양한 소재의 확보와 활용이 큰 역할을 하였다.

로마는 우리나라와 마찬가지로 반도에 위치하기 때문에 해양을 통해 외부와 교류하는 것은 선택이 아닌 필수이다. 제국으로서 위상과 규모가 커져가면서 교역량이 늘어났고 이를 소화하려면 항만의 규모도 거대해질 수밖에 없었다. 문제는 물속에 어떻게 커다란 구조물을 설치하느냐였다. 나룻배를 대는 정도라면 나무로 기둥을 박아서 어떻게 해결이 되겠지만 거대한 상선과 군함이 드나들기에는 어림도 없다. 뭔가 제대로 공사를 해내려면 물속에서는 불가능한 노릇이니 바닷물을 막아야 하는데, 바다에 둑을 쌓는 것 자체가 곤란하므로 다시 원점이다.

그런데 구원의 손길은 전혀 예상치 못했던 곳에 있었다. 시도 때도 없이 불과 용암을 토해내 두렵기만 하던 화산이 로마인들에게는 오히려 축복이 되기도 했던 것이다. 이탈리아에는 지금도 활동하는 화산이 3개나 있다. 그중 폼페이를 덮어버린 것으로 유명한 베수비오산(Vesuvio山) 근처 나폴리 지역에 포추올리(Pozzuoli)라는 항구가 있다. 이 동네의 이름은 '악취가 난다(to stink)'라는 뜻인데, 화산에서 풍겨 나오는 유황 냄새가 항상 그득했기 때문이다. 이 지역에 깔려 있는 화산재 성분의 모래를 '냄새나는 동네의 먼지'라는 뜻으로 포촐라나(pozzolana 또는 pozzolana ash)라고 불렀는데 이게 아주 요물(妖物)이었다.

'모래성을 쌓는다'라는 말이 부질없는 짓을 의미하듯 일반 모래나 흙은 물속에 들어가면 다 풀어지고 파도에 쓸려 간다. 그런데 역한 냄새를 풍기는 이 모래는 석회가루와 섞어 물속에 던져 넣으면 알아서 뭉쳐지며 단단하게 굳는다. 오히려 물이 없으면 안 된다. 이것이 로마제국을 든든히 떠받친 것, 바로 '로만 콘크리트(Roman Concrete)'이다.

사실 콘크리트 제조 자체는 로마의 독창적 기술이 아니었다. 이미 기원전 3000년경부터 피라미드를 짓는 데 시멘트가 사용되었다. 이집트인들은 석회나 석고를 물에 개면 돌을 붙이는 접착제로 사용할 수 있다는 것을 발견했다. 기원전 800년경 그리스에서는 석회와 모래를 혼합한 것에 물을 섞은 모르타르를 건축에 사용하기 시작하였다. 기원전 700년경, 지중해 동쪽 연안의 상권을 장악했던 나바테아인들(Nabataeans)[2]이 석회암을 높은 온도(섭씨 약 900도)에서 구워 생석회(生石灰)를 만드는 법을 알아냈다. 그러나 집 한 채를 지으려면 엄청나게 많은 양의 생석회가 들어가는데, 석회암을 일일이 굽고 다시 가루로 빻기까지 하려면 막대한 연료와 노동력이 필요했다. 이들은 차라리 바위를 깎아 거주지를 만드는 쪽을 더 선호했다. 그런데 이집트인들이 다시 석회에 화산재를 넣으면 바닷물 속에서도 굳힐 수 있음을 알아낸 것이다. 화산이 공짜로 충분히 뜨거운 열로 구워주고 폭발하면서 고운 가루로 날려주니, 축복이

---

2 나바테아는 베두인족의 한 지파가 기원전 4세기에 세운 왕국인데, 서기 106년 로마에 복속된다. 왕국의 수도였던 페트라는 현재 요르단 남부에 위치하는데 〈인디아나 존스−최후의 성전〉의 촬영 장소로 유명하며, 다큐멘터리에 단골로 등장하는 소재이다. 페트라는 그리스어로 바위란 뜻으로, 거대한 바위 틈새에 조성한 도시로서 고대 세계 7대 불가사의의 하나로 선정되었다.

라 아니할 수 없는 일이었다. 이후 활화산을 뒷동산에 끼고 살던 로마인들이 적극적으로 이 방식을 응용해 여러 가지 거대하고 기발한 건축물을 만들어냈기 때문에 화산재를 이용하여 만든 콘크리트를 로만 콘크리트라 부르게 된 것이다.

로만 콘크리트는 라틴어로 opus caementicium이라고 하는데, opus는 일, 작품, 노력, 기술 등의 뜻이 있고, caementicium은 잘게 부수어진 돌이라는 뜻으로 여기서 시멘트(cement)라는 말이 나왔다.[3] 콘크리트(concrete)의 어원은 라틴어 concretus로서 '자란다, 커진다, 증가한다'라는 뜻의 동사 'crescere'의 과거분사 'cretus' 앞에 '함께'라는 뜻의 접두사 'con-'이 붙어서 만들어진 말이다.[4] 통상 시멘트를 물에 갠 것을 페이스트(paste), 시멘트에 모래와 물을 섞은 것을 모르타르(mortar), 여기에 자갈 등의 골재가 들어간 것을 콘크리트라고 부른다.

로만 콘크리트 기술의 백미로는 현재는 가톨릭 성당으로 쓰이고 있는 만신전(萬神殿, Pantheon)을 들 수 있는데 서기 113년에서 125년 사이에 지어진 것으로 추정된다. 내부 직경과 높이가 모두 43미터인 중앙부가 철근 등의 뼈대 없이 세워진 세계 최대의 건축물이다. 순전히 콘크리트의 힘만으로 2,000년을 버틴 것이다. 천장 가운데에 둥근 구멍이 뚫려 있는데 이것이 거대한 굴뚝 역할을 하여 내부 공기를 쾌적하게

---

3 라틴어의 ae는 영어로 넘어오면서 대부분 e로 바뀐다. 그래서 Caesar(카이사르)도 영어로는 시저(원어민 발음으로는 '쎄이저'로 들리기도 한다)라고 읽는다. 이는 모음변이(umlaut) 현상으로, 우리말의 모음 축약 혹은 'ㅣ'모음 역행동화와 유사하다(사이→새, 먹이다→멕이다 등).

4 초등학교 음악 시간에 배운 crescendo(크레셴도, 점점 크게, 직역하면 '자라고 있는 중')도 같은 어원에서 나온 말이다.

18세기 이탈리아 화가 파니니가 그린 로마 만신전의 내부. 워싱턴 국립 미술관 소장.

유지해주고, 이를 통해 들어오는 햇빛 줄기는 해시계 역할을 한다.

로마의 콘크리트 기술은 로마제국의 멸망과 함께 명맥이 끊어졌다. 이유는 명확히 알 수 없지만 산업혁명기 영국에서 포틀랜드(Portland) 시멘트가 개발되기 전까지, 지구상 어느 곳에서도 콘크리트 건물이 더는 세워지지 않았다. 그러나 새로 태어난 콘크리트가, 역시 산업혁명의 또 다른 주역인 철(탄소강, carbon steel)과 만나 철근 콘크리트로 진화함으로써 전 세계 도시의 스카이라인을 송두리째 바꾸어놓게 된다.

유리의 발견: 모래는 번개를 타고

'햇볕은 쨍쨍, 모래알은 반짝…….' 재료공학의 시각에서 보면 이 동요만큼 모래의 특징을 잘 나타내는 표현이 없다. 모래는 암석이 풍화에 의해 2밀리미터 이하로 작게 부서진 알갱이들을 말하는데 그 주성분은 석영이다. 순수한 석영이 큰 덩어리로 눈앞에 나타나면 우리는 이걸 수정(水晶, crystal)이라 부른다. 수정은 매끈하고 평평한 면들이 규칙적인 각도로 만나 뾰족하고 각진 막대 형태를 이루고 있는 외양이 특징이다. 또한 수정은 가시광선의 모든 파장에서 92% 이상을 투과해 매우 투명하다. 수정 속으로 들어간 빛은 이런 매끈하고 평평한 면들에 의해 특정한 방향으로 반사되고 각 면들 사이의 각도에 따라 굴절되어 프리즘 효과에 의해 영롱한 무지갯빛으로 흩어져 돌아 나온다. 모래가 햇빛을 받으면 반짝거릴 수밖에 없는 이유이다.

칠흑같이 캄캄한 밤에 바닷가 모래 위를 걸을 때 발 언저리에 반딧불같이 작은 불꽃이 반짝거리는 걸 느낄 때가 있다.[5] 좀 더 확실하게 경험해보고 싶다면, 밤에 집에서 블라인드를 다 내리고 불을 모두 끈 채 믹서(blender)에 마른 모래를 넣고 돌려보면 된다.[6] 이건 석영이 갖는 마찰발광(triboluminescence)이라는 성질 때문이다. 이 외에도 여러 면에서 모래는 인류에게 빛을 다스리는 방법을 알려주어 21세기를 살고 있는 오늘날의 우리가 누리는 과학문명의 견인차 역할을 하였다. 모래를 액체 상태로 녹였다가 식힌 것이 바로 유리이다.

간혹 사막의 모래 속에서 유리가 발견되기도 한다. 이를 섬전암(閃電岩, fulgurite)이라고도 부르는데, 이름 그대로 모래에 벼락이 떨어져서 만들어진 것이다. 벼락이 땅을 때리면 최대 1억 볼트의 전압을 가진 전

---

5 요즘 이런 걸 볼 수 있을 만큼 캄캄한 곳은 별로 남아 있지 않다. 이런 곳을 서성이다가는 자칫 수상한 사람으로 오인받기 십상이라 조금 아쉽기도 하다. 대신 캄캄한 방에서 얼음사탕ㅡ도넛 모양으로 생겼고 영어로 인명구조원(lifesaver)이란 이름이 붙은ㅡ을 깨뜨리거나 스카치테이프를 아주 세게 뜯어내보아도 간혹 관찰할 수 있다.

6 물론 믹서를 버릴 각오는 해야 한다. 믹서가 아까우면 인터넷에서 "smash glow in a blender"라는 키워드로 검색해보라. 생생하게 확인할 수 있다.

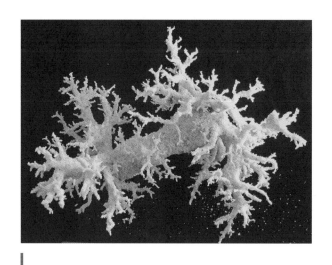

섬전암. 모래에 벼락이 떨어져서 만들어진 것이다.
© yoyoj3d1, CC BY-SA 2.0 / flickr

류가 흐르며 순간적으로 섭씨 1만 도 정도까지 온도가 치솟는다. 섬전암은 표면이 울퉁불퉁하고 속이 빈 튜브 모양을 하고 있어 생긴 것도 번개를 닮았다. 그래서 번개화석이라고도 부르며, 큰 것은 길이가 수 미터에 이른다. 또 가끔은 운석이 사막의 모래에 떨어지며 그 충돌에 의한 열로 모래가 녹았다가 유리가 만들어지기도 했는데, 이는 텍타이트(tektite)라고 부른다.

인류는 이미 구석기 시대부터 화산이 만들어준 자연유리인 흑요석을 깨뜨려 도구로 사용하였고, 고대 문명이 태동하면서 이집트와 메소포타미아 등지에서 모래를 가지고 유리구슬 등을 만들기 시작하였다. 하지만 유리가 일상생활에 친숙한 소재로 본격 사용된 것은 로마제국에 들어와서였다. 로마제국 후반기에는 현재의 독일 지역이 유리가공의 중심지였는데, 이 동네 사투리로 투명하고 반짝거리는 물질을 'glesum'이라 하였고 이 말이 나중에 영어의 'glass'가 되었다.

모래를 녹이려면 섭씨 약 1,700도의 열이 필요하다. 고대에 이렇게 높은 온도를 낼 수 있는 가마를 만드는 것은 언감생심이다. 사람들은 모래에 잿물이나 석회(石灰, lime) 등을 섞으면 훨씬 더 낮은 온도에서 녹일 수 있다는 것을 발견했다.[7] 로마인들은 무기질 비료이자 세제로 사용되는 탄산나트륨(natron, soda ash)을 넣어 유리의 대량생산을 시작했다. 오늘날의 유리만큼 깨끗하고 투명한 것은 아니었지만, 로마인들은 아쉬운 대로 이것을 창문에 달았다. 이전까지는 바람이 불면 나무 덧문이나 커튼으로 바람을 막았는데 그러면 빛이 들어오지 않는다. 그런 의미에서 이전에 'wind eye'라고 부르던 말이 변해 'window'가 되었다. 빛을 그대로 들이면서 동시에 바람을 막아주는 유리창은 당시로서는 획기적인 것이었다.

그런데 로마 시대에는 모래를 녹인 액체 상태의 유리물을 편평한 판 위에 붓고 눌러서 납작하게 굳히는 방식으로 만들었기 때문에 큰 판유리는 만들기 어려웠다. 대신 작은 유리판을 조각조각 이어 붙이고 납을 가늘게 늘려 유리판들 사이를 메운 다음 창틀에 끼웠다. 게다가 바닷가나 사막에서 퍼 온 모래에는 여러 가지 불순물이 포함되어 있었다. 그래서 이 모래로는, 물이 조금만 오염되어도 물빛이 탁해지듯 무색투명한

---

7 2가지 이상의 물질을 섞으면 녹는 온도가 낮아진다. 겨울철 빙판에 염화칼슘을 뿌리는 이유도 그것이 얼음과 섞이면 얼음이 영하의 추위에서도 쉽게 녹아 덜 미끄럽기 때문이다.

파리 노트르담 대성당의 스테인드글라스,
'장미창'.
© Getty Images Bank

유리는 만들기가 어려웠다. 또한 유리 표면의 불순물이 수분과 반응하면 유리가 뿌옇게 되거나 좁쌀 같은 돌기가 생기기도 한다.

그런데 로마인들은 이 같은 단점을 역이용하였다. 기왕 이어 붙이는 바에야 아예 색깔이 다른 유리들을 여러 가지 모양으로 잘라 무늬를 만들어본 것이다. 스테인드글라스(stained glass)의 탄생이다(stained란 말 그대로 얼룩이 졌다, 착색으로 오염되었다는 뜻이다). 고딕 양식의 성당에서 흔히 볼 수 있는 원형의 스테인드글라스 창문은 장미창(rose window)이라고 불린다. 2019년 파리의 노트르담 대성당에 화재가 났을 때, 첨탑(spire)이 붕괴될 정도로 큰 사고였음에도 장미창은 무사하였다. 프랑스혁명과 두 번의 세계대전에서도 살아남은 이 창은 이번에도 또 살아남았다.

유리의 녹는 온도는 대개 섭씨 800도 이상으로 상당히 높은 편이지만 어느 한쪽에 불꽃이 닿으면 아직 불길이 닿지 않은 부분과의 열팽창 차이 때문에 터지듯 깨져버릴 수 있다. 또 스테인드글라스의 조각들을 이어 붙여준 납은 섭씨 200도 정도면 녹아버리기 때문에 열기에 의해 이것이 녹기 시작하면 창 전체가 와르르 무너져 내릴 수도 있었다. 이런 이유로 노트르담 대성당 화재 발생 당시 많은 복구 전문가가 장미창도 심각하게 손상될 것이라 걱정하였다. 그러나 예상 외로 온전한 형태를 유지하였기에 많은 사람이 기적이라 이야기하고 있다.

유리공예: 소재를 넘어 예술이 되다

로마 시대 유리공예를 대표하는 것으로 카메오 글라스(cameo glass)와 밀레피오리(millefiori)가 있다. 요즘에는 카메오 하면 영화나 드라마를 먼저 떠올리겠지만, 원래는 부조(浮彫, 돋을새김, relief)라는 뜻이다. 2가지 다른 색깔의 층을 갖는 보석에 모양을 새겨 어두운색 배경의 돌에 밝은색 문양이 도드라져 보이게 하는 공예 기법을 말한다. 로마 사람들은 이를 유리에 응용하여,[8] 2가지 다른 색깔의 유리를 가지고 한쪽은 파내고 다른 쪽은 깎고 다듬고 하여 둘을 정교하게 붙이는 기술을 개발하였다. 제작비용을 낮추면서도 이전에 돌로는 만들 수 없었던 크고 다양한 색상을 갖는 예술품이 많이 탄생하였다.

밀레피오리는 '천 송이의 꽃'이라는 뜻인데, 고급 일식당의 김밥(후토마키)을 유리로 만든 것이라고 생각하면 이해가 쉽겠다.[9] 다양한 색상의 유리가 동심원 모양으로 겹겹이 싸인 막대를 먼저 만드는데 이를 무리네(murrine)라고 한다. 이것을 김밥 썰듯이 잘라서 단면이 보이게끔 나란히 늘어놓고 살짝 녹여 굳히면, 마치 꽃무늬가 늘어서 있는 것 같은 모양이

---

8 '카메오'는 앞으로 도드라진다는 뜻에서 파생된 말이다. 공연 예술에서 단역 중에 상대적으로 비중이 좀 더 높은 배역을 뜻하다가 현재는 유명인사가 잠깐씩 등장하는 것을 가리키는 말로도 쓰인다.

9 프랑스식 페이스트리나 일본식 퓨전 전골의 이름인 밀푀유(mille-feuille)와 언뜻 비슷해 보이나 다른 이름이다. 밀푀유는 천 겹의 시트 또는 잎이라는 뜻이다.

카메오 기법의 화병(왼쪽, 서기 5~25년, 대영박물관 소장)과 밀레피오리 유리 장식(오른쪽).
왼쪽: © Marie-Lan Nguyen, CC BY 2.5 / Wikipedia
오른쪽: © Lumaca, CC BY-SA 4.0 / Wikipedia

나온다. 이 기술도 로만 콘크리트와 마찬가지로 제국의 멸망과 함께 명맥이 끊겼다가 16세기 이탈리아의 무라노(Murano)섬에서 부활한다.

로마제국이 쇠퇴하면서 비시고트족(Visigoths) 및 훈족(Huns)이 차례로 침입하자 로마 시민들은 석호(潟湖, lagoon) 지역인 베니스로 피신한다. 이들은 진흙 바닥에 오리나무 말뚝을 박고 그 위에 석회암 판들을 깔아 도시를 건설하였다. 이후 해상무역의 중심지로 성장해 13세기에는 유럽에서 가장 부유한 도시가 되었다. 로마 각지에서 몰려든 피난민 중에는 유리 장인도 있었다. 여러 곳으로부터 온 다양한 지식과 기술이 융합하니 유리 세공 기술이 비약적으로 발전하였다.

어느덧 유리 산업은 베니스 경제의 중요한 한 축을 담당하게 되었고, 유리 장인들은 자신들의 영업 비밀과 노하우가 새어나가지 않도록 조합을 결성하며 매우 폐쇄적인 공동체를 형성하게 된다. 조선 시대 관요에 속한 사기장들과 마찬가지로 베니스 유리조합 소속의 장인들은 이동이 제한되었다. 만일 도망치면 남은 가족들은 투옥하고 당사자는 마치 조선 시대의 추노꾼 같은 자객을 보내 암살할 정도였다.

베니스 정부는 1291년에 법을 제정해 모든 유리 공장을 무라노섬으로 몰아넣어 고립시켰다. 물론 감시와 통제를 더 엄격히 하여 기술을 감추기 위한 목적도 있었으나 화재 위험을 낮추려는 목적이 더 컸다. 본래 베니스는 나무 말뚝을 촘촘히 박고 그 위에 세운 도시라 불과는 상극이었다. 그런데 유리를 녹이는 용광로가 밤낮없이 돌아가니 언제든지 네로 황제가 로마를 태워버린 영광(?)이 재연될 수 있는 셈이었다. 때마침 십자군 원정이 끝날 무렵이었으므로 언제 다시 시작될지 모르는 전쟁에 대비해서 좀 더 안전한 곳으로 피신하자는 명목도 있었다.

16세기에 무라노섬은 드디어 세계 유리 산업의 중심지로 우뚝 서게 된다. 로마의 멸망과 함께 명맥이 끊겼던 밀레피오리 등이 되살아나고 크리스털 유리, 유리 거울, 샹들리에 등이 발명된다. 특히 크리스털 유리(cristallo)는 무결점이라 할 만큼 이전까지 사람들이 보지 못했던 깨끗한 것이었던 데다 자연산 수정을 깎아 만든 듯 영롱하게 빛이 반사되었고 두드리면 금속성의 소리가 났다.[10] 당시 종교 의식에 널리 사용되고 귀족들이 식기로 애용했기에 무라노 유리 산업의 얼굴과도 같은 존재였다.

그런데 재료공학의 관점에서 보면, 크리스털 유리라는 용어 자체는

---

10 우리나라에서는 파카 크리스탈이라는 상표명으로 많이 불린다.

'펄펄 끓는 얼음'이나 '얼어붙은 불'처럼 모순을 내포하는 말이다. 크리스털이란 말은 광물로서 수정을 가리키기도 하고, 규칙적이고 주기적인 원자 구조를 가리키기도 한다. 반면 유리는 원자들이 규칙성 없이 삐뚤빼뚤 아무렇게나 뒤섞여 있다는 뜻이니 크리스털 유리라는 이름은 원자들이 '규칙적으로 불규칙하게' 놓여 있다는 말처럼 모순적이나. 물론 이 이름은 자연 상태에서 발견되는 수정과 질감이 비슷하다는 뜻에서 나온 것이지만 말이다.

유리 세공과 관련된 다큐멘터리 등에 자주 등장하는 장면은 긴 파이프 끝에 유리물을 묻힌 다음 파이프를 돌려가며 입으로 불어 여러 가지 모양을 만드는 것이다. 이를 블로잉(glass blowing)이라 하는데 1세기 무렵 로마제국의 영토였던 시리아 지역에서 개발된 기술이다. 병 모양의 유리 용기를 뚝딱 뽑아낼 수 있어 유리 제품의 가격이 토기보다 더 낮아졌다. 이전까지 몇몇 귀족의 전유물이었던 유리 제품이 광활한 로마제국 구석구석까지 보급되는 계기가 되었다. 로마의 유리는 향료, 기름 등의 무역 상품을 담는 용기로서 전 세계로 전해졌다. 그래서 서로 전혀 다른 곳에서 발견되었음에도 용기의 규격이 일치하는 경우가 많다.

플로트 유리 공법: 건물에 새 옷을 입히다

16세기까지 창문에 들어가는 판유리는, 유리를 둥근 모양(hollow globe)으로 분 다음 회전판 위에서 돌려 원심력에 의해 납작하게 퍼지도록 하거나, 커다란 시험관(cylinder) 모양으로 분 다음 길이 방향을 따라 양쪽으로 벌려서 편평하게 펼치는 방식으로 만들어졌다. 이후 이 시험관 모양을 얼마나 크게 불어낼 수 있느냐에 초점을 두고 기술이 개발되었다. 당연히 두께도 일정하지 않고 불순물도 많았다. 19세기 들어와서 뜨겁게 달궈 말랑말랑해진 유리를 만두피 빚듯이 롤러로 밀어 기다란 리본 형태로 뽑아내는 공법이 헨리 베서머(Henry Bessemer)에 의해 발명되었다.[11] 그러나 롤러에 의해 표면에 흠집이 많이 생겨 이를 매끈하게 갈아내느라 시간과 비용이 많이 소요되었다.

이로부터 100년이 더 지난 20세기 중반에 일대 혁신이 일어난다. 영국군 고위 장교의 아들로서 공과대학 재학 중 제2차 세계대전에 참전했다가 포로가 된 뒤 가까스로 귀향하여 학업을 마친 필킹턴(Alastair Pilkington)은 공교롭게도 자신의 성(姓)과 똑같은 필킹턴 유리 회사(Pilkington Brothers Limited)에 엔지니어로 채용된다.[12] 그는 동료인 비커스태프(Kenneth Bickerstaff)와 함께 액체의 표면이 항상 완벽한 수평 상태를 유지한다는 점에 착안해 플로트 유리 공법(float glass process)을 발명하였다. 이 방법은 주석을 큰 수조(float bath, 사실은 주석조)에 녹여 액체로 만들고 그 위에 유리물을 띄워 옆으로 퍼지게 함으로써 완벽히 평평한 판유리를 만들 수 있었다. 또한 두께가 균일하고 표면에 흠집도

---

11 베서머는 강철을 대량생산하는 길을 연 베서머 공법으로 더 유명하다. 그 업적은 이 책 7장 〈산업혁명의 진정한 주인공, 철강〉에서 자세히 소개될 것이다.

12 필킹턴 유리회사는 원래 필킹턴(Pilkington)과 그린올(Greenall) 두 집안이 합작하여 만든 회사로 처음에는 재래식 창유리 제조로 시작했기 때문에 이름을 성 헬렌 크라운 유리 회사(St. Helens Crown Glass Company)라고 하였다. 크라운 유리(crown glass)란 유리물을 회전판 위에서 빠르게 돌려 납작하게 펴는 공법으로 만든 창유리를 의미한다. 이 공법의 특성상 가운데가 볼록하고 가장자리가 얇아지기 때문에 그런 이름이 붙었다. 이후 Pilkington Brothers Limited로 명칭이 바뀌었는데, 플로트 유리 공법을 발명한 필킹턴과는 혈연관계가 없다. 2006년 일본 판유리 회사의 자회사로 합병되었다.

없어 따로 연마할 필요가 없으니 대량생산에도 적합하였다. 설비의 크기만 키우면 얼마든지 크게 만들 수 있는데, 필킹턴 유리 회사에서 생산된 일반적 판유리 제품의 크기는 폭 9미터, 길이 45미터에 달하였다.

마천루의 벽면에 유리를 마음대로 쓸 수 있게 되었으니 건축가들은 신이 났다. 1960~1970년대에 필킹턴 회사의 유리를 사용하여 만든 거울은 어느 방향에서 봐도 상(像)이 일그러지지 않아 마경(魔鏡, magic mirror)이라고도 불렸으며, 필킹턴 상표가 붙은 화장대나 장롱은 부잣집의 혼수 목록에서 늘 상위에 올라 있었다.[13] 앞서 언급한 자가세정 유리(Self-cleaning glass)도 필킹턴 유리 회사가 내놓은 히트작이다.

유리가 이루어낸
서구 문명의 빛나는 역사

그리스와 로마의 자연철학은 서구 과학문명의 뿌리가 되었다. '과학'이라는 말에서 사람들은 흔히 비커 같은 여러 가지 투명한 도구가 어지러이 널려 있는 실험실 이미지를 떠올린다. 이 도구들, 즉 과학실험의 기본 도구들의 공통 소재가 바로 유리이다. 대학교 이공계 신입생 대다수가 교양필수로 수강하는 일반화학실험 과목에서 대개 맨 처음에 수행하게 되는 과제는 유리 공작이다. 유리관을 알코올램프로 달구어 늘이고 한쪽 끝을 입으로 불고 해서 여러 가지 실험도구를 만들어보는 것이

---

13 박완서가 1981년 발표한 단편 〈쥬디 할머니〉에는 다음과 같은 구절이 나온다. "열린 채인 침실 문을 통해 할머니의 화려한 화장대가 바라보였다. 모양도 어여쁜 갖가지 화장수 병이 티끌 하나 없는 마경을 통해 곱절로 늘어나 보였다."

다. 물론 숙달된 조교의 시범과는 달리 실제 실험에 쓸 수 있을 만큼 그 럴싸한 것은 나오기 어렵다. 유리는 산, 알칼리, 유기용매 등에 의해 부 식되지 않고 웬만한 온도에서도 잘 견디는 데다 투명해서 내용물이 그 대로 들여다보이기 때문에 연금술사들이 애용하는 각종 실험도구를 만 드는 소재가 되었다.

유리는 렌즈라는 옷을 입게 됨으로써 인류 문명이 발전하는 데 더욱 혁혁한 공로를 세웠다. 유리는 투명하고 균질하면서도 공기보다 밀도 가 높아 빛을 휘게 만들 수 있는 데다 모양이 쉽게 변하지 않고 또 표면 이 단단하여 흠집도 잘 나지 않으므로, 렌즈를 만드는 데 그야말로 맞 춤 소재이다. 한때 웰빙 열풍을 타고 이른바 '이효리콩'으로 알려진 렌틸 (lentil)이 사람들 사이에 회자된 적이 있다. 이때 그 모양이 렌즈와 닮아 서 렌즈콩이라고도 부른다는 기사가 있었지만 사실은 그 반대이다. 옛 날부터 볼록한 물체는 콩처럼 생겼다고 해서 렌틸의 라틴어 이름인 렌 즈라고 불렀던 것이다.

용도는 정확히 모르지만 렌즈 모양을 한 유물의 연대는 기원전 7세기 까지 거슬러 올라가고, 기원전 424년 아리스토파네스의 희곡에는 렌즈 로 태양빛을 모아 불을 일으키는 내용이 등장한다. 백과사전의 원형인 《박물지(*Naturalis Historia*)》의 저자이자 로마의 해외 주둔 총독을 지낸 대플리니(Pliny the Elder)에 따르면, 지독한 근시였던 네로 황제는 에메 랄드 조각을 오목하게 연마해 눈에다 대고 검투사들의 경기를 관람했다 고 전해진다.[14] 로마의 사상가이자 네로의 스승으로 알려진 세네카는 클 라우디우스 황제에 의해 코르시카로 유배되었을 동안 자연과학을 공부하고 둥그런 유리병에 물을 채우면 물체를 확대해서 볼 수 있다는 것을 알아낸 바 있다. 12세기 무렵에는 반구형의 유리를 문서 위에 올려놓아 글자를 확대해서 읽기 시작했고, 이것이 개량되어 13세기부터는 안경이 보편화되었다고 한다.

중세 사람들은 도자기를 빚는 물레(pottery wheel) 위에 둥그런 포탄(砲彈, cannonball)을 올려놓고 돌리면서 여기에 납작한 판유리 조각을 갈아 렌즈를 만들었다. 네덜란드의 안경사 한스 리페르셰이(Hans Lippershey)는 자기가 깎은 볼록렌즈와 오목렌즈를 가지고 놀다가 망원경을 발명하였다. 그는 서기 1608년에 특허 출원을 했는데, 이미 다른 사람들이 먼저 신청한 건들이 있어 특허는 거절되었다. 그런데 현재 망원경 발명에 대해 남아 있는 문서가 그의 것뿐이라 망원경 발명자의 영예는 그가 차지하게 되었다. 후세의 과학자들은 덤으로 달의 분화구, 소행성 등에 그의 이름을 붙여주었다.

이듬해인 1609년, 갈릴레이는 30배율의 망원경을 만들어 달의 분화구, 목성의 네 위성, 태양의 흑점 등을 관찰한다. 갈릴레이는 망원경을 만들어 팔아서 번 돈을 연구비에 보태기도 했는데, 이 망원경들을 구입한 베니스의 상인들이 이후 망망대해에서 바닷길을 개척하는 데 이 망원경들은 빼놓을 수 없는 도구가 되었다. 이를 기점으로 유리는 인간의

---

14 1900년 발표된 프랭크 바움(Lyman Frank Baum)의 동화 《오즈의 마법사》에서 에메랄드 시티에 사는 사람들이 끼고 다니는 초록색 안경은 네로 황제의 안경에서 모티브를 따온 듯하다. 이보다 앞서 1827년에 제인 라우든(Jane Wells Webb Loudon)이 발표한 소설 《미라: 22세기의 이야기(*The Mummy!: a Tale of the Twenty-Second Century*)》에도 유사한 대목이 등장하는 것으로 보아, 에메랄드 안경은 이 시기에 꽤 유행했던 문학적 풍유(allegory) 또는 암시(allusion)의 도구였던 것으로 보인다.

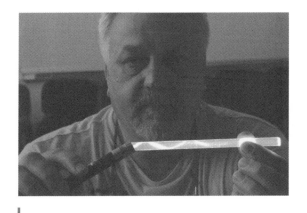

광섬유 내부에서는 빛이 벽면에 부딪히면 전반사(全反射)가 일어나 그대로
꺾이면서 전달된다.

© AZToshkov, CC BY-SA 3.0 / Wikipedia

지성에 빛을 비추는 계몽(enlightenment)의 도구로 도약했다.

유리는 20세기 들어 과학이 또 한 번 도약하는 데 크게 공헌한다. 20세기를 일컫는 말 중에 '정보통신 혁명의 시대'가 있는데, 그 '정보통신 기술'의 근간을 이루는 것이 바다 밑에서 대륙과 대륙 사이를 연결하는 광섬유(optical fiber)이다. 완전히 녹인 유리를 작은 구멍을 통해 잡아당기면 마치 거미가 거미줄을 잣듯이 머리카락 정도 굵기의 섬유를 뽑아낼 수 있다. 이렇게 만들어진 유리섬유는 표면에 흠집이 나지 않는 한 아무리 구부려도 부러지거나 깨지지 않는다. 한쪽 끝에서 빛을 쏘면 구부러진 부분에서도 빛이 그대로 꺾이면서 나아가 반대편 끝까지 도달한다. 이렇게 '유리로 만든 거미줄'은 정보를 빛의 속도로 전달해줌으로써 전 세계를 초고속으로 연결해주었다.

더 궁금한 소재 이야기

유리가
액체라고?

일반적으로 사람들은 딱딱한 것은 고체, 줄줄 흘러내리는 것은 액체라고 생각하지만 과학자들의 관점은 좀 다르다. 고체의 과학적 정의는 '그 안의 원자 또는 분자가 일정한 간격을 두고 규칙적으로 늘어서 있는 것'이고, 액체는 '불규칙하게 늘어서 있는 것'을 말한다. 반면 기체는 '원자 또는 분자가 각기 제멋대로 돌아다니는 것'이다. 액체는 점도(끈끈한 정도)에 따라 어떤 것은 금방 주르륵 흘러내리거나 흘러 다니고 어떤 것은 천천히 퍼지는 등 그 성질이 제각각이다. 즉, 유리는 액체 중에서도 점도가 엄청나게 높아 웬만하면 퍼지지 않고 끈끈하게 뭉쳐 있는 상태라고도 볼 수 있다. 그러나 일반적인 액체와 특성이 완전히 일치하지는 않으므로 비정질고체(amorphous solid)라고도 부른다.

모래의 주성분은 실리콘 원자 하나와 산소 원자 2개로 이루어진 이산화규소(SiO_2)이다. 이산화규소 분자는 산소 4개로 둘러싸인 정사면체 안에 실리콘이 들어 있는 구조이다. 1970~1980년대 공중목욕탕의 대표 간식이던 커피우유팩을 생각하면 된다. 이 정사면체들이 서로 꼭짓점을 맞대고 상하좌우로 늘어서면 수정이 되기도 하고 유리가 되기도 한다.

이 우유팩들을 바닥에 늘어놓는다고 생각해보자. 이산화규소 분자들이 다음의 왼쪽 사진처럼 가지런히 놓여 있으면 고체가 되고 우리는 이것을 수정

166

(quartz, crystal)이라 부른다. 오(伍)와 열(列)을 가지런히 맞춰야 하니 아무래도 시간이 상당히 소요될 것이다. 따라서 수정은 땅속에서 아주 오랜 시간 동안 천천히 식지 않고는 만들어지기 어렵다. 그런데 시간이 충분치 않으면 어떤 상태일까. 오른쪽 사진과 같이 마구잡이로 놓이게 될 것이다. 이러한 배열 구조는 액체에 좀 더 가깝고, 이를 유리(또는 fused silica)라고 부른다. 일단 유리 상태로 굳으면 정사면체끼리 서로 벋대면서 뒤틀리거나 움직이지 못하도록 골격을 유지하기 때문에 흐르지 않고 딱딱한 상태를 유지한다. 구석기 시대에 가장 사랑받는 소재였던 흑요석(obsidian)도 용암이 급격히 식으면서 이산화규소 분자들이 이렇게 무작위로 배열된 것이었고, 그래서 유리질 광물이라 부른다.

6

개똥도
약에 쓰려면 귀하다!
비료와 화약

역사적으로 전쟁은 새로운 소재를 연구하고 개발하는 중요한 계기가 되었다.
무기를 위한 소재 개발은 이후 더 나은 도구의 제작을 이끌기도 하였다.
적의 칼보다 더 긴 칼을 갖고 싶다는 바람이 마제석기 기술을,
부러지지 않는 칼을 향한 바람이 청동기와 철기 기술을 낳았다.
전쟁에서 가장 끔찍한 살상 효과를 내는 무기는 사실 화약이다.
그런데 전쟁의 양상을 송두리째 뒤바꾸어놓은 이 화약은
뜻밖에도 분뇨로부터 유래하였다. 일찍이 비료로 쓰어 많은 사람을
기아로부터 구한 분뇨는 이제 두 얼굴을 갖게 되었다.
세계 질서를 재편하는 데 이 분뇨 소재는 과연 어떤 역할을 했을까?

© Shutterstock

'맬서스의 덫'을 끊어낸 비료,

인류를 구하다

영국의 경제학자 맬서스(Thomas Malthus)는 1798년 자신의 부친과 벌인 논쟁을 책으로 써서 익명으로 간행하는데 이것이 그의 대표 저작이 된 《인구론》이다. 우리가 중고등학교 시절 배우는 "인구는 기하급수적으로 증가하고 식량은 산술급수적으로 증가한다"라는 구절은 초판에만 등장하는데, 이는 '맬서스의 덫(Malthus trap)'이라고 불리며 역사상 크게 빗나간 대표적 예언 중 하나로 여겨진다.[1] 맬서스가 간과한 것은 인간의 지성이 식량 생산을 기하급수적으로 증가시켜 인구 증가를 추월할 수 있을 만큼 충분히 창의적이고 혁신적이라는 점이었다. 산업혁명으로 인해 기계가 인간과 가축의 노동력을 대신하고, 근대 과학의 개가(凱歌) 중 하나인 원소(element)의 발견 및 체계화를 통해 화학적으로 비료를 합성해내는 길이 열리면서 인류는 이 덫에서 가뿐히 탈출하였다.[2]

---

1 유명 인사나 석학 중에 이렇게 크게 빗나간 예측을 하는 경우는 의외로 많다. 몇 가지 예를 더 들어보자면, 무선전신을 발명한 마르코니(Guglielmo Marconi)는 "무선 기술이 전쟁이라는 행위를 우스꽝스럽게 만들어버릴 것이기 때문에 앞으로는 전쟁 자체가 불가능할 것"이라고 하였다. 에디슨의 오른팔이었던 젤(Francis Jehl)은 "상식이 있는 사람이라면 전선을 통해 사람의 목소리를 보내는 것이 불가능하다는 것을 알 것이고, 설혹 가능하다 할지라도 실용적 가치는 전혀 없다"라고 말한 바 있다. 또 전자의 전하량을 측정하여 노벨상을 받은 밀리컨(Robert Millikan)은 "어떤 과학의 악동(惡童)도 원자가 에너지를 방출하도록 하여 세상을 날려버릴 수는 없을 것"이라고 하였으며, 마이크로소프트의 설립자 게이츠(Bill Gates)는 1981년에 "640킬로바이트의 메모리 용량이면 누구에게나 충분하다"라고 한 발언으로 두고두고 놀림감이 되었다. 이렇게 예언이나 예측이 빗나간다는 것은 그 사람들이 무지하거나 부주의해서라기보다는 그만큼 인류의 지성이 불가능에 끊임없이 도전하고 그 과정에서 창의와 혁신을 이루어내기 때문이라 해석해야 할 것이다.

2 현재 전 세계의 식량 생산량을 모두 합치면 70억 인구가 필요로 하는 양의 2배를 훌쩍 넘는다(한국과학기술한림원 (2018. 8). 〈한국의 식량·영양안보 전략을 위한 제언: 국제한림원연합회의 '아시아의 식량·영양안보 및 농업연구' 보고서 요약〉). 따라서 현재 세계 일부 지역에서 나타나는 기아 현상은 분배의 불균형에서 오는 정치경제적 요소가 더 크다. 또 외국과 자유무역 협정을 체결할 때마다 항상 첨예하게 대립하는 농산물 관련 이슈와도 맥락이 닿아 있다.

자, 그럼 비료가 전쟁과 얽히게 된 이야기를 본격적으로 시작하기 전에 다소간의 배경지식을 갖추어보자. 사실 맬서스가 살았던 시대의 관점에서 봐도 인구 팽창은 그다지 새삼스러운 일이 아니었다. 역설적이게도 그 인구 증가 역시 식량 증산 기술의 발전이 이끌어주었기 때문이다. 신석기 시대 농업혁명 이후 인구는 폭발적으로 증가하는 추세였고 이를 감당할 정도의 기술 발전 또한 꾸준히 진행되고 있었다.

처음에 야생 보리·밀·귀리 등으로 농사를 시작했던 인류는 곧이어 콩을 알게 되었을 테고, 아마도 청동기 시대부터는 콩 재배를 시작하였을 것이다. 초등학교 과학 시간에 콩과 함께 단골로 등장하는 녀석이 있었으니 바로 뿌리혹박테리아이다. 이 녀석들은 대기의 78%나 차지하는 질소(N_2)를 고정해 암모니아(NH_3)를 합성함으로써 이른바 '질소 비료'를 생산한다.[3] 이로써 인류는 더는 자연에 기대지 않고 단지 콩과 식물을 경작하여 땅을 비옥하게 만들 수 있게 된 것이다. 이에 더하여, 반년 정도 농사를 쉬어주면 이듬해 작황이 크게 좋아진다는 사실을 발견함으로써 휴경 재배를 통한 생산성 증가 또한 이루었다.

그다음의 기술혁신은 전혀 예상하지 못한 곳에서 비롯하였다. 대항해시대가 열리면서 신대륙에서 감자가 유럽으로 들어왔다. 17~18세기 유라시아 대륙에 소빙하기[4]가 닥치자 추운 기후에도 잘 견디는 감자

---

3 이렇게 만들어진 암모니아는 다시 식물에 의해 다른 물질들과 반응하여 아미노산, 단백질, 핵산 등을 합성하는 핵심 원료로 쓰이기 때문에 질소 비료라고 일컫는다.

4 중세와 근대 사이 산악빙하가 늘어나고 추운 기후가 지속되었던 시기. 몽골의 초원이 줄어들면서 생존 기반이 위협받는 바람에 칭기즈칸의 군대가 원정을 나서 유라시아 대륙을 정복하는 계기가 되었다고도 한다.

가 수많은 생명을 기근으로부터 구해내는 데 크게 공헌하였다.[5] 한편 지금의 페루 지역에 위치했던 잉카제국을 휘젓고 다닌 스페인의 정복자들은 희한한 광경을 목도하였다. 잉카 사람들이 사막에 있는 새똥 무더기를 신주 모시듯 하는 것이었다. 새들의 군락지인 섬에는 왕의 허락을 받은 사람만 들어갈 수 있고, 만약 여기 들어가 새를 잡기라도 하면 사형에 처해졌다. 사실 이건 그냥 새똥이 아니라 구아노(guano)라는, 새들의 배설물이 토양이나 바위의 광물질과 반응하여 화석화된 것이었다.

1802년 독일(당시에는 프로이센)의 탐험가 훔볼트(Alexander von Humboldt)는 구아노가 비료로서 갖는 효능을 연구하여 관련 저술을 다양하게 남김으로써 유럽인들의 관심을 불러일으켰다. 이어서 당대에 뉴턴 이후 최고의 과학자로 칭송받으며 과학 대중화에도 앞장섰던 데이비(Humphry Davy)는 구아노에 대해 강연한 내용을 엮어 1803년 《농예화학 연구(*Elements of Agricultural Chemistry*)》라는 책으로 펴냈다.[6] 남미의 페루는 안데스산맥과 사막 그리고 바다로 둘러싸인 척박한 지형에다 반복되는 엘니뇨(El niño)와 라니냐(La niña)[7]로 말미암아 변덕스러운 기

---

5 감자는 맷 데이먼(Matt Damon) 주연의 영화로도 만들어진, 앤디 위어(Andy Weir)의 소설 《더 마션(*The Martian*)》에도 중요한 이야기 소재로 등장한다. 화성에 홀로 고립된 주인공은 구조될 때까지 거의 1년 가까운 기간을 자신이 화성 기지에서 재배한 감자를 먹으며 생존한다.

6 데이비는 만 22세이던 1801년부터 왕립학회에서 일반인(일반 대중을 가리킨다기보다는 사실상 귀족 계층에 한정되었으며 과학에 대해 잘 모르는 사람들이라는 의미이다)들을 대상으로 강연을 하였는데, 눈요깃거리가 될 만한 화학실험을 실제로 보여주는 공연 같은 형식이었다. 오늘날 '토크 콘서트'라고 하는 것의 원조라고도 볼 수 있겠다. 또한 여성의 교육 기회 확대라든지 과학 발전을 위한 여성의 역할 등의 내용을 강연에 자주 삽입하여, 소위 '오빠 부대'를 몰고 다니기도 한 스타 과학자였다. 그의 주요 업적은 전기분해를 이용하여 칼륨(potassium, 원소기호 K), 나트륨(sodium, 원소기호 Na), 칼슘(Ca), 마그네슘(Mg) 등 주요 알칼리 금속 원소를 발견한 것이니, 자연스레 그다음 단계로서 칼륨, 질소(N), 인산(P)을 3요소로 하는 비료에 대해 관심을 갖게 되었을 것이다.

후에 시달리는 나라이다. 그런데도 이 지역에서 각종 농산물이 풍부하게 재배되었으며 그 비결로 데이비는 구아노의 토질 개선 효과를 소개하였다. 이 책은 영어권 농부들이 가장 많이 읽은 책이라고 평가될 정도로 당대 베스트셀러가 되었고 데이비의 명성도 유럽 전역으로 퍼져나갔다.

영국, 독일, 미국 등이 앞다투어 구아노를 수입하였다. 때마침 태평양으로의 진출을 시도해 남미 대륙의 서해안까지 활동 반경을 넓힌 미국과 유럽의 고래잡이배(포경선)들이 적자를 메꾸고자 구아노 중개를 담당했다.[8] 그리하여 구아노 채취와 수출은 페루의 최대 국가사업이 되었다.[9] 마구잡이 채취로 구아노가 고갈될 기미가 보이자 대체 자원을 찾아 나선 페루 정부는 1870년 구아노의 최대 산지인 친차제도(Chincha Islands) 인근의 아타카마 사막(Atacama Desert)에서 칠레초석(Chile saltpetre)[10] 퇴적층을 발견하였다. 이는 주성분이 질산나트륨($NaNO_3$)으로서 역시 식물에 질소를 공급해주는 효력을 갖고 있었다. 몇 년 후 칠

---

7 해류와 대기의 상호작용에 의해 태평양 동쪽 적도 부근의 바닷물 온도가 높아지는 현상을 엘니뇨(스페인어로 '남자아이' 또는 '아기 예수'를 의미하는 말로, 크리스마스 무렵 페루의 날씨가 따뜻해지는 데서 유래)라고 한다. 반대로 수온이 낮아져 여름 날씨가 서늘해지는 현상을 라니냐(스페인어로 '여자아이')라고 한다.

8 포경선들은 출항할 때 직물이나 밀가루 등의 상품을 싣고 페루에 갖다 팔아 운항 비용을 마련하였으나, 고래를 충분히 잡지 못하면 빈 배로 되돌아와야 했으므로 페루에서 무엇이든 수익을 남길 수 있는 것을 찾아내려고 혈안이 되어 있었다.

9 오늘날에도 그렇듯 무언가가 바다를 건너갈 때는 그냥 가지 않는다. 오만 가지 병균을 함께 묻혀 가게 마련이다. 구아노가 수출되면서 안데스 고지대의 감자마름병(potato blight)도 같이 수출되었다. 이를 1840년대에 아일랜드를 황폐화시킨 대기근(Great Famine)의 원인으로 지목하는 학설도 있다. 대기근을 피해 수많은 사람이 미국, 캐나다, 호주 등지로 이주하여 거대한 아일랜드 이민 사회를 형성하였다.

10 영어로는 nitratine, cubic niter, soda niter 등 다양한 이름이 있다. 나트륨 대신 칼륨이 들어가면 질산칼륨(KNO_3)이 되는데 이것이 주성분인 광물을 초석(saltpetre 또는 nitre)이라 한다. 하지만 초석은 얻기가 힘들었고 대신 성질이 유사하여 대체제로 많이 사용된 질산암모늄에 칠레초석이라는 이름이 붙었다.

레가 볼리비아와 페루를 침공해 이 알짜배기 섬들과 사막을 점령하였으므로 이름이 페루초석이 아닌 칠레초석이 된 것이다.[11]

독일은 통일국가 수립이 유럽의 다른 나라들보다 늦었고 해군력도 영국, 스페인, 네덜란드 등에 비해 열세였다. 지리적으로도 대서양으로 나가려면 이들 나라의 군함이 도사리고 있는 해협을 지나가야 했기 때문에 식민지 다툼에서도 밀릴 수밖에 없었다. 그래서 독일은 다른 서구 열강처럼 필요한 원료나 소재를 식민지에서 손쉽게 들여오지 못해 과학기술의 힘으로 해결할 수밖에 없었다. 이후 8장에서 이야기할 고무가 그랬고 비료 역시 마찬가지였다. 부유한 유대인 가정에서 태어나 카를스루에 공대(당시에는 Universität Karlsruhe) 교수로 재직하던 하버(Fritz Harber)는 1909년 질소(N_2)와 수소(H_2)를 가지고 암모니아(NH_3)를 합성하는 데 성공한다. 뿌리혹박테리아가 대기 중의 질소를 고정하여 암모니아를 생산하는 행위를 실험실에서 그대로 재연한 것이었다.

암모니아 합성은 오늘날 고등학교 화학 시간에 배우는 주요 이론 중 하나인 르샤틀리에 원리(Le Châtelier's principle)[12]를 실용화한 대표적 사례이다. 이 이론을 창시한 르샤틀리에(Henry Louis Le Châtelier) 자신도 암모니아 합성을 시도했다 폭발 사고를 내며 실패한 바 있다. 또한 1880년

---

11 칠레는 이 전쟁으로 말미암아 당대 세계 최대의 비료 생산국이 되었고 그 덕분에 이후 20년간 칠레의 재정 수입은 900%나 증가하였다.

12 1884년에 발표된 르샤틀리에 원리는 화학반응이 평형 상태에 있을 때 온도나 압력이나 농도 등에 변화가 생기면 이를 상쇄하는 방향으로 반응이 진행된다는 것이다. 이 이론에 따르면 질소와 수소를 1:3으로 섞고, 압력과 온도를 높여주면 부피를 줄이는 방향으로 화학반응이 일어나면서 압력과 온도의 증가를 상쇄하게 된다. 즉, 학자들은 총부피 4인 질소와 수소의 혼합물이 반응을 통해 암모니아로 합쳐지면서 부피가 2로 줄어든다고 예측한 것이다($N_2+3H_2 \rightarrow 2NH_3$).

대부터 과학자들 사이에서 금속 촉매가 주요 쟁점으로 떠오르면서 이를 활용해 불가능해 보이던 반응이 실험으로 가능해져, 이후 촉매 관련 연구는 더한층 불이 붙었다.[13] 독일의 최대 화학 회사로서 염료와 세제 등을 만들던 바스프(BASF) 사는 하버의 기술을 사들이고, 초고압 전문가인 보슈(Carl Bosch)를 책임자로 하여 양산(量産) 기술을 개발한다. 하버와 보슈는 공동 연구를 통해 값싸면서도 효율 좋은 철 촉매를 개발해 상업화에 성공한다.

오늘날 암모니아 합성법은 하버-보슈법(Haber-Bosch process)이라고 불리는데, 하버는 1918년에, 보슈는 1931년에 각각 노벨화학상을 수상하였다.[14] 인류가 암모니아를 합성하는 방법을 알아내지 못했더라면 오늘날 전 세계의 식량 생산은 현재의 절반 수준에 머물렀을 것이라는 이야기가 있다. 또한 현재 우리 몸속에 존재하는 질소 화합물 중 절반가량은 암모니아 합성법으로 만든 비료를 먹고 자란 식물로부터 온 것이라고도 한다. 그렇기에 하버-보슈법을 1900년대 중반 인구 폭발을 가져온 기폭제(detonator of the population explosion)로 보는 관점도 있다. 오늘날 세계 인구는 암모니아 합성법이 개발될 무렵에 비해 5배 가까이

---

13 촉매 연구의 뿌리는 연금술사들이 찾던 '현자의 돌'까지 거슬러 올라간다(2장의 내용 가운데 '오늘날의 현자의 돌, 촉매' 참조). 촉매 관련 연구를 처음으로 집대성한 오스트발트(Wilhelm Ostwald)는 하버가 암모니아 합성에 성공한 1909년 그해에 노벨화학상을 수상하였다.

14 1925년 보슈는 화학 공업 회사 이게파르벤(IG Farben) 설립을 주도하고 초대 대표로 취임한다. 요즘 우리가 알고 있는 보슈 회사는 그의 삼촌 로베르트가 1886년 창립한 회사이다. 한편 암모니아 합성에 대한 이론적 근거를 제공하였던 르샤틀리에는 프랑스의 레지옹 도뇌르(Légion d'honneur), 베서머 금상(Bessemer Gold Medal), 데이비 메달(Davy Medal) 등 굵직한 영예를 휩쓸었으나 정작 노벨상은 수상하지 못하였다.

증가하였다.

또한 암모니아를 합성할 수 있게 됨으로써 인류는 개발도상국의 식량 문제 해결을 위한 토대를 마련하였다. 바로 20세기 녹색혁명(Green Revolution)이라 일컬어지는 것이다. 하지만 모든 성공은 그 직전에 항상 고비가 있게 마련인지, 이 혁명이 오기 전 인류는 두 차례의 세계대전을 먼저 통과해야만 했다. 하버는 '화학자들의 전쟁'이라고도 불린 제1차 세계대전에 적극 참여하여 독가스와 방독면 등 화학무기 개발을 주도하며 화학전을 진두지휘하였다. 연합군이 해안을 봉쇄하여 남미로부터의 칠레초석 수입이 차단되자 독일에서는 화약 제조에 필수적인 질산염을 추출할 수 있는 원료가 바닥이 났다. 독일은 하버–보슈법으로 합성한 암모니아를 가지고 질산염을 생산하여 이에 대응함으로써 전쟁을 계속할 수 있었다.[15]

배설물의 힘:
일제가 조선에 하필 '비료 공장'을 지은 이유

우리나라가 일본의 식민 지배하에서 신음하고 있을 당시, 소위 문화통치 시대의 끝 무렵이던 1927년에 식민지 조선의 항구도시 흥남에는 조

---

15 1925년 설립된 이게파르벤은 곧 세계 최고이자 최대의 화학 회사로 급부상한다. 그러나 이 회사의 설립을 주도하고 수장이 된 보슈는 나치 정권이 들어서자 비판적 입장을 취하다가 계속 좌천되어 실권을 놓게 된다. 결국 이게파르벤은 제2차 세계대전에서 전쟁 물자를 조달하는 핵심 역할을 하게 되고 종전 후에는 최악의 전범 기업이라는 오명을 쓰고 공중분해가 된다. 한편 하버는 현재 막스플랑크연구소의 전신인 카이저빌헬름학회에 재직하고 있으나 유대인들에 대한 나치 정권의 핍박이 점점 거세지자 1933년 사직의 형식을 빌려 독일에서 쫓겨난다. 역설적이게도 그가 제1차 세계대전 기간 및 종전 직후 개발한 독가스가 훗날 나치에 의해 유대인을 학살하는 데 사용되었고, 그의 친척 중 여럿이 희생되었다.

선 질소 비료 주식회사가 설립된다. 동양 최대 규모였다. 표면상으로는 산미 증식 계획(産米增殖計畫)의 일환으로 조선의 공업화를 촉진한다는 명목이었지만 실은 무시무시한 계산이 숨어 있었다. 당장은 전 세계를 휩쓸기 시작한 경제공황을 타개하기 위해 한반도를 저비용 생산 기지로 삼기 위한 것이었고, 나아가 본격적인 대륙 침략을 위해 우리나라를 거대한 병참기지화하려는 속셈이었다. 그런데 왜 하필이면 '동양 최대'의 '비료' 공장이었을까? 유사시 비료 공장은 바로 화약 공장으로 전환될 수 있기 때문이다.

화약은 중국의 당(唐)-송(宋) 교체기에 어느 연금술사가 불사의 약을 만들려다가 실수로 발견했다고 한다. 일반적으로 나침반, 종이, 인쇄술과 더불어 화약이 인류의 4대 발명품이라고 하는데 이들 모두 중국에서 발명되었다. 그런데 이 중 나침반과 화약이 유럽인들이 신대륙을 침략하는 데 매우 중요한 역할을 하였고, 이후 세계 질서의 중심축이 서유럽으로 옮겨지는 결과를 낳았다. 특히 화약은 불과 100년 남짓한 기간에 유라시아 전역으로 전파되었는데, 이는 인류 역사상 최대의 영토를 장악했던 몽골제국의 정복 전쟁에 의해서였다.

초기 형태의 화약은 흑색화약(black powder 또는 gunpowder)이라 불렸는데, 폭발력이 그리 크지는 않아 인명 살상에 직접 사용되기보다는 시커먼 연기와 폭음, 불꽃 등으로 심리적 충격을 주는 효과가 더 컸다. 전쟁용으로는 1161년 중국에서 사용했다고 하는데, 대나무통에 쥐를 산 채로 화약과 함께 넣어 적에게 쏘았다고 한다.[16] 화염에 휩싸여 몸부림치는 쥐를 본 상대편의 말들이 혼비백산해서 날뛰고 상대편 병사들도 경악스러운 광경에 극심한 공포를 느껴 혼란에 빠지게 하려는 의도였다.

흑색화약을 만들 때 가장 중요한 원료는 염초(焰硝)로서 그 주성분은 질산칼륨(KNO_3)이다. 앞서도 언급했듯 이는 초석(硝石)이라는 광물에서 주로 얻었는데, 영어로는 saltpeter 또는 niter(nitre)이다. 초석은 고대 기록에 nitron이라는 이름으로 많이 등장하는 물질인데, 탄산나트륨(Na_2CO_3)을 가리키는 natron과 이름이 비슷하여 자주 헷갈렸고, 많은 경우 이 두 단어는 특별한 구분 없이 혼용되었다. 사실상 근대 화학에서 원소의 개념이 새롭게 정의되고 정제 기술이 발달하기 전까지 saltpeter나 niter라는 단어는 질산염, 탄산염 등 꽤 넓은 범위의 광물질을 가리키는 말로 사용되었다.

초석은 물에도 잘 녹고 원래는 폭발성도 없을뿐더러 일부러 숯불에 던져 넣지 않는 한 쉽게 불이 붙지도 않는다. 주로 세제와 비료로 사용되는데, 오늘날에는 식육가공품(특히 샤르퀴트리, charcuterie[17])의 발색제 및 치즈와 청주의 이상 발효를 억제하는 목적으로도 쓰인다. 그런데 초석을 어디서 채취하였는지 알고 나면 비료로서는 몰라도 세제나 식품첨가물로 사용했다는 것은 상당히 찜찜함을 느끼게 된다. 건조한 지하 저장고나 석굴 벽에 소금처럼 맺혀 있는 것을 긁어내기도 하지만, 박쥐가 많

---

16 Gordon Kerr (2013). *A Short History of China: From Ancient Dynasties to Economic Powerhouse*. Pocket Essentials; Kenneth Pomeranz and Bin Wong (2004). "China's Contributions to the West Timeline" in China and Europe, 1500–2000 and beyond: What is modern?. Asian Topics in World History. Columbia University Press.

17 원래는 '익힌 고기'라는 뜻의 프랑스어인데 지금은 염지(curing) 및 훈제 가공한 돼지고기 제품을 두루 이르는 말이다. 전통 방식으로 만든 베이컨, 햄, 소시지, 테린(terrine), 파테(pate), 콩피(confit) 등이 여기에 해당한다.

이 서식하는 동굴에 쌓인 박쥐구아노(bat guano) 속에 많이 들어 있기 때문이다. 박쥐구아노는 박쥐의 사체와 배설물이 엉겨 붙은 것이 박테리아에 의해 분해되었다가 화석화된 것이다. 박쥐구아노를 물에 오래 담가둔 뒤 마치 염전에서 소금을 채취하듯 물을 증발시키면 초석이 얻어진다.

우리는 초등학교 시절에 이미 식물이 생장하기 위해서는 질소(N), 인(P), 칼륨(K)이 반드시 필요하다는 것을 배웠다. 이 가운데 특히 칼륨은 자연에서 구하기가 어려운 물질이다. 초석은 칼륨과 질소 성분을 모두 포함하고 있으니 비료로서는 더할 나위 없는 물질인 것이다. 그런데 폭발성 없는 초석이 어떻게 화약의 주재료가 될 수 있었던 것일까?

초석의 화학식은 KNO_3인데, 여기에서 식물이 칼륨(K)과 질소(N)를 잘 흡수하려면 산소(O)가 눈치 빠르게 잘 떨어져 나와 자리를 비켜줘야 한다. 화약 성분으로서 초석이 중요한 이유가 바로 여기 있다. 즉 초석은 그 자체가 타는 것이 아니라 연료가 잘 타도록 산소를 많이 공급해주는 역할을 한다. 초석이 가열되면 일단 각각의 성분인 칼륨과 질소와 산소 원자들로 분해가 되는데, 이렇게 떨어져 나온 산소는 주변에 궁합이 더 잘 맞는 탄소(C)나 황(S) 등이 있으면 일말의 망설임도 없이 바로 결합하면서 갖고 있던 에너지를 뿜어낸다. 이런 역할을 하는 것을 '산화제'라고 하며, 오늘날 로켓엔진을 만드는 데도 중요하게 사용된다.

간혹 퇴비더미나 비료 창고에서 폭발 사고가 일어났다는 뉴스를 듣게 된다. 2014년에는 독일 라스도르프의 젖소 농장에서 환기가 제대로 되지 않은 채로 방치되어 있던 두엄더미가 폭발한 적이 있고, 2020년

8월 레바논의 베이루트 항구에서 6,000명 이상의 사상자를 낸 폭발 사고는 테러에 의한 것이 아니라 초석과 비슷한 성질을 지닌 질산암모늄(NH_4NO_3, ammonium nitrate) 창고 근처에서 불꽃놀이를 벌인 것이 발화 원인인 것으로 밝혀졌다.[18] 초석이나 질산암모늄 등의 질산염에서 산소가 떨어져 나올 때는 엄청난 열도 같이 나오기 때문에 일단 불이 붙었다 하면 그대로 열폭주(runaway reaction)라고 부르는 폭발로 이어진다.

미국의 남북전쟁 시절, 북군(Union)은 남부의 항구들을 봉쇄하여 보급로를 차단하였다. 그러잖아도 물자와 재정의 열세에 시달렸던 남군(Confederation)은 전쟁에 가장 필요한 화약 조달이 막혀버렸다. 이에 남군은 거대한 거름 공장을 만들었다. 흑인 노예들이 동원되어 매일 짚더미에다 사람과 가축의 분뇨를 뿌리고 수시로 뒤집어주는 끔찍하고 고된 작업을 하였다.[19] 간혹 어슬렁거리는 개가 눈에 띄면 잡아넣기도 했다고 한다. 이 작업의 목적은 초석을 추출해내는 것이었다. 그런데 이렇게 퇴비를 삭히고 그것을 다시 정제해 초석을 추출하는 일은 무려 18개월이나 걸리는 지난한 작업이었다. 결국 거름 공장은 별 성과를 거두지 못하였고 남군은 북군에게 무릎을 꿇었다.

고려·조선 시대에 무기 제조를 담당했던 군기시(軍器寺)에는 취토장(取土匠)이나 염초약장(焰硝藥匠) 등 화약을 다루는 장인이 배속되었는데 이

---

18 질산암모늄은 반대로 물에 녹이면 주변의 열을 흡수하기 때문에 냉찜질주머니로도 쓰인다. 같은 물질이 무엇을 만나느냐에 따라 폭발물로도 쓰이고 냉각제로도 쓰이는 신기한 물질인 것이다. 이 때문에 중학교 과학 시간에 흡열반응과 발열반응을 설명할 때 단골로 등장한다.

19 이러한 노동의 대가로 남부연합 정부에서 급료를 지급했으나 그것은 전부 노예들의 주인인 백인 농장주들의 주머니로 들어갔다.

들에게 주어진 일도 남부 노예만큼이나 고약했다. 초석을 구하고자 민가나 관가를 막론하고 화장실 바닥과 담벼락을 긁으러 다녔으니 말이다. 개똥도 약에 쓰려면 없다는 속담이 이들에게는 절실하게 와 닿았으리라. 이렇게 모은 흙을 한 가마니 정제해야 간신히 밥그릇 하나 정도의 염초를 얻을 수 있었다고 한다. 아마도 맨 처음 화약을 발명했던 중국의 연금술사들은 "좋은 약은 입에 쓰다"라는 옛말을 생각하여 일부러 고약한 재료들만 모아 불로장생의 영약을 만들고자 했던 것일지도 모른다.

뚜껑 열리게 하는 법:
산화 반응과 폭발 현상

분노가 폭발하는 상황을 속된 말로 뚜껑이 열린다고 표현한다. 아무렇게나 분노를 내지르는 것은 좋지 않겠지만, 분노를 적당히 표출함으로써 심리적·정서적 안정을 찾을 수 있다면 그 나름의 순기능이라고 하겠다. 솥 안의 열기로 인해 압력이 높아지면 뚜껑을 열어 증기를 분출시킴으로써 안정하게 만드는 것과 같은 이치이다.

이 세상에 존재하는 많은 물질은 혼자 있는 것보다는 다른 물질과 결합하는 것을 선호한다. 몇 가지 예외적 원소를 제외하고는 순수한 상태로 단독으로 존재하는 것보다 다른 원소들과 결합한 상태로 존재하는 것이 훨씬 안정적이기 때문이다. 물질이 불안정하다는 것은 에너지가 너무 많아 주체를 못한다는 뜻이고 안정하다는 것은 에너지를 조금만 가지고 있어도 충분하다는 의미이다.

그래서 이 자연계의 원소들은 끊임없이 더 안정한 조합을 찾아 주변의 원소들과 새로이 결합을 해나간다. 우리 주변에서 자주 발견할 수 있는 경우는 원소들이 원래의 결합을 끊고 산소와 결합하는 것인데, 이는 술이 더 발효가 진행되어 식초가 된다든지, 금속 표면에 녹이 슨다든지, 가연성 물질에 불이 붙어 탄다거나 심하면 폭발하는 현상으로 관찰된다. 우리의 몸 내부에서 탄소와 수소로 이루어진 지방과 당분 등의 영양소가 혈액이 날라다 주는 산소와 결합하여 열량을 내는 것도 마찬가지 현상이다. 결국 이러한 현상은 속도의 차이만 있을 뿐 모두 산소와 결합하는 산화 현상이라는 공통점이 있다.

산화 반응의 속도를 조절하는 방법은 의외로 간단하다. 산소의 공급을 조절하면 된다. 녹을 방지하기 위해 기름이나 도료를 칠하는 것이나 불을 끄기 위해 소화기로 약제를 분사하는 것 모두 산소 공급을 차단하여 산화 반응을 억제하는 것이다. 반대로 불이 더 잘 타게 하려면 산소 공급을 늘려주면 된다. 불길이 타오르는 순간에는 주변의 산소가 소모되어 희박한 상태가 되는데 이때 웃옷을 벗어 덮어 산소를 차단하면 불이 꺼지는 것이고, 반대로 펄럭펄럭 부채질을 해주면 새롭게 산소가 공급되어 불길이 좀 더 강하게 일어난다. 선사 시대에 이 원리를 깨달은 우리 조상들은 풀무를 설치하여 광석을 녹이고 도자기를 구울 만큼 센 불을 피웠다.

금속에 녹이 스는 것은 비교적 천천히 진행되는 현상이라 이때 열이 난다는 사실을 아는 사람은 많지 않다. 그런데 녹이 스는 것도 그 과정을 좀 더 빨리 일어나도록 만들면 거기서 상당한 고열이 나는 것을 알아차릴 수 있다. 실제로 대다수의 한국인은 겨울만 되면 그런 일을 경험한다. 바로 손난로를 통해서이다.[20] 손난로에서 열이 나는 것은 그 속에 든 철이 아주 빨리 녹슬어버리기 때문이다.

손난로는 철가루를 소금, 톱밥, 활성탄 등과 섞어 공기와 접촉하지 못하도록 밀봉한 것이다. 포장을 뜯으면 대기 중의 산소가 스며들어 가서 철과 반응을 시작한다. 철을 곱게 가루로 빻아놓으면 표면적이 늘어나 산소와 동시다발적으로 결합할 수 있기 때문에 녹스는 속도가 매우 빨라진다. 여기에 소금까지 들어갔으니 자칫하면 화상을 입을 지경까지 뜨거워질 수도 있는 것이다. 간혹 만져보면 딱딱한 덩어리가 집히고 포장을 뜯어도 아무 일이 일어나지 않는 경우가 있는데 그것은 포장 불량으로 공기가 새어 들어가 이미 다 녹슬었기 때문이다.

녹을 더 빨리 슬도록 하면 섬광과 폭발도 만들어낼 수가 있다. 옛날 영화를 보면 단체사진을 찍을 때 사진사가 한 손에 횃불자루 같은 것을 들었는데 촬영하는 순간 거기서 불빛이 번쩍 하면서 연기가 올라가는 장면이 가끔 나온다. 우리나라에서도 대략 1970년대 초반까지 결혼식장 등에서 자주 볼 수 있었던 풍경이다. 이것이 카메라 플래시의 원조로 마그네슘 금속이 아주 급격히 녹스는 현상을 이용한 것이다. 이 정도로 빨리 반응한다면 언어적으로는 탄다고 하는 것이 더 적당한 표현이나, 본질적으로 산소와 결합하는 과정이라는 데는 차이가 없다. 요즘은 스마트폰 안에 보일락 말락 들어 있는 LED만 가지고도 캄캄한 밤풍경까지

---

20 여기서 말하는 손난로는 한 번 쓰고 버리는 형태의 손난로에 국한한 이야기이다. 전자레인지에 데워 여러 번 재사용할 수 있는 투명한 젤 형태의 손난로는 산화열이 아닌, 상전이(相轉移, phase transformation)에 따른 잠열(潛熱, latent heat)에 의해 작동한다.

충분히 촬영이 가능하지만, 50여 년 전만 해도 조명이 약한 실내에서의 촬영은 만만한 일이 아니었다.

분젠버너(Bunsen burner)로 유명한 독일의 화학자 분젠(Robert Bunsen)은 물질에서 나오는 빛을 분석해 어떤 원소들로 이루어졌는지 알아맞히는 분광학(spectroscopy)의 개척자이다. 그는 1859년 마그네슘이 산소와 결합할 때 대낮의 햇빛과 흡사한 색감

마그네슘 플래시.
© Race Gentry, CC BY-SA 2.0 / Wikipedia

의 빛을 낸다는 것을 발견하였다.[21] 모든 사람이 이를 그저 신기하고 재미있는 현상이라고만 생각하고 있을 때 손스태트(Edward Sonstadt)라는 이는 때마침 붐을 일으키고 있던 신기술인 사진(photography)을 떠올렸다. 그는 마그네슘을 안전하게 다룰 수 있는 기술을 연구해 플래시를 발명하였다. 이후 마그네슘 리본과 산소를 같이 밀봉한 전구 형태로 거듭

---

21 일상생활에서 분광학을 쓸 일이 없는 일반인들은 분젠이 이 분야의 선구자라는 사실에는 큰 관심이 없을 터이지만, 분젠버너라는 말은 어디선가 들어보았을 것이다. 이것은 가스를 이용하여 1,500도의 아주 뜨거운 불을 피우는 도구로서 주로 실험실에서 가열, 멸균소독 등의 용도로 쓴다. 오늘날의 난방용 가스보일러나 도자기를 굽는 가스가마 등의 모체이다.

개량하였다. 비록 한 번 쓰고 버리는 것이기는 하지만, 그 덕분에 사람들이 애써 '김치'를 외치고 있다가 정작 셔터가 눌리는 순간 폭음과 연기 때문에 오만상을 찡그리고 놀란 모습이 찍히는 일은 크게 줄어들었다.

마그네슘은 오늘날 방어용 무기로도 아주 중요하게 쓰인다. 현대의 액션·전쟁영화 중에는 전투기나 대통령 전용기 등이 꼬리에 따라붙는 미사일을 회피하여 폭죽 같은 것을 쏘면서 급선회 기동을 하는 장면이 곧잘 나온다. 이것은 그냥 폭죽이 아니라 플레어(flare)라는 것으로 열추적 방식으로 움직이는 미사일에 대한 방어 목적으로 사용된다. 마그네슘 가루에, 앞서 이야기한 소재인 초석이나 질산암모늄 등을 섞어서 만든다. 열추적 미사일은 제트엔진 배기구의 열을 탐지하여 따라가는데 마그네슘이 연소할 때는 배기열보다 뜨거운 3,000도 가까이 온도가 올라가므로 미사일이 플레어를 비행기로 착각하여 방향을 틀게 된다. 그래서 이것을 디코이(decoy, 별칭은 '천사의 불꽃')라고도 부른다.

우리가 땔감에 불을 붙이면 불길은 새로운 연료와 산소가 공급되는 방향으로 '번져'가거나 '타들어'간다. 그런데 산소가 충분하다면 동시다발적으로 연소가 일어나게끔 할 수 있는데 이것이 바로 '폭발'이다. 즉, 불길이 너무나 빨리 번져 높은 열과 함께 순간적으로 부피가 팽창하는 것을 우리는 폭발이라고 부른다.[22] 비료가 폭발물 제조에 쓰이게 된 것도

---

22 여기서 빠르다고 하는 잣대는 대략 소리가 전파되는 속도를 의미한다. 음속보다 빨리 불길이 번지면 충격파(shockwave)가 같이 발생하는데 이를 폭발 또는 폭굉(爆發, 爆轟, detonation), 음속보다 느린 경우를 폭연 또는 완연(爆燃, 緩燃, deflagration)으로 구분하기도 한다. 고성능 폭약이 터져 발생한 충격파로 바위를 깨뜨리는 것은 detonation, 총 안에서 화약이 터져 알을 총구 밖으로 밀어내는 것은 deflagration에 각각 해당한다.

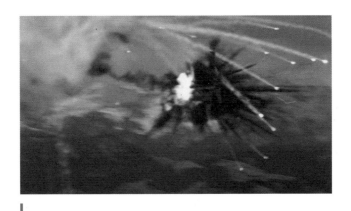

영화 〈탑건2: 매버릭〉의 한 장면. 매버릭(주인공의 콜사인)이 조종하는 F-18 전투기가
플레어를 사출하면서 열추적 미사일에 대응하여 회피 기동을 하고 있다.

이런 이유이다. 퇴비에서 추출한 초석(KNO_3)이나 화학적으로 합성한 질
소 비료인 질산암모늄(NH_4NO_3) 등의 물질은 가열이 되면 산소 원자가
떨어져 나온다. 이 산소들은 주변에 연료가 될 만한 원자들이 있으면 바
로 결합해버리는데, 그 속도가 '눈 깜짝할 새'라는 표현마저 영원으로 느
끼게 할 정도로 빠르다. 그래서 폭발물을 만들 때는 정작 연료로 사용되
는 물질보다 산소를 공급하는 물질이 더 많이 들어간다.

　인류는 이 폭발 현상을 추진력 삼아 점점 더 큰 것을 하늘로 날려보내
기에 이르렀으니, 바로 로켓(rocket)의 탄생이다.[23] 1800년대 들어 기존
에는 주먹구구식으로 경험에 의존해 만들던 로켓에 수학과 화학이 가세

---

23 로켓은 원래 이탈리아어의 로케타(rochetta)에서 온 말인데 이는 실을 감는 실패(bobbin) 또는 굴대
　(spindle)라는 뜻이다. 로켓이 긴 원통형으로 생겼기 때문에 붙은 이름이다.

하여 이론적 토대가 만들어진다. 이를 바탕으로 로켓을 타고 우주로 진출하겠다는 생각이 점점 구체화되었으며, 1926년 현대 로켓의 아버지라고 불리는 고다드(Robert Goddard)가 액체연료 로켓을 발명하였다.

로켓의 원리 중 일부분은 제2차 세계대전 때 전투기나 군함의 엔진 출력을 높이는 데 사용되어, 공기 대신 산화질소(N_2O)를 엔진에 주입해 출력을 높였다. 공기 중 산소의 비율은 21%이지만 산화질소는 3분의 1이 산소로 되어 있으니 이론적으로 산소를 1.5배 이상 더 많이 공급할 수 있는 것이다. 또한 산화질소가 질소와 산소로 분해되는 순간에 부피가 1.5배 늘어나므로 폭발력은 더 커진다. 산화질소는 1772년 영국의 자연철학자[24] 프리스틀리(Joseph Priestly)가 최초로 합성하였는데, 온도가 올라가면 산소가 쉽게 떨어져 나오기 때문에 로켓 엔진에 산소를 원활히 공급하는 산화제로 사용되었다. 또한 오래도록 마취제로 사용되기도 하였다.[25]

이 원리는 1978년부터 민간 자동차 경주에도 응용되었다. 〈분노의 질주(Fast and Furious)〉처럼 자동차 경주나 튜닝된 차량들이 등장하는 영화를 보라. 운전자가 'booster' 또는 'NOS'라고 표시된 버튼을 누

---

24 이 시기는 아직 현대 과학이 정립되기 시작한 19세기 이전이기 때문에 과학자라는 호칭 대신 자연철학자라는 호칭을 많이 쓴다. 갈릴레오, 뉴턴, 데카르트 등도 '자연철학(natural philosophy)'을 연구한 사람들이라고 볼 수 있다.

25 이것을 들이마신 사람들은 과도한 행복감(euphoria)을 느끼거나 환각(hallucination) 증상이 나타나 실실 웃었다. 이 때문에 데이비는 일찍이 여기에 웃음가스(laughing gas)라는 이름을 붙였다. 1799년 영국의 상류 사회를 중심으로 이 가스를 들이마시며 왁자지껄하게 노는 'laughing gas party'가 성행하여 현재까지 이어지고 있다. 이에 대한 법적 규제는 지역마다 크게 다르다. 또한 산화질소는 대표적 온실가스로서 대기권의 오존층을 파괴하는 주범으로 지목되고 있다.

르면 배기구에서 불꽃이 일며 차가 앞으로 탁 치고 나간다.[26] NOS는 Nitrous Oxide System의 머리글자로서 산화질소 탱크를 별도로 설치하고 흡기 및 배기 장치를 거기에 맞게 개조한 것이다. 순간적으로 앞으로 튀어나가는 짜릿함은 맛볼 수 있을지 모르겠지만 당연히 연료 소모도 엄청나고 무엇보다 엔진이 쉬이 망가진다.

고다드가 발명한 최초의 액체연료 로켓.
자료: NASA

　제2차 세계대전을 몰래 준비하던 독일은 로켓 기술이 군사용으로 활용될 수 있으리라 보고 고다드의 논문을 면밀히 연구하였다. 제1차 세계대전 패배 이후 베르사유조약에 의해 군사적 무장에 대하여 엄격한 제재를 받았지만 '로켓'은 그때까지 듣도 보도 못한 것이라 제재 항목에서 빠져 있었기 때문이다. 1943년 폰 브라운(Werner von Braun)이 이끄는 연구진은 최초의 장거리 로켓(또는 탄도 미사일)인 V-2를 개발하였다.[27]

26　물론 우리나라에서는 이러한 튜닝이 법으로 허용되고 있지 않으니 아직 꿈도 못 꾸는 이야기이고, 또 아무 엔진에나 장착한다고 해서 되는 것도 아니다.

27　V-2라는 명칭은 본래 복수나 보복 무기라는 뜻의 독일어 Vergeltungswaffe의 머리글자에서 따온 것으로 히틀러가 제2차 세계대전 당시 연합군에 제공권을 빼앗긴 데 대한 보복을 다짐하며 붙인 것이다. 이 로켓의 개발 과정에서도 아우슈비츠 수용소 포로들이 강제 노역에 동원되었다.

V-2 로켓이 우주 공간에서 최초로 촬영한 지구.
자료: U.S. Army

이 로켓은 1944년 인류 최초로 대기권 밖으로 나간 인공물(人工物, man-made object)이 되었으며, 1946년 최초로 우주에서 지구를 촬영하기도 하였다.[28] 미국은 전쟁이 끝난 뒤 암호명 종이클립 작전(Operation Paperclip)을 가동하여 폰 브라운을 비롯한 독일 과학자들을 자국으로 데려갔다. 폰 브라운은 미 육군과 우주항공국(NASA) 등에서 근무하며 최초의 인공위성 익스플로러 1호(Explorer I)와 아폴로 우주선을 달에 보낸 새턴 V(Saturn V) 로켓을 쏘아 올렸다. 이로써 인류는 수백만 년 동안 자신들이 갇혀 있던 대기권의 뚜껑을 마침내 열어젖혔다.

폭발물을 안전하게:
다이너마이트의 탄생

흑색화약은 19세기 말엽까지 널리 사용되었다. 전쟁 무기로서만이 아니라 토목공사나 광산 채굴에 있어 매우 중요한 소재였다. 또한 눈사태

---

28 콜럼버스의 신대륙 발견 이후로도 지구가 둥글다는 사실에 대한 회의론자가 많이 있었으나 이 사진으로 말미암아 논쟁에 종지부를 찍었다.

가 잦은 지역에서는, 마치 사람들이 전염병에 대비해 백신을 접종하듯 화약을 여기저기 조금씩 터뜨려 피해가 없을 정도의 소규모 눈사태를 미리 일으키기도 한다. 눈더미가 안정적으로 재배치되도록 함으로써 재난으로 번지는 것을 미연에 방지하려는 목적이다.

그런데 흑색화약은 습기에 너무 민감하고 바위를 폭파할 정도의 위력은 갖추지 못해 대규모 토목공사에는 부적합하였다. 그러다 1830년대부터 프랑스의 화학자들이 녹말, 나무줄기, 종이, 솜 등 식물성 섬유질을 질산으로 처리하면 열이나 충격에 의해 폭발하는 물질을 만들 수 있다는 사실을 발견하였다. 이를 면화약(guncotton)이라고 불렀다. 이 물질은 폭약으로 쓰이기보다는, 나중에 인조견(artificial silk) 등의 섬유로 만들어지거나 셀룰로이드(Celluloid)로 발전하여 당구공이나 탁구공 등을 만드는 데 쓰이게 된다.

1847년 면화약을 연구하던 화학자 중 하나인 펠루즈(Theophile-Jules Pelouze)의 제자 소브레로(Ascanio Sobrero)가 식물성 유지 글리세롤(glycerol)과 질산(窒酸, nitric acid, HNO_3)을 가지고 나이트로글리세린(nitroglycerin)을 합성하였다.[29] 반응이 일어날 때 높은 열을 내뿜었기 때문에 적절히 냉각시키지 않으면 그대로 폭발하는 물질이었다.[30] 그는 자

---

29 나이트로글리세린은 1878년부터 지금까지 협심증 등 심장 질환 치료제로도 사용된다. 노벨상을 만든 노벨 또한 말년에 이를 처방받아 복용한 바 있다. 미국 영화 연구소(American Film Institute)가 선정한 100대 영화 중 하나인 〈황금 연못(On Golden Pond)〉에서 긴장감이 최고조에 달하는 장면에서도 등장한다. 실제 부녀지간인 헨리 폰다와 제인 폰다가 불화를 겪다가 화해하는 부녀를 연기했는데, 주인공 노먼(헨리 폰다)이 심장발작을 일으켜 현관문 앞에서 쓰러지자 그의 아내(캐서린 헵번)가 허둥지둥 나이트로글리세린이 든 약병을 찾다가 그의 입에 밀어 넣어 죽을 고비를 넘기게 된다.

30 소브레로는 원래 이 물질의 이름을 '불'이라는 뜻의 그리스어 접두사 'pyro-'를 붙여서 'pyroglycerine'이라고 지었다.

신의 논문에서 폭발 위험성에 대해 상세히 경고하고 이 물질을 폭약으로 사용하는 것을 엄중히 반대했다. 액체 상태인 나이트로글리세린은 열에 의해 폭발할 뿐 아니라 운반 도중 흔들리기만 해도 폭발할 정도로 불안정하였다.

1850년, 17세의 노벨(Alfred Nobel)은 파리로 유학을 갔다가 펠루즈와 소브레로를 만나 펠루즈 문하에서 공부하게 된다. 이때 그들은 여전히 나이트로글리세린을 폭약으로 사용하는 것에 몹시 부정적이었지만 노벨은 운명처럼 이 물질에 이끌렸고 점차 그것을 안전하게 취급하고 상업적으로 이용할 방법이 분명 있으리라는 확신을 갖게 되었다. 노벨의 아버지는 자수성가한 인물로 몇 번의 사업 실패 끝에 공작 기계와 폭약 개발에 손을 댔는데, 그 일이 크게 성공을 거두었다. 바로 그 즈음에 노벨이 나이트로글리세린을 만난 것이다. 어려서부터 아버지에게서 폭발물 관련 지식을 배워온 노벨은 흑색화약보다 폭발력이 훨씬 큰 나이트로글리세린에 매력을 느꼈다.

노벨의 집안은 1853년에 일어난 크림전쟁(Crimean War, 1853~1856)의 틈을 타 각종 무기를 만들어 팔아서 큰돈을 벌었지만, 전쟁이 끝난 후 일감이 없어져 결국 파산하고 말았다. 노벨은 화약이 전쟁에 사용되는 것을 막을 수는 없음을 알고 있었다. 대신 좋은 방향으로 사용할 방법을 적극적으로 모색하기로 했다. 노벨은 전 세계적으로 철의 수요가 늘어나는 것에 주목하였다. 대륙마다 장거리 철도가 부설됨에 따라 터널을 뚫는 공사가 증가하였고, 철광석과 석탄을 캐기 위한 광산 채굴도 급격히 늘어났다. 사실 이런 일을 하는 데 있어 흑색화약은 그저 없는 것보다는 조금 낫다 싶은 정도에 지나지 않았다. 어차피 폭약을 써야만 하는 상황이라면 그 위력은 키우되 대신 그것을 사용하는 사람들이 안전하게 다룰 수 있도록 만들어보자는 것이 노벨의 생각이었다.

노벨은 1863년 원격으로 도화선(fuse)을 통해 화약을 폭발시키는 신관 (信管, detonator)과 기폭 장치(blasting cap) 등을 발명하였고 이를 지속적으로 개선해나갔다. 그러나 액체 상태로 되어 있는 데다 휘발성도 강한 나이트로글리세린은 조그만 충격에도 폭발하기 일쑤여서 멀리 떨어진 곳에서 점화하는 것만으로는 상용화에 한계가 있었다. 엎친 데 덮친 격으로 이듬해 공장에서 폭발 사고가 일어나 노벨의 동생을 포함하여 공장 직원 여러 명이 숨졌다. 그래도 노벨은 포기하지 않았고, 인적 드문 곳으로 공장을 옮겨 연구를 계속했다. 아끼던 사람들의 희생을 몸소 겪은 노벨은 오히려 집념이 더 강해졌다.

노벨이 가졌던 기본적인 생각은 폭발물을 가능한 한 안정적으로 만들어 웬만해선 터지지 않도록 하되, 기폭 장치를 만들어 그 내부에서 작은 폭발을 일으킴으로써 필요할 때 원하는 폭발력을 발휘하게 하려는 것이었다. 그러려면 어떻게 해서든 고체 형태로 바꾸어야만 했다. 시멘트, 톱밥, 석탄 등 그럴싸한 것들을 닥치는 대로 섞어보았지만 별 소용이 없었다. 마지막으로 공장 근처 엘베강 바닥에서 퍼온 규조토(diatomaceous earth)를 넣어보았다. 이것과 버무려진 나이트로글리세린은 성냥불을 갖다 대어도, 바닥에 내동댕이쳐도 꿈쩍없었다. 더욱이 밀가루 반죽처럼 모양을 자유롭게 빚을 수도 있었다. 노벨은 1867년 이에 대한 특허를 취득하였다. 처음에는 'Blasting Powder'라는 이름으로 판매하다가,

그리스어로 엄청난 힘이나 능력을 나타내는 단어 '디나미스(dynamis)'를 따서 '다이너마이트(dynamite)'란 이름을 붙였다. '-ite'라는 접미사는 돌, 광물, 암석 등의 뜻을 갖고 있으니, 굳이 우리말로 번역한다면 '기운 센 천하짱돌' 정도가 될 수 있겠다.

1888년 노벨의 형 루트비히가 사망했는데 이때 몇몇 신문은 노벨이 죽은 줄로 착각해 부고(訃告)를 냈다. 부고의 제목은 "죽음의 상인이 사망하다(The merchant of death is dead)"였다. 노벨은 이를 보고 큰 충격을 받았다. 이 부고는 그가 재산의 대부분을 기증해 노벨상을 제정하는 데 중요한 계기가 되었다.

정리하자면, 폭발물이 만들어지는 원리는 의외로 단순하다. 산소가 좋아서 어쩔 줄 모르는, 또는 산소와 결합하고 싶어 안달이 난 물질에다가 바로 옆에서 산소를 충분히 공급해주면 자신이 가지고 있던 에너지를 순식간에 방출하는 것이 폭발물이다. 따라서 폭발물을 설계할 때는 연료 역할을 하는 원자나 분자들 옆에 산소 원자를 얼마나 많이 배치하느냐가 중요하다. 그에 따라 폭발력이 달라져서다.

이 단순한 원리가 어쩌면 우리네 인생에도 적용되는 것 아닐까. 무엇인가를 간절히 바라고 하늘이 두 쪽이 나도 하고자 하는 의지가 있을 때 주변에서 적절한 타이밍에 어떤 계기나 자원이 주어지면 그 사람의 잠재력이 폭발하는 경우를 종종 접한다. '멍석'을 깔아주니 '포텐(potential)'이 터진다고나 할까. 그런데 그 계기나 자원이라는 게 꼭 거창한 것만은 아닐 수 있다. 오히려 사람들이 무심하게 스쳐 지나가는 것들, 심지어 보잘것없어 보이는 것들이, 목표와 신념이 확고한 이에게는 바로바로 풍부하게 활용할 수 있는 계기로 작용할 수 있다. 폭발이 가능하게 하는 산소도 평소에는 우리가 그 존재를 인식하지 못할 정도로 당연시하던 것 아닌가. 처음 화약이 만들어졌을 때를 상상해보자. 숯에 그냥 불을 붙였을 때는 소리 없이 타들어갈 뿐이었지만 거름더미에서 뽑아낸 초석을 섞어주니 굉음과 연기를 내며 폭발하지 않았던가.

폭발물의 또 한 가지 중요한 요소는 평소 최대한 안정적으로 유지되다가 의도적으로 폭발을 일으키고자 할 때에만 제대로 터져주어야 한다는 점이다. 자신의 능력만 믿고 섣부르게 나서다가 일을 그르치고 망신을 당하는 일화가 역사에도 수없이 기록되어 있고 그와 관련된 고사성어나 속담도 차고 넘친다. 그런 의미에서 화약이라는 소재는 어쩌면 우리에게 전쟁과 파괴를 떠올려주는 무시무시한 존재라기보다 겸양과 기다림의 미덕을 가르쳐주고 우리의 잠재력을 뽑아내도록 용기를 주는 존재로서 그 의미가 더 크지 않을까 싶다.

다이너마이트와 TNT

많은 사람이 다이너마이트와 TNT를 같은 것으로 오해한다. TNT는 트라이나이트로톨루엔(Trinitrotoluene)의 약자로 노란색의 고체이다. 노벨이 한창 나이트로글리세린 폭약의 뇌관 연구에 몰두하고 있던 1863년 독일의 화학자 빌브란트(Julius Wilbrand)가 합성한 것으로, 원래는 노란색 염료로 사용되었다.

오늘날 폭약의 폭발력은 TNT를 기준으로 나타내는 것으로 약속되어 있다. TNT 1그램이 폭발할 때 1,000칼로리(=4,184줄)의 에너지가 방출되기 때문에 계산하기 편리해서이다. 핵무기 관련 기사를 보면 메가톤(Megaton)급이라는 식으로 단위가 나오는데 이는 같은 폭발력을 내기 위해 필요한 TNT의 무게를 말한다. '메가'라는 말은 100만(10^6)을 나타내는 접두어이니, 1메가톤급의 핵폭탄이라는 말은 TNT 100만 톤이 폭발하는 것과 맞먹는 위력을 갖는다는 의미이다.

일반인들이 다이너마이트와 TNT를 혼동하게 된 것은 유명한 만화영화 〈벅스 버니(Bugs Bunny)〉 때문인 듯하다. 이 만화영화에서 폭탄이 등장하는 장면들을 자세히 들여다보면 그림은 다이너마이트 모양으로 그려놓고 옆에는 정작 빨간 글씨로 TNT라고 써놓았다. TNT는 액체인 나이트로글리세린을 규조토에 흡수시킨 다이너마이트와는 달리, 처음 합성될 때부터 고체 형태이다.

액체 상태가 아니기 때문에 웬만한 열이나 기계적 자극에도 끄떡없어 처음에는 TNT에 폭발성이 있는지 아무도 몰랐고, 30년이 지난 뒤에야 폭약으로서 그 가능성이 발견되었다. 그 후 1902년, 독일군이 처음 TNT를 채워 넣은 포탄을 만든 것을 계기로 전 세계 해군 함포에 사용되기 시작하여 오늘날 군용이나 민간용으로나 가장 널리 쓰이는 폭약으로 자리 잡았다. TNT는 다른 폭약들과 달리 산소와 반응하여 연소하는 것이 아니라 높은 온도로 가열되면 그 구성 원소인 기체들로 분해되면서 엄청난 열과 함께 부피가 갑자기 팽창한다. 그래서 TNT는 산소가 없어도 발파가 되지만, 그럼에도 산소는 중요한 역할을 한다.

다른 물질들과 폭발력을 비교하며 그 이유를 생각해보자. TNT 1그램이 1,000칼로리를 내는 데 비해 같은 무게의 흑색화약은 약 700칼로리, 다이너마이트는 약 1,800칼로리, 자동차 엔진 속에서 폭발하는 휘발유와 산소의 혼합 기체만 해도 2,500칼로리나 낸다. TNT의 명성에 비추어 생각하면 왠지 좀 초라해 보이는 성적표다. 그런데 여기에 산소가 있으면 이야기가 완전히 달라진다. TNT가 폭발할 때 분해되어 나오는 기체의 60% 이상이 탄소와 일산화탄소이다. 그런데 주변에 산소가 있으면 이들이 다시 연소하면서 2차 폭발을 일으킨다. 이렇게 나오는 에너지를 다 합치면 3,500칼로리로서 다른 것들을 가뿐히 압도한다. 그래서 흔히 TNT에 산소를 공급해줄 수 있는 질산암모늄을 혼합해서 사용하는데, 이는 앞서 여러 차례 언급한 대표적 질소비료이다.

산업혁명의
진정한 주인공,
철강

도제식 전수와 수작업에 의존해 제한된 수의 무기를 만드는 데 집중되었던
철 가공 기술은 그 원리를 과학적으로 이해하고 이를 응용하여 대량생산이
가능해짐에 따라 기계, 철도, 교량, 건물 등의 구조 재료로 쓰이게 되었다.
철은 오늘날 어떻게 소재의 맹주(盟主) 자리에 오르게 되었는가?

© Shutterstock

슈퍼맨과 아이언맨이 싸우면?

인류의 역사를 '소재'로 구분할 때 대략 기원전 1200년경부터 현대까지를 '철기 시대'라고 한다. 또한 철을 가리켜 '산업의 쌀'이라고도 부른다. 20세기부터는 플라스틱과 반도체가 산업 전반에 지대한 변화를 일으킴에 따라 대중매체에서는 나프타(naphtha)나 실리콘을 산업의 쌀이라 지칭하기도 한다. 또 지금은 철기 시대가 아니라 규석기(硅石器) 시대라는 말도 심심찮게 들려온다.[1] 그럼에도 불구하고 현대 사회에 필요한 도구를 만드는 가장 중요한 소재로서 철의 위상을 부인할 수는 없다. 한자어 금속(金屬)을 순우리말로 '쇠붙이'라고 하듯 좁은 의미에서 철을 가리키는 쇠(金)라는 말이 모든 금속을 통칭하는 대표명사가 되었다.

오늘날 전 세계적으로 광물로부터 정제되는 금속 가운데 약 90%를 차지하는 것이 철이다. 그 때문에 신흥국을 분류할 때 철광석 소비량이 높을수록 선진국 대열에 합류할 가능성이 높은 나라인 것으로 본다. 또한 호주나 브라질의 중화학공업이 주요국에 비해 뒤처지는데도 불구하고 세계경제에서 상당한 영향력을 행사할 수 있는 것은 이 두 나라가 철광석 수출량 세계 1, 2위를 차지하기 때문이다.

우리나라 전래동화에서야 물론 쇠도끼는 금도끼나 은도끼에 비해 훨씬 가치가 낮은 것으로 묘사된다. 현대에 와서도 철의 무게당 단가는 금

---

1 대표적인 반도체 재료인 실리콘(silicon)의 우리말 이름은 규소(硅素)이다. 자연에서는 순수한 상태로 존재하지 않고 주로 산소와 결합한 이산화규소(SiO₂, silica)로 존재하는데 모래 형태로 된 것을 규사(硅砂, silica sand), 암석 형태로 된 것을 규석(硅石, silica stone)이라고 한다. 현대의 과학문명에서 반도체가 중요한 위상을 차지하면서 이를 빗대어 구석기와 발음이 비슷한 규석기(硅石器)라는 말이 만들어졌다. 김태섭 (2017), 《규석기 시대의 반도체》, 한국표준협회미디어.

이나 은보다 훨씬 낮다. 하지만 고대 문명이 태동하기 전까지 철은 금이나 은과 비교할 수 없을 만큼 귀한 몸이었다.[2] 금과 은은 비록 그 양이 적긴 해도 땅에서 얻을 수 있는 것이었지만, 철은 별똥별로 하늘에서 떨어지지 않으면 도무지 구할 수 없는 것이었기 때문이다.[3]

운석 조각을 정성스레 두드려 만든 단검은 무기로서의 쓸모보다는 왕에게나 바치는 귀한 예물로서 의미가 더 컸다. 기원전 2세기경 앗시리아(또는 앗수르)에서는 왕족을 제외한 일반인들 사이의 철 거래가 금지되었으므로 오늘날의 금괴 밀수처럼 철괴 밀수가 성행하였다. 인류가 철광석을 다룰 줄 알게 되면서 땅속 바위로부터 철을 세상으로 끄집어낸 이후에도 성능 좋은 철, 특히 명검(名劍)을 만드는 철의 가공법은 첨단 기술을 넘어 신화의 영역에 속하는 것이었다.

철광석이 탄소에 의해 환원되어 스펀지 같은 형태로 나타난 이 금속은, 질감도 푸석푸석한 데다 녹까지 잘 슬어 도대체 쓸모라곤 없을 것 같았다. 그러나 이리저리 두드리고 불에 달구고 하다 보면 어느새 놀랍도록 단단해졌다. 이렇게 환골탈태하여 단단해진 철을 원래의 그것과 구분해 서양에서는 'steel', 동양에서는 '강(鋼)'이라고 불렀다. 엄밀히 따지자면, 현대는 철기 시대라기보다는 강기(鋼器) 시대라는 말이 더 정확한 표현일 것이다. 철강이라는 말은 철과 강을 합쳐서 부르는 말이다.

---

2 기원전 2000년 무렵의 기록에 의하면 이 당시에는 은 40근을 주어야 겨우 철 1근과 바꿀 수 있었다고 한다.
3 운석은 크게 규산염이 주성분인 석질운석(石質隕石)과 철이 주성분인 철질운석, 그리고 규산염과 철이 약 절반씩 섞인 석철질운석으로 나눌 수 있다. 이 중 석질운석은 일반적인 돌과 잘 구분이 가지 않아 고대인들이 그게 운석인 줄 잘 몰랐지만, 철질운석과 석철질운석은 금방 알아챌 수 있었다. 철질운석은 전체 운석의 약 6%를 차지하며 철 속에 5~25% 정도의 니켈과 소량의 코발트가 함유된 합금으로 되어 있다.

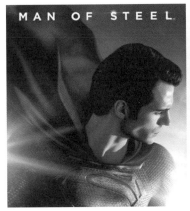

슈퍼맨(왼쪽)과 아이언맨(오른쪽)의 영화 포스터. 슈퍼맨의 별칭은 'man of steel(강철 사나이)'이다.

필자는 수업 시간 중 철강에 대한 내용을 다룰 때면 간혹 학생들에게 슈퍼맨과 아이언맨이 싸우면 누가 이길 것 같은지 물어보곤 한다. 그러면서 답변을 할 때 왜 그렇게 생각하는지 꼭 근거를 제시해야 한다고 당부하는데, 다수의 학생들이 슈퍼맨이 이길 것 같다고 대답은 하면서도 그 이유는 제대로 밝히지 못한다. 그러나 이 글을 읽는 독자들은 위쪽의 영화 포스터를 보면 금세 정답을 알 수 있을 것이다. 슈퍼맨을 내세운 영화는 원 제목이 'Man of Steel'이다. steel(鋼)과 iron(鐵)이 맞붙으면 당연히 steel이 이긴다.[4]

---

4 수업 진도가 좀 더 나간 이후에는 질문이 "슈퍼맨과 마징가Z가 싸우면?"으로 바뀐다. 마징가Z는 '기운 센 천하장사'일지는 모르나 어디까지나 '무쇠로 만든 사람'이다. 무쇠는 탄소를 2% 이상 넣어 낮은 온도에서 녹게끔 한 것이다. 탄소가 이 정도로 들어가면 쉽게 깨진다. 또 주물을 틀에 붓고 식혀서 굳히는 과정에서 내부에 기포가 생겨 더 잘 깨지게 된다. 안타깝지만 마징가Z는 제대로 싸워보지도 못하고 팔다리가 부러져서 패배할 것이다.

동서양을 막론하고 철은 점차 강인함과 권위의 대명사가 되었다. 영어 단어 iron의 어원을 따라 올라가다 보면 '거룩한 금속', '고귀한 금속'이라는 뜻을 만나게 된다. 독일, 특히 합스부르크(Habsburg) 왕가의 군주들은 별명으로 'der Eiserne(the Iron)'라는 호칭을 즐겨 썼다.[5] 영어 표현으로 'iron will'은 '불굴의 의지'라는 뜻이며, 'Iron Dome'[6]은 이스라엘에서 적의 미사일 공격을 막아내기 위해 개발한 요격 시스템의 이름이다.

라틴어로는 'ferrum'이라고 하는데 이는 청동(brass)과 어원을 같이한다. 이것이 프랑스어로 넘어오면서 'fer'가 되었다. 철의 원소기호를 I, Ir, In 등으로 쓰지 않고 Fe라고 쓰는 이유이다.[7] 'fer-'라는 어근은 중세 시대까지는 '자신만만한', '용맹한', '압도하는' 등의 어감이 강했으나, 르네상스 시대를 거치며 철강 공급이 늘어나고 보편화되면서 '야생의', '길들여지지 않은', '사나운' 등의 의미를 갖는 라틴어 'ferus'의 영향을 받아서 보다 날카롭고 강인한 느낌으로 바뀌어갔다. 이로부터 영어의 fierce, ferocious 등의 단어가 파생되었다.

한편 일본에서는 한자로 '鉄'이라 쓰고 '구로가네(くろがね, 黑金)'라고 읽는 경우가 있는데, 이는 황금(gold)이나 청동에 비해 철은 상대적으로 검게 보인 데서 비롯하였다. 영어에서 철을 전문으로 다루는 대장장이를 'blacksmith'라고 부르는 것과 일맥상통한다.

---

5 합스부르크는 유럽에서 가장 영향력 있는 왕실 가문 중 하나로 르네상스 시대부터 산업혁명 시기까지 계속해서 신성로마제국(Holy Roman Empire)의 왕위를 차지하였다. 유럽 대부분 국가에서, 심지어 멕시코에서도 군주를 배출하였으며, 정략결혼을 통해 유럽의 모든 왕실과 연결되어 있었다.

6 실제로 철판 지붕을 만들어 씌우는 것이 아니라 레이더와 요격 미사일을 조합한 대공 방어망이다.

7 원소기호 I는 요오드(Iodine)가, Ir은 이리듐(Iridium)이, In은 인듐(Indium)이 각각 차지했다.

피그말리온의 간절함으로 이룬

철의 환골탈태

청동기 시대에 철광석은 계륵(鷄肋)과도 같은 존재였다. 철은 구리 광석보다 흔하였지만, 당시 기술로는 이걸 녹여볼 생각을 할 수가 없었다. 그 정도의 센 화력을 어떻게 만들어야 할지 몰랐고, 그러므로 거기서 무언가 유용한 것을 뽑아낼 수 있으리라고는 쉽게 상상할 수 없었다.[8] 철은 산소, 규소, 알루미늄에 이어 지표면에 네 번째로 많이 존재하는 원소이다. 지각(地殼, earth's crust)에 있는 원소들의 총질량에 대한 비율로 계산해보면 고작 5.6%에 불과하지만, 산소와 규소가 워낙 대세이기 때문에 이 정도만 되어도 많다고 하는 것이다. 구리의 매장량을 보면 이 점은 더욱 실감이 난다. 구리는 25번째로 많은 원소로서 60ppm(100만분의 60)에 불과하니 철은 구리보다 거의 1,000배나 더 풍부한 셈이다.[9]

철이 포함된 광물 중 가장 흔한 것은 적철석(赤鐵石, hematite)으로서 전 세계 대부분 지역에서 발견되며 야산에서 쉽게 구할 수 있다. 영어 이름에 들어 있는 'hema'는 그리스어로 '피(血, blood)'를 가리키는 말이니 한자로나 영어로나 '피처럼 붉은 돌'이라는 뜻이다. 따라서 고대에는 이를 곱게 빻아 붉은색을 내는 안료로 쓰거나 손에 쥘 수 있는 크기로 깨뜨려 분필처럼 사용하기도 하였다.[10] 당연히 우리 몸의 혈액 속에서 산소를

---

8 구리는 섭씨 1,085도에서 녹는 데 비해 철의 녹는 온도는 섭씨 1,538도나 된다.

9 "Abundance of Elements in the Earth's Crust and in the Sea", *CRC Handbook of Chemistry and Physics*, 97th Ed., (2016-2017), pp.14-15.

10 2007년 미국 애리조나 주립대학교 연구팀은, 중기 구석기 시대에 해당하는 16만 4,000년 전에 이미 이러한 안료를 써서 기호를 그리고 의사소통도 이루어진 흔적을 발견하였다고 보고하였다.

운반하는 헤모글로빈(hemoglobin)이 붉은색을 띠는 이유도 산소를 붙잡아 적혈구에 싣는 역할을 담당하는 녀석이 철 이온이기 때문이다.

인류가 구리를 제련하기 시작하였을 때 이 흔한 철광석이 구리 광석 속에 섞여 들어갔을 개연성은 충분하다.[11] 그런데 철광석은 구리 속에 불순물로 섞여 들어가 구리의 질을 떨어뜨리는 대신, 고맙게도 모래와 같이 불필요한 불순물들을 오히려 잡아채는 역할을 해주었다. 제련이 진행되면서 구리는 녹아서 밑으로 흘러내리고 다른 불순물들과 엉긴 철광석은 거품처럼 위에 남았다. 그 과정에서 철광석도 산소를 잃고 환원되어 철 원자들끼리 여기저기서 뭉쳤다. 이를 해면철(sponge iron) 또는 괴철(塊鐵)이라고 한다. 호기심으로 가득 찬, 과학적 마인드 충만한 사람들이 다시 이를 달구어 망치로 두드려보았으리라. 두드릴수록 점점 불순물은 빠져나가고 순수한 쇳덩어리만 남았다. 이를 연철(鍊鐵,[12] wrought iron) 또는 단철(鍛鐵)이라고 한다.

연철의 발견은 금보다 귀하던 철을 조금 더 자주 볼 수 있게는 해주었을지언정 도구를 만드는 소재로서 연철은 청동보다 나을 게 없었다. 그러나 청동을 만들고 남은 찌꺼기를 열심히 두드리던 사람들은 2,000년이란 세월이 흐르면서 마침내 청동보다 더 강한 소재를 세상에 선보였다. 마치 피그말리온의 정성스러운 작업과 간절한 열망이 조각상에 생명을 불어넣었듯이,[13] 히긴스 교수가 구제불능의 말버릇을 가진 엘리자

---

11 사이프러스(또는 키프로스, Cyprus) 지역에서 나는 스태나이트(Stannite)라는 구리 광석은 그 안에 주석과 철을 모두 포함하고 있어, 철기가 이 지역에서 처음 만들어졌을 것이라고 추측하는 학자들도 있다.
12 연하다는 뜻의 軟鐵이 아니다.

를 사교계 최고의 인사로 거듭나게 하였듯이[14] 청동보다 더 나은 소재를 찾아 나선 인류의 부단한 노력과 염원은 마침내 철을 완전히 탈바꿈시켰다.

강(또는 강철)을 최초에 어디서 누가 만들었는지는 아직 정확히 밝혀지지 않고 있지만, 기원전 13세기에 히타이트(또는 헷)의 왕과 앗시리아(또는 앗수르)의 왕이 주고받은 서신에서는 이를 '좋은 쇠(good iron)'라고 기록하고 있다. 'steel'이라는 명칭은 2세기 이후 흑해 연안을 따라 대이동을 시작한 게르만족이 붙인 것으로 추정한다. 고대 게르만 언어로 '요지부동이다, 든든히 서다, 굳게 버티다' 등의 뜻을 갖는 'stah, steg, stak' 등에서 파생한 단어로서, 영어의 'stay'와도 어원을 같이한다.[15]

베르디의 오페라 〈일 트로바토레(Il Trovatore)〉('음유시인'이라는 뜻) 제2막의 첫 곡(TV 광고나 영화 등에 자주 쓰여 제목은 몰라도 우리에게도 익숙한 곡이다)은 절정을 이루는 대목에서 배우들이 직접 모루(anvil) 위에서 망치질을 하며 박자를 맞추는데 이 망치 소리가 타악기(percussion) 반주 노릇을 기막히게 해낸다. 이 때문에 이 노래의 원제는 '집시들의 합창 (Coro di Zingari)'이지만 영어로는 'Anvil Chorus'로, 우리말로는 '대장간의 합창'으로 소개되었다.

이 오페라 때문이 아니더라도 대장간이라고 하면 아마도 망치질을 하

---

13 Ovidius Naso (1922). *Metamorphoses*. Translated by Brookes Moore. Cornhill Publishing.

14 버나드 쇼 (1913). 《피그말리온(*Pygmalion*)》. 1964년 개봉된 영화 〈마이 페어 레이디(My Fair Lady)〉의 원작이다.

15 구소련의 독재자 이오시프 스탈린은 자신의 본명인 '주가시빌리' 대신 '스탈린(Stalin)'이라는 별명을 공식적으로 사용하였다. 이는 러시아어로 'Man of Steel'이라는 뜻이다.

는 광경이 가장 먼저 떠오를 것이다. 대부분의 금속은 힘을 가할수록 더 단단해진다. 철사를 구부려 옷걸이를 만들기는 쉬워도 이를 다시 똑바로 펴기는 훨씬 어려운 것도 그런 까닭이다(구부러진 철사를 애써 펴려고 하면 처음 구부러진 자리는 그대로 있고 그 바로 옆이 반대 방향으로 굽는 것을 종종 보게 된다). 해면철도 두드리면 두드릴수록 조금씩 더 단단해졌다.

고대의 기술자들은 두드리는 일이 너무 힘들어지면 철을 부드럽게 만들기 위해 불 속에 집어넣었다가 다시 두드리기를 반복하였다. 그들 중에는 아마도 활활 타오르는 숯더미 틈에 쇳덩어리를 직접 찔러 넣는 경우도 있었을 것이다. 기술자들은 점차 숯불에 자주 들어갔다 나올수록 철이 더 단단해진다는 사실을 알아차렸다. 그래서 당시 사람들은 불에 물질을 정화(淨化, purify)하는 능력이 있다고 믿었다. 애초 해면철을 두드리는 목적도 불순물을 빼내기 위한 것이었으므로, 자연스럽게 철은 순수할수록 더 단단해진다고 생각하게 되었다. 아리스토텔레스가 '5원소설'을 내세우며 이러한 믿음에 힘을 실어주었다.[16]

사람들은 '좋은 철'을 만들기 위해 용광로의 크기를 키우고 숯을 더 많이 집어넣고 더 센 풀무를 고안해 강한 바람을 불어넣었다. 목적은 '순수한' 철을 만드는 것이었지만 실제로 벌어진 일은 철 속에 탄소가 더 많이

---

16 앞서 2장에서 언급한 바와 같이 기원전 4세기의 철학자 아리스토텔레스는 이 세상 만물이 흙, 물, 공기, 불, 에테르의 조합으로 구성되어 있으며, 특히 땅 위에 있는 모든 것은 에테르를 제외한 4원소에 의해 만들어져 있다고 주장하였다. 이에 더하여 자연은 질료(그리스어로 휠레, ὕλη, matter)와 열/냉, 건/습 등 4가지의 형상(그리스어로 에이도스, εἶδος, form)이 상호작용하여 형성되는데, 불은 '질료+열+건', 흙은 '질료+냉+건', 공기는 '질료+열+습', 물은 '질료+냉+습'으로 보았고 이들의 상호 변환도 가능하다고 보았다. 철도 이러한 조합으로 구성되어 있으며, 여기서 불의 비중이 높아질수록 좀 더 순수한 형태가 된다는 주장이다. 이 이론은 연금술의 밑바탕이 되어 18세기 무렵까지 이어졌다.

'들어간' 것이었다. 고체는 다른 것이 섞여 들어가면 순수한 물질일 때보다 더 낮은 온도에서 녹는다. 철이 녹아 쇳물이 흘러내리기 시작했다. 이렇게 녹았다가 식어서 굳은 철을 선철(銑鐵, pig iron, crude iron)이라고 부른다. 순우리말로는 무쇠라고도 한다. 그런데 무쇠는 단단하기는 해도 충격이 가해지면 잘 깨졌다(가마솥이 무쇠로 만든 것이고, 그래서 잘못 떨어뜨리면 깨질 수 있다).

근동(近東, Near East) 및 유럽 지역에서는 충격에 취약한 무쇠에 별로 관심을 갖지 않았다. 그런데 중국에서는 중용의 도를 택했다. 기원전 500년경부터는 무쇠를 만들 때 다시 숯불에 집어넣는 대신 그냥 공기 중에서 가열함으로써 잘 깨지는 결점을 극복했다. 1세기 무렵부터는 쇳물을 휘휘 저어서 최종 강재의 강도와 끈기를 조절하기도 했다. 이 공정을 교련(攪鍊, puddling) 또는 좁은 의미의 정련(精鍊)이라 하고,[17] 이러한 방식으로 개량된 무쇠를 주철(鑄鐵, cast iron)이라고 부른다. 이후 서양에서는 숯불에 달궈 꺼내 두드리기를 반복하는 단조(鍛造, forging)를 중심으로, 동양에서는 쇳물로 녹여 거푸집에 부어 만드는 주조(鑄造, casting)를 중심으로 철강 기술이 발전했다.[18]

망치질과 숯불구이 이외에도 고대인들은 철의 성질을 바꿀 수 있는

---

17 18세기에 영국의 다비 2세(Abraham Darby II), 크래니지 형제(Cranage brothers), 어니언스(Peter Onions), 코트(Henry Cort) 등이 이를 재발견하여 철강의 대량생산 가능성을 제시함으로써 현대식 제철법을 완성하는 데 크게 기여했다.

18 단조와 주조 및 이후 소개되는 담금질, 뜨임 등의 금속 가공 기술은 철을 다루기 위해 새롭게 등장한 기술이 아니라, 이미 청동기 시대부터 알려지고 전해온 기술이다. 청동이나 철강이나 이러한 가공 기술들이 작용하는 원리는 같지만 구체적인 방법과 공정은 상당히 다르며, 방대한 지식과 경험이 축적되어야 각 소재별로 적합한 기술이 탄생한다. 청동보다 철강에서 이 기술들이 더 괄목할 만한 변혁을 만들어냈기에 이 장에서 이야기한다.

2가지 중요한 기법을 발견했다. 그중 하나는 담금질(quenching)이다. 해면철로부터 '좋은 쇠'를 얻는 작업은 본래 몇 달씩 걸리는 지난한 과정이었다. 계절에도 크게 영향을 받았다. 아마도 숯불에 넣었다 빼었다를 반복하던 어느 성미 급한 기술자가, 뜨거운 쇳덩어리가 서서히 식어가는 것을 미처 기다리지 못하고 옆에 있던 물통 속에 집어넣었으리라. 그런데 이 가운데 어떤 것들은 쩍 하고 금이 갔겠지만, 살아남은 것들은 한층 더 단단해져 있었을 것이다.

담금질을 마친 칼은 무엇을 베든 여간해서는 날이 무뎌지지 않았다. 그리하여 이후 무기나 농기구를 만들 때 필수적으로 거치는 공정이 되었다. 담금질에 대한 내용이 호메로스의 《오디세이아》에도 등장하는 것으로 보아, 최소 기원전 8세기 이전에 이미 널리 알려져 있던 기술이었을 것으로 보인다. 호메로스는 오디세우스가 외눈박이 식인괴물인 키클롭스(Cyclops)의 눈을 불에 달군 나무꼬챙이로 찔러 무찌르는 장면에 대해 "마치 대장장이가 쇠를 단단하게 만들기 위해 도끼나 자귀를 차가운 물에 찔러 넣은 듯이 치이익 하는 소리가 크게 났다"라고 묘사하고 있다.[19]

그런데 앞 장에서도 언급했듯이, 이 세상의 어떤 것이든 모두 다 좋을 수만은 없다. 하나가 좋아지면 반드시 어느 하나가 나빠지는 트레이드-오프(trade-off) 관계가 존재한다. 이는 경제만이 아니라 공학에서도 단

---

19 Homer (1919), *The Odyssey*, with an English Translation by A.T.Murray, Harvard University Press.

골로 쓰이는 용어이다. 공학(Engineering)의 본질은 (어찌 보면 세상만사가 전부) 트레이드-오프와의 끊임없는 싸움이다. 쇠붙이가 강해지면 강해질수록 그만큼 더 잘 깨진다. 단단하게 만들어 날을 잘 세운 칼은 조심조심 잘만 사용하면 날이 무디어질 일은 없으나, 자칫 조금 세게 내리치기라도 하면 이가 빠지거나 심지어 부러지기도 하는 것이다. 이때의 해결책은 '약불에 뜸들이기'이다. 이를 뜨임(調質 또는 燒戾, tempering)이라고 한다. 이렇게 하면 강도는 조금 희생시키더라도 충격에 견디는 성질을 높여 잘 부러지지 않는 도구를 만들 수 있다.

탄소의 마술: 연료가 소재로 변신하다

마침내 사람들은, 철을 누가 어떻게 다루느냐에 따라 그 특성이 천국과 지옥만큼이나 다르다는 것과 그 이유를 과학적으로 밝혀냈다. 철강 소재가 만드는 방법에 따라 변덕을 부리는 이유가 그 안에 들어 있는 탄소의 양과 밀접한 관계가 있음을 알게 된 것은 지금으로부터 불과 250년 정도밖에 되지 않는다. 오늘날 일반적으로 탄소강(炭素鋼, carbon steel), 또는 강철(鋼鐵)[20]이라고 하면 탄소 함유량이 대략 0.05~3.8% 사이인 합금을 가리킨다.[21] 탄소가 많이 들어가면 단단해지는 대신 깨지기 쉽고, 탄소가 적게 들어가면 잘 휘기는 해도 좀처럼 깨지지 않는다.

---

20 강하다는 뜻의 強鐵이 아니다.

21 넓은 의미로는 탄소 외의 다른 원소들이 들어간 모든 철 합금을 통칭한다. 주철(cast iron)은 탄소 함유량이 2~3.8% 사이인 것인데, 순우리말로는 주철과 선철을 모두 무쇠라고 부른다. 좁은 의미에서는 주철을 제외하고 탄소 함유량 0.05~2%에 해당하는 것만을 탄소강으로 분류하기도 한다.

전자를 고탄소강, 후자를 저탄소강이라 하는데 우리나라에서는 각각 '뽕쇠', '시우쇠'로 부르기도 했다. 탄소강으로 분류될 수 있는 범위보다 탄소가 적게 들어간(0.05% 이하) 것이 연철(wrought iron), 탄소가 더 많이 들어간(3.8% 이상) 것이 선철(pig iron)이다.

셰익스피어의 유명한 희곡 《베니스의 상인》의 클라이맥스 부분에는, 여주인공 포셔(Portia)가 재판관으로 변장하여 고리대금업자 샤일록(Shylock)에게 참교육을 시키는 장면이 나온다. 그녀는 법정에서, 샤일록이 원하는 대로 안토니오(Antonio)의 가슴에서 살을 베어내되, 피는 한 방울도 나게 하면 안 되고, 베어낸 살의 무게는 1파운드에서 머리카락 한 올만큼도 더 되거나 모자라면 안 된다고 말한다.

제대로 된 탄소강을 만들어내는 작업이 꼭 이와 같았다. 들어가는 탄소의 양이 워낙 적은 데다 오차에 아주 민감해서 처음에 탄소와 철의 무게를 비율대로 정확히 달아 섞는다고 해도 최종 제품에 그 비율이 그대로 유지된다는 보장이 전혀 없었다. 마치 요리 안내서에 소금 한 꼬집(pinch) 또는 향신료 약간이라고 쓰여 있는 것을 보고 그대로 따라한다고 해도 요리하는 사람에 따라 맛이 극과 극으로 갈리고, 같은 사람이 하더라도 할 때마다 달라질 수 있는 것처럼 말이다.

철을 다루는 기술자들은 철 속에 실제로 무엇이 얼마만큼 들어 있는지, 철의 성능에 영향을 주는 요인들이 무엇인지, 어떤 원리로 철의 성능이 달라지는지는 알지 못한 채, 무수한 시행착오를 통해 축적된 감에 의존할 수밖에 없었다. 마치 장님이 코끼리를 더듬어 조금씩 형체를 파악하듯, 철강에 작용하는 수많은 요인 중 자신이 경험으로 체득한 몇 가지 요소를 가지고 철을 다루다 보니 운이나 확률에 크게 좌우되었다. 즉, 흙을 다루는 토기장들이 겪었던 바와 마찬가지로 철강 제품도 아무리 똑같이 하려고 주의를 기울인다 해도 만들 때마다 결과물이 다르게 나오는 것이 다반사였다. 그러므로 어떤 새로운 소재가 등장한다고 해도 오늘날처럼 수년 내에 전 세계로 퍼져나가는 일은 일어나지 않았다. 철기가 청동기의 대체제로 자리를 잡기까지는 천 년이 넘는 세월이 필요했다.

탄소는 원래 숯의 형태로, 연료로서 들어간다. 탄소의 임무는 자신이 연소됨으로써 열을 내 철광석 안에서 철과 결합해 있던 산소를 떼어내고 철만 남도록 하는 것이다. 그런데 이것이 말처럼 간단한 문제는 아니다. 연소라는 것은 산소와 결합하는 과정이다. 따라서 탄소를 연소시키려면 먼저 산소를 불어넣어주어야 한다. 그런데 한번 탄소 입장에서 생각해보자. 공짜로 들어오는 산소가 넘치도록 많은데 굳이 철과 결합하고 있는 산소를 힘들여 빼앗을 필요가 있을까. 더구나 그 많은 산소를 놔두고 철 속 빈자리에 홀로 들어앉아 있다는 것도 왠지 애처롭다.

잠시 이야기를 다른 곳으로 돌려보자. 1970~1980년대 우리나라에서는 연탄가스 중독으로 인한 인명 피해가 많았다. 여기서 연탄가스란 석탄 속의 탄소가 산소와 결합해 만들어진 일산화탄소(CO)이다. 사람이 일산화탄소를 흡입하면 혈액이 산소를 운반하지 못하게 되어 정신을 잃고 사망에까지도 이른다. 이는 강철이 만들어지는 과정과 상당히 닮아 있다.[22]

사람의 혈액 속에서 산소를 온몸 구석구석 운반해주는 헤모글로빈의 핵심 요소는 철이다.[23] 주로 단백질로 구성된 헤모글로빈에는 4개의 작은 주머니가 있고 이 주머니 한가운데에 철 이온(Fe^{2+} ion)이 자리 잡고 있다. 이 철 이온은 마치 벨크로(velcro, 일명 찍찍이)처럼 산소나 이산화탄소(CO_2)를 떼었다 붙였다 할 수 있다. 산소가 많은 곳(허파)에서는 산소가 철 이온에 달라붙고, 산소가 적은 곳(산소를 필요로 하는 세포)에서는 산소가 떨어져 나간다. 철 이온에 산소가 달라붙으면, 철이 공기 중에 노출되었을 때 붉은색의 녹이 스는 것과 마찬가지로, 피가 선홍색을 띠게 된다. 이산화탄소도 그것이 많이 발생하는 곳(몸의 각 장기)에서는 이 철 이온에 붙었다가 이산화탄소가 적은 곳(폐)에서는 떨어져 나간다.

그런데 일산화탄소는 산소보다 약 200배 더 잘 달라붙는다. 산소나 이산화탄소와는 달리 일단 붙으면 잘 떨어지지도 않는다. 일반적으로 대기 중 산소의 농도는 약 21%인데 일산화탄소는 0.067%만 있어도 혈액 중 헤모글로빈의 절반 가까이에 들러붙어버린다. 이 정도면 벌써 치명적이다. 그나마 다행인 것은, 일산화탄소는 산소와 결합해 이산화탄소가 되고 싶어 한다. 그래서 연탄가스 중독 환자는 고압 산소기에 넣어 치료한다.

다시 본론으로 돌아가보자. 숯을 철광석과 섞어 용광로에 넣고 공기를

---

22 철광석에서는 산소가 이온의 형태(O^{2-})로 철 이온과 결합해 있고, 헤모글로빈에서는 산소가 분자(O_2)의 형태로 느슨하게 붙어 있는 등 화학적으로 정확히 일치하지는 않지만, 철강재(鐵鋼材)의 제련에 대한 대략적 개념을 파악하는 데는 큰 무리가 없다.

23 헤모글로빈(hemoglobin)은 그리스어로 피를 나타내는 'haima'와 라틴어로 작은 공을 나타내는 'globus'가 합쳐져 만들어진 말로, 원래 적혈구를 가리키는 말이었으나 의학이 발전함에 따라 점차 적혈구 내에서 산소 운반 역할을 담당하는 단백질 덩어리를 나타내는 용어로 자리 잡았다. 앞서 언급한 대로 적철석(hematite)과 같은 어원에서 파생된 것이다.

불어넣으면서 불을 붙이면 우선 숯과 산소가 결합하여 일산화탄소가 만들어진다. 이 일산화탄소는 철에 달라붙는 것을 아주 좋아하므로 철과 결합해 있는 산소를 쫓아내고 철과 결합하려 한다. 그런데 동시에 일산화탄소는 산소와 결합해 이산화탄소가 되려는 경향 또한 갖고 있다. 그래서 최종적으로 철은 순수하게 남고 철과 결합하고 있던 산소는 일산화탄소와 함께 이산화탄소를 생성하면서 떨어져 나온다.

이제 산소를 잃어버린 철 속에 어떻게 탄소가 스며들어가는지 생각해보자. 숯에 들어 있는 탄소라고 해서 무조건 다 타기만 하는 것은 아니다. 이 세상에 존재하는 모든 원자는 같은 원자끼리 북적거리기보다는 그런 곳을 떠나 널찍하고 한적한 곳으로 옮겨 가고 싶어 한다. 이는 재료공학에서 굉장히 중요한 주제 중 하나이며 이런 현상을 확산(擴散, diffusion)이라고 한다. 초·중·고 교실을 예로 들어보자. 점심을 먹고 나면 원기 넘치는 학생들은 교실 안에 갇혀 있기보다 운동장으로 뛰쳐나가고 싶어 하지 않던가. 활활 타오르는 숯 안의 탄소 원자들도 에너지가 넘친다. 그런데 주위를 둘러보면 자기와 똑같은 탄소 원자들밖에 없다. 여기에 쇳덩어리 하나가 쓱 들어왔다. 그 속에는 탄소가 없다. 가만히 보니 철 원자들 사이의 빈 공간이 탄소 원자들이 충분히 들어가고도 남을 만큼 넉넉하다. 그래서 대부분의 탄소 원자들은 산소와 결합해 연료로 타버리지만 그중 일부는 숲속에 풀어놓은 아이들처럼 슬금슬금 쇳덩어리 안으로 비집고 들어가 소재의 일부가 된다.

다소 복잡하고 머리 아픈 이야기일 수도 있겠지만, 철강 소재가 누리는 오늘날의 위상이 그저 얻어진 게 아님을 강조하려는 것이다. 아무런 실마리도 보이지 않는 가운데 답을 찾기 위해 자신의 인생을 털어넣은 무수히 많은 사람의 집념과 피땀이 철강 소재의 밑바탕에 깔려 있다. 공정이 복잡하다는 이야기는 어디 한 군데만 틀어져도 전체가 다 잘못될 가능성이 높아지고 어디서부터 잘못되었는지를 알아내기도 점점 힘들어진다는 말이 된다. 그 과정에서 극히 일부가 철 원자들의 틈바구니로 스며들어 철의 성질을 바꾸어버리는 것이니, 최종적으로 탄소가 얼마나 들어 있게 되느냐 하는 것은 그때그때 다를 수밖에 없는 노릇이다. 그리고 탄소가 철 속에서 제 역할을 해내려면 철 원자들 사이의 틈새에 고루 퍼져야 하는데, 탄소 원자들끼리 뭉쳐 있거나 다른 불순물과 같이 엉겨 있는 경우도 많다. 이런 경우에는 오히려 없느니만 못하다.

더욱이 철기 시대로 이어지기까지 대략 3,000년 동안 철 속에 들어 있는 탄소의 함량이 얼마인지 정확히 알아낼 만한 마땅한 수단이 없었다. 소재의 성분을 분석하는 기본 원리인 분광학(分光學, spectrometry) 개념이 등장한 것이 19세기 초반이고, 1% 이하의 적은 양을 검출해낼 수 있을 정도의 측정 분석 기술은 20세기 들어서야 가능해졌다. 그 이전까지는 전적으로 기술자들의 오감에 의존했다. 오랜 기간 반복 훈련을 받은 장인들은 색깔의 미묘한 변화, 연장으로 깎았을 때 표면이 긁히면서 생기는 미세한 무늬, 뾰족한 침으로 찍어 눌렀을 때 생기는 자국의 깊이, 숫돌에 갈았을 때 튀는 불꽃의 색깔과 모양 등 여러 가지를 종합적으로 판단해 탄소의 양을 가늠하였다.

면도날: 알렉산더의 또 하나의 무기

신약성경 사도행전 16장 9절에는, 사도 바울(Apostle Paul)이 밤에 꿈을 꾸었는데(또는 환상을 보았는데) 어떤 마케도니아 사람이 나타나 자기 백성들을 도우러 와달라고 간청하였다는 기록이 나온다. 후세에 성경을 탐독하던 많은 이들이 궁금증을 가졌다. 도대체 바울은 그가 마케도니아 출신이라는 사실을 어떻게 알았을까?

당시 지중해 연안에서 그 얼굴을 모르는 사람이 없는, 이른바 셀럽 (celebrity)에 해당하는 마케도니아 사람이 하나 있었다. 바로 알렉산더 대왕이다. 그의 얼굴이 조각된 동전은 그가 죽은 지 250년이 흐른 기원전 65년까지도 계속 주조되었으므로 바울이 활동하던 서기 50년경에도 상당한 수량이 통용되고 있었다.

사실 알렉산더 대왕은 새로운 유행을 선도하던 패션 리더이기도 하였다. 고대 그리스에서 성인 남성들은 거의 예외 없이 수염을 길렀다. 그들은 턱수염을 남성성과 권위의 상징으로 여겼다. 호메로스의 서사시들에서는 소년이 성숙한 인격체로 성장하는 것을 턱수염이 점점 자라갔다고 표현하였고, 다른 사람의 턱수염을 만지는 동작은 깊은 애정, 절대적 복종, 간절한 청원 등을 나타내는 존경의 의사 표시로 묘사하였다. 고대 그리스 철학자들은 머리에서 넘쳐난 지식이 수염으로 자라난다고 생각했다. 그들은 화려한 턱수염을 자신들의 지혜와 자긍심을 나타내는 표장(標章)으로 여겼으므로 현대인들이 컬링아이언(curling iron, 속칭 '고데기')을 사용하여 머리를 말아 내리는 것과 마찬가지로 집게 모양의 도구로 턱수염을 말아 치장하기도 했다.

알렉산더 대왕의 두상 및 니케 여신상이 새겨진 동전(기원전 323년 주조).
© Classical Numismatic Group, Inc., CC BY-SA 3.0 / Wikipedia

자, 여기까지 읽었다면 사진 속 동전을 자세히 들여다보자. 알렉산더
가 유행시킨 패션이 무엇인지 단박에 알 수 있을 것이다. 그렇다, 바로
면도이다. 알렉산더는 수염이 없는 소년 같은 두상으로 동전 디자인의
새 물결을 일으키고, 면도기의 발전을 이끌어낸 장본인이다. 알렉산더
는 자신만 면도를 한 것이 아니라 휘하의 군사들에게도 깨끗이 면도를
하라고 명령했다. 그런데 이것은 그가 최고 통수권자인 왕의 신분이었
음을 감안하더라도, 자칫 대대적 봉기가 일어날 수 있는 상당히 위험한
행동이었다. 당시 그리스인들의 관습에서 수염 깎기는 형벌의 한 방법
으로 사용되었기 때문이다. 자신의 수염을 잘라내는 것—깨끗이 면도를
하는 것이 아니라 조금 쳐내는 정도—은 애도 또는 속죄의 표현이었으
며, 남의 수염을 억지로 자르도록 하는 것은 고의로 모욕을 주려는 의도
로 간주되었다.

후대의 역사가 플루타르크(Lucius Plutarchus)는, 전장에서 군사들이 적
군에게 수염을 잡아채여 꼼짝 못하게 된 상태에서 공격당하는 것을 방

지하기 위해 알렉산더가 그런 명령을 내린 것이라고 기록하고 있다. 그런데 최근에는 다른 주장도 제기된다.[24] 당시 마케도니아 군이 주로 사용했던 전술은 방진대형(方陣隊形, phalanx)을 기본으로 긴 창을 사용해 적의 선봉인 전차(또는 병거)를 무력화하는 것이었기 때문에, 서로 수염을 잡아채면서 막싸움을 할 상황은 그리 많지 않았다는 것이다. 또한 왼손에 든 방패는 단지 방어 용도만 있는 것이 아니라 공격 무기 기능도 있었기 때문에 굳이 그걸 내려놓고 상대방의 수염을 잡으려 할 이유가 없었다고도 한다.

알렉산더가 면도를 한 가장 큰 이유는 헤라클레스와 자신을 동일시하기 위해서였다고 한다(고대 그리스인들에게 헤라클레스는 항상 소년 같은 젊음을 유지하는 것으로 인식되었다). 또한 휘하의 장수들과 병사들도 자신과 같은 모습을 함으로써 각자의 역할과 임무에 대해 지휘관과 같은 책임과 주체의식을 갖도록 하는 정신무장 효과를 노렸다는 것이다.

여기에 알렉산더의 스승으로서 당대 최고의 석학인 아리스토텔레스가 철학자들의 전통을 깨고 면도 대열에 동참함으로써 마케도니아 군대뿐 아니라 그리스 전역으로 이 새로운 유행이 퍼져나갔다.[25] 이후 로마에서 발행되는 동전 속에 등장하는 인물들의 초상에서 턱수염은 점차 사라져갔다.

---

24 Christopher Oldstone-Moore (2015). *Of Beards and Men: The Revealing History of Facial Hair.* University of Chicago Press.

25 이는 또한 후대에 아테네 출신 작가 젤리우스(Aulus Gellius)가 정치가 아티쿠스(Herodes Atticus)의 일화를 통해 "Barba non facit philosophum(턱수염이 철학자를 만드는 것은 아니다)"라는 명언을 만들어내는 계기가 된다.

그렇게 해서 적군이 아닌 자기의 몸에 닿게 될, 둥근 날을 가진 면도기는 마케도니아 군대의 필수 보급품이 되었고, 이 전통은 로마의 장군이자 나중에 집정관이 된 스키피오[26]에 의해 그대로 로마 군대로 계승되었다. 청동제 면도기는 이미 기원전 4000년 무렵부터 이집트인들이 만들어 사용했지만, 이제는 그리스와 로마의 필수 군수품으로 자리 잡은 터라 급속한 개량이 이루어졌다.

면도를 한 번이라도 해본 사람이라면 조금이라도 무디어졌거나 녹이 슨 면도날이 얼마나 쉽게 피부에 상처를 내는지 잘 알 것이다. 군인들이 면도하다가 이리저리 베인다면 전장에 나가기도 전에 전투력이 떨어질 것은 뻔한 이치이다. 그래서 무뎌지기 쉬운 청동 재질이 철로 바뀌었고 면도날의 모양은 곡선에서 직선으로 바뀌었으며, 면도기에 손가락을 넣을 구멍을 만들어 잡기 편하도록 하였다. 로마인들은 이를 새로운 형태의 작은 끌(chisel)이라는 뜻으로 '노바킬라(novacila)'라고 불렀다.[27]

로마제국이라 하면, 일반적으로 사람들이 가장 먼저 떠올리는 이름은 아마도 율리우스 카이사르(Julius Caesar)일 것이다. 그는 면도에 엄청나게 신경을 쓴 나머지 한술 더 떠 족집게를 가지고 얼굴의 털을 수시로 뽑아내기까지 했다고 한다. 그의 성(姓) 카이사르의 어원이 자르다(caedere, caes–) 또는 덥수룩한 머리(caesaries)라고 하니 우연치고는 꽤

---

26 고대 로마의 고위 권력자 중에는 '스키피오'라는 이름을 가진 인물이 최소한 4명이 있는데, 여기에서는 한니발이 이끄는 카르타고군을 물리친 스키피오 아프리카누스(Scipio Africanus)를 가리킨다.

27 라틴어로 끌을 뜻하는 단어는 cilio, celum, caelum, coelum 등이 있는데 여기에는 하늘이라는 뜻도 있다.

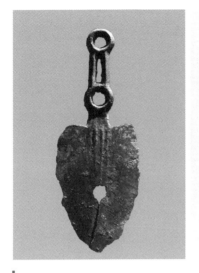

왼쪽은 중부 유럽의 할슈타트 유적에서 출토된, 곡선 날을 가진 청동기 시대의 면도기이고, 오른쪽은 상아 재질 손잡이에 표범과 싸우는 헤라클레스의 모습이 새겨진 로마 시대의 철제 노바킬라이다. 심하게 부식된 오른쪽 부분이 날에 해당한다.

자료: Walters Art Museum(오른쪽)

나 의미심장하다.[28] 그의 업적 중 하나는 기원전 55년경 갈리아를 정복해 로마의 영토를 북방으로 저 멀리 브리타니아섬(지금의 영국)까지 넓힌 것이다. 이 과정에서 로마제국이 보유한 철기 기술의 상대적 우위가 큰

---

28 율리우스 카이사르가 태어날 때 산모의 배를 가르고 꺼내었기 때문에 이러한 외과 수술에 제왕절개(帝王切開, Caesarian section 또는 C-section)라는 이름이 붙었다고 알려져 있으나 이는 후대에 와전된 것이라고 한다. 서기 1세기의 저술가 대플리니(Gaius Plinius Secundus 또는 Pliny the Elder)에 의하면, 율리우스의 조상 중 제왕절개로 태어난 사람이 있었기 때문에 '절개'를 뜻하는 카이사르가 가문의 명칭으로 이어 내려왔을 뿐 율리우스 자신은 자연분만(normal delivery)으로 태어났다고 한다. 당시 제왕절개는 산모가 분만 도중 사망한 경우에만 시행되었다. 율리우스의 어머니는 율리우스가 46세가 되도록 장수하였으니 이것이 사실임을 뒷받침한다. 율리우스가 죽은 뒤 카이사르라는 명칭은 로마 황제의 칭호가 되었으며, 후대에 독일어의 카이저(Kaiser), 러시아어의 차르(Tsar, царь)로 이어져 제왕을 나타내는 일반명사가 되었다.

역할을 하였음은 물론이다.

서기 86년, 로마제국의 최북단 경계인 칼레도니아(지금의 스코틀랜드)에 주둔해 있던 아그리콜라 총독 휘하의 부대는 다키아족의 침입으로 생긴 후방의 공백을 메우고자 급히 철수한다. 이때 로마군은 인치투틸(Inchtuthil) 요새의 모든 구조물을 불태우거나 해체한 뒤 무려 7톤에 달하는 쇠못을 포함하여 수레바퀴 등 도합 10톤이 넘는 온갖 철제 기물을 땅속 깊이 구덩이를 파고 감추어놓았다.[29] 혹시 나중에 이민족들이 이 지역을 점령하였을 때, 그들이 철을 가져다 녹여서 무기를 만들지 못하게 하고 철기 제작에 관련된 기술이 유출되지 못하도록 조치한 것이다. 그 와중에도 노바킬라는 하나도 남겨놓지 않고 무기들과 함께 챙겨 갔다.

영어에서 매우 날카로운 것을 나타낼 때 'razor-sharp'라는 표현을 쓴다. 시중에 판매되는 면도날의 끝부분을 현미경으로 확대해보면 마냥 뾰족한 것이 아니라 오히려 둥그스름하거나 심지어 울퉁불퉁하게 보인다. 이 끝부분 반지름이 작을수록 날카롭게 날이 잘 선 것이고, 날을 사용함에 따라 철 원자들이 밀려나거나 떨어져 나가면 반지름이 점점 커지는데, 이때 우리는 날이 무디어졌다고 느끼게 된다. 새 면도날의 경우, 이 곡면의 반지름을 추산해보면 평균 약 0.4미크론(1밀리미터의 1/2500) 정도인데 이는 철 원자가 3,000개만 붙어 있는 정도이다. 면도날을 몇 번 사용하다 보면 금세 날이 무디어지는데, 이 반지름이 5미크

---

29 Lynn F. Pitts and J. K. St.Joseph (1985). *Inchtuthil: The Roman Legionary Fortress* (Britannia Monograph Series, No.6). Society for the Promotion of Roman Studies.

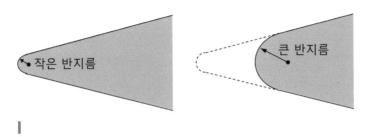

면도날의 끝부분을 확대한 단면도. 곡면의 반지름이 작을수록 예리하고(왼쪽), 면도날을 사용할수록 반지름이 점점 커져 날이 무디어진다(오른쪽).

론으로만 늘어나도 벌써 날이 잘 안 든다고 느끼게 된다. 이에 대한 일차적인 대책은 모두 아는 바와 같이 날 부분을 더 단단한 물체에 비스듬히 대고 갈아내는 것이다. 요즘도 연세 지긋한 어르신들이 사랑방처럼 드나드는 동네 이발관에 가면 이발사가 긴 날이 달린 면도용 칼을 넓적한 가죽 띠에 앞뒤로 쓱싹쓱싹 문지른 후에 면도를 해주는 광경을 볼 수 있다. 그런데 실은 이게 그냥 가죽이 아니고, 가죽 표면에 연마제 가루를 문질러 넣은 것이다. 이를 스트롭(strop)이라고 한다. 현재는 대부분 다이아몬드 가루를 쓰지만 과거에는 철단(鐵丹, jeweler's rouge)이라는 것을 사용하기도 했는데, 이는 역설적이게도 철 표면에 빨갛게 스는 녹과 동일한 성분이다.

면도를 해본 사람이라면 잘 알겠지만, 새로 포장을 뜯은 예리한 면도날은 털만 깨끗이 잘라내고 피부에는 자극이 덜한 반면 무디어진 면도날은 털은 안 잘리고 피부에 생채기만 잔뜩 낸다. 피부는 두부나 젤리처럼 연하고 무른 데 비해 체모는 거의 구리철사만큼 억세다는 점을 감안하면 의아한 노릇이다. 또한 체모도 생각보다 질기긴 하지만, 적어도 그보다 50배 이상은 더 강한 면도날이 불과 몇 차례의 면도 후에 그리도 쉽게 무디어진다는 것은 의문의 여지가 충분하다. 요즈음 시판되는 카트리지(cartridge) 형태의 면도날은 세상에서 가장 단단한 다이아몬드와 유사한 구조를 갖는 탄소막으로 코팅까지 한다. 그럼에도 불구하고 면도를 자주 하는 사람들은 수시로 새 카트리지를 구입하느라 적잖은 지출을 하게 되는데, 사실 면도날이 어떻게 닳게 되는지는 의외로 별로 연구가 되어 있지 않다.[30]

최근 MIT의 타산(Cem Tasan) 교수는 저명한 과학 저널《사이언스》지에 흥미로운 연구결과를 발표하였다. 면도날은 닳아서 뭉툭해지는 것이 아니라 부분적으로 파여서 울퉁불퉁해진다는 것이다. 앞서 언급했듯 면도날의 끝부분을 현미경으로 들여다보면 완벽한 직선이 아니고 군데군데 미세하게 옴폭 들어간 부분 및 상대적으로 약한 부분이 존재하는 불균질(heterogeneous)한 양상을 띠고 있다. 털이 이 부분에 닿으면 마치 이가 빠지듯 파이면서 부스러져 나가는 것이 관찰되었다. 더구나 칼날을 단단하고 날카롭게 만들려고 할수록 오히려 더 불균질해질 수도 있다는 것이다.[31]

다시 노바킬라 이야기로 돌아가보자. 로마군이 황급히 철수하면서 노바킬라를 모조리 싸들고 갔다는 것은 무슨 의미일까. 면도기가 그들의

---

30 미국인의 경우 평균 4.3회 면도 후 날을 교체한다고 한다. James Tarmy (2014. 4. 23). "Science Reveals the Secret to Making Your Razor Last". Bloomberg.

31 Gianluca Roscioli, Seyedeh Mohadeseh Taheri-Mousavi, Cemal Cem Tasan (2020). "How hair deforms steel", *Science*, vol. 369, Issue 6504, pp.689–694.

전력(戰力)에서 상당히 큰 비중을 차지한다는 뜻으로 볼 수 있을 것이다. 그리고 절대로 적에게 노출하고 싶지 않은 기술이 거기 들어가 있었다고도 볼 수 있다. 당시 사람들이 칼날이 어떻게 무디어지는지에 대해 과학적으로 명확히 이해하고 있었을 가능성은 매우 희박하니, 그들로서는 수시로 날을 갈아서 세우는 수밖에 없었을 것이다. 그런데 군인들과 종군 대장장이들이 하고한 날 칼날만 갈고 있다 보면, 어떻게 하면 날을 자주 갈지 않아도 되고 이가 잘 빠지지도 않는 칼을 만들 수 있을까 끊임없이 고민하게 될 것이다.

로마군이 그토록 살뜰하게 챙겼던 노바킬라 면도기에는 탄소가 들어간 강철(탄소강, carbon steel) 기술이 쓰였다. 톨레도강(Toledo steel)이라고도 부르는 이 강철은 포에니전쟁으로 유명해졌다. 그것도 로마군에 의해서가 아니라 상대편 카르타고군에 의해서였다. 나폴레옹보다 2000년이나 앞서서 군대를 이끌고 알프스산맥을 넘은 카르타고의 명장 한니발(Hannibal)이 사용한 칼이 바로 이 강철로 만든 톨레도검(Toledan sword)이었다. 현재의 스페인 지역에 있는 도시 톨레도는 원래 켈트족(Celtic tribes)이 거주하던 곳이었는데, 히타이트 멸망 이후 철 다루는 기술에서는 이들이 가장 앞선 것으로 알려져 있었다. 2차 포에니전쟁에서 승리한 로마는 기원전 193년에 톨레도를 복속한다. 이후 로마의 장군들 및 중대장급인 백부장(百夫長, Centurion)들까지 톨레도검을 사용하게 되었고, 톨레도는 오늘날 독일의 작센(Sachsen) 지역과 함께 로마제국의 철 생산 거점 도시가 되었다.

이 시기의 유물들을 현대의 기술로 분석한 바에 의하면 로마인들은 쇠를 숯불에 넣어 표면을 단단하게 할 줄도 알았고, 무르고 유연한 쇠와 강하고 단단한 쇠를 서로 덧대어 붙여 성능을 개량할 줄도 알았으며, 담금질 등의 열처리를 통하여 칼날 부분을 더 단단하게 만들 줄도 알았다. 4,500~5,000명 규모의 로마 군단(legion) 하나를 무장시키는 데 약 38톤의 철을 소비하였는데, 철제 무기를 만들고 관리하는 예하 부대를 별도로 운영하였을 뿐 아니라 민간 기술자들과 계약을 맺어 협업을 하기도 하였다.

앞서도 설명했듯 '순수한 철'은 그다지 강한 소재가 아니지만 쇳덩어리를 숯불에 넣어 달구면 숯에 있는 탄소가 철 표면으로 침투하여 몰라보게 단단해진다. 그런데 고대인들이 이런 원리를 미리 알고 그리한 것이 아니다. 오히려 그들은 숯불이 불순물을 없애는 정화 효과를 일으켜 철이 더 단단해지는 것이라고 잘못 알고 있었다. 이유야 무엇이든 원하는 바대로 단단한 소재를 얻었으므로 이 방법은 경험의 전수를 기반으로 조금씩 자리를 잡아나갔다.

무디어지지 않는 칼날과 부러지지 않는 몸체를 만들기 위한 철 소재의 개량 노력은, 그러나 원리를 정확히 이해하지 못한 상태에서 연금술이나 마술을 하듯 그런 방향으로 흘러갔다. 그래서 중세 시대의 기록에는 칼을 단단하게 만드는 재료로 빨간 머리 소년의 소변, 지렁이에서 짜낸 즙, 용의 피, 뿔에서 긁어낸 가루 등 별의별 해괴한 것들이 다 등장한다. 결국 근대 화학이 태동하고 산업혁명이 일어나면서 탄소의 역할을 이해하고 탄소강의 대량생산을 시도하게 될 때까지, 철을 다루는 기술은 수많은 전설과 신화를 계속해서 써내려가게 된다.

십자군 원정과 다마스쿠스 칼:
철제 무기는 어떻게 세계 질서를 바꾸었나

인더스문명이 태동한 인도에서도 독창적인 제강 기술이 개발되었다. 인도의 철기 문명이 히타이트의 영향을 받은 것인지 아니면 자생적으로 발전한 것인지는 명확하지 않지만, 힌두교 경전《리그베다(*Rig-Veda*)》에도 기록이 있는 것으로 보아 최소한 기원전 1200년 이전부터 철의 생산이 이루어진 것으로 추측한다. 기원전 600년경 인도의 남부와 스리랑카에서는 도가니에 연철과 나뭇조각, 잎사귀 등을 넣고 밀봉하여 가열한 탄소강이 만들어졌다. 1740년대에 영국에서 유사한 기술을 독자적으로 개발하였는데, 이렇게 도가니에 원료를 넣고 가열하여 만드는 강을 도가니강(crucible steel)이라고 부른다. 이 소재는 단단하다고 소문이 났으며, '뛰어난 철'을 뜻하는 ukku, uchcha의 현지어 발음을 따라 우츠강(wootz steel)이라고 불렀다.

우츠강은 기원전 400년경부터는 덩어리(鍜塊, ingot) 형태로 세계 각처로 수출되었다. 아라비아의 대상(隊商, caravan)을 따라 시리아로 흘러간 이 소재는 이후 중세를 지나기까지 유럽 및 아랍권에서 모든 사람이 찬탄해 마지않던 다마스쿠스 칼(Damascus sword)로 거듭나게 된다.[32] 일설에는 아랍인들이 로마제국 시대에 자신들이 두려워하던 톨레도검에

---

[32] 이 이름의 유래에 대해서는 논란이 있다. 중동 및 이집트 곳곳에서 만들어졌으나 시리아의 수도 다마스쿠스가 고대 교역의 중심지였으므로 단지 그곳에서 거래가 활발히 이루어졌을 뿐이라는 설, 무늬를 넣어 짠 다마스크(Damask) 천에 비유해서 붙은 이름이라는 설, 다마스키(Damasqui)라는 이름의 대장장이가 처음 만들었다는 설, '물을 머금은' 또는 '물을 흘려준'이라는 뜻의 아랍어 'damas'에서 따온 말이라는 설 등이 있다.

대항하기 위해 개발한 것이라고도 한다. 미국의 유명한 TV 시리즈 〈왕좌의 게임(Game of Thrones)〉에 나오는 발리리아검(Valyrian sword)도 다마스쿠스 칼에서 모티브를 따온 것이다.

앞서도 여러 번 언급한 바이지만, 일반적으로 금속은 단단하게 만들려고 하면 잘 부러지게 되고 반대로 잘 안 부러지도록 만들면 물러진다. 이렇게 2가지 특성이 상충하며 대립하는 것을 트레이드-오프(trade-off)라고 한다. 즉, 어느 한쪽이 좋아지면 반드시 나빠지는 부분이 생기기 때문에 2가지를 동시에 만족시킬 수는 없다는 의미이다. 사실 '공학'이란 것이 대부분은 이러한 이율배반적 상황에서 환경이나 용도에 따라 어느 부분을 얼마만큼 희생하여 균형점을 찾을지 연구하는 학문이라 해도 과언이 아니다. 다마스쿠스 칼이 유명한 것은 그 2가지 특성, 곧 '단단함'과 '부러지지 않음'이라는 특성이 이 세상 어느 칼보다도 뛰어나 두 마리 토끼를 잡는 데 성공했다는 의미이다.

다마스쿠스 칼은 십자군 전쟁 때 사라센(Saracen)[33]군이 사용하여 유럽에서 원정 온 십자군을 두려움과 놀라움에 빠뜨렸다. 십자군 원정을 그린 영화들을 보면, 십자군 기사들의 칼은 투박하고 두꺼운 데 반해 사라센 병사들의 칼은 훨씬 얇고 날렵하게 생긴 것을 알 수 있다. 그토록 두께와 크기가 확연히 차이가 남에도 불구하고 다마스쿠스 칼은 불가사의할 정도로 강하고 단단했다. 그래서 손수건을 칼날 위에 떨어뜨리면 그

---

33 아랍의 무슬림들을, 아랍어를 사용하는 기독교인들과 구분하여 부르던 말. 아랍어로 '동쪽에 사는 사람들'이란 뜻의 sarakene에서 파생되었다는 설이 있다. 18세기에는 근동(近東)에서 남유럽까지 오스만 제국이 통치하는 지역을 이르는 말로도 사용되었다.

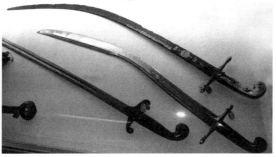

왼쪽은 13세기 무렵 십자군이 사용했던 칼(Crusader Arming Sword)이고, 오른쪽은 13세기 이후 십자군과 상대했던 오스만 제국군이 사용했던 칼(Turkish Sabre 또는 Persian Shamshir)이다. 오스만 제국군의 칼날이 더 얇고 날렵한 것을 알 수 있다.

오른쪽: © Pink Flojd, CC BY-SA 4.0 / Wikipedia

대로 갈라진다는 둥, 바위를 내리쳐 두 동강을 내어도 칼날은 멀쩡하다는 둥 숱한 이야기가 만들어졌다. 우수한 성능에 더해 철저히 비밀에 부쳐진 제작 공법으로 인해, 이슬람 사람들이 악마에게 영혼을 판 대가로 마법을 배워 칼을 만들게 되었다는 전설까지 떠돌았다.

결국 십자군 원정에 실패한 유럽 사람들은 다마스쿠스 칼의 비밀을 캐려고 수없이 첩자를 보냈으나 소용이 없었다. 비밀의 핵심은 원료인 우츠강에 있었기 때문이다. 우츠강에만 들어 있는 미량의 불순물 성분들 덕택에 우수한 특성이 나올 수 있었던 것인데, 이 성분은 인도에서 산출되는 철광석에만 적절한 비율로 들어 있는 것이었으니 다른 곳에서 나는 철광석으로는 아무리 해도 그것을 재현할 수 없었다. 우츠강은 워낙 공급량이 한정되어 있었던 데다 15세기 이후에는 광산 고갈로 생산이 중단되었으므로 다마스쿠스 칼의 제조법도 역사 속으로 사라지고 말았다.

다마스쿠스 칼은 표면에 있는 아름다운 물결무늬로도 유명하다. 이 무늬는 원료인 우츠강에서 만들어진 독특한 층상(sandwich, laminate 또는 lamellar) 구조가 칼 제작의 마무리 단계에서 산(酸, acid)으로 표면을 처리하고 날을 연마하는 단계에서 드러난다.

13세기 페르시아에서 제조된 다마스쿠스 칼 표면의 특유한 물결무늬.
© Rahil Alipour Ata Abadi, GNU Free Documentation License 1.2 / Wikipedia

이는 유연함과 탄성을 갖는 조직과 강도 및 경도를 갖는 조직이 서로 엇갈려 켜켜이 쌓여 있기 때문에 생기는 것으로, 이러한 미세한 조직(microstructure)의 특성으로 인해 매우 단단하면서도 부러지지 않는 칼이 탄생할 수 있었다.

중세 유럽에서는 비단 십자군 원정이 아니더라도 몽골의 침입, 백년전쟁 등 크고 작은 전쟁이 끊이지 않았다. 이어 대항해시대에 접어들면서 육지뿐 아니라 해상 패권을 놓고 다투느라 우수한 성능의 무기에 대한 관심이 더욱 높아졌다. 그 무렵 다마스쿠스 칼이 점점 자취를 감추었기 때문에 유럽의 금속 장인들은 어떻게든 이를 재현할 기술을 찾아내고자 혈안이 되었다.

유럽인들은 기원전 수세기경 켈트족이 사용했던 접쇠단조(또는 접층단타, pattern welding, cementation) 방식에 주목하였다. 이 방식으로 만든 칼은 다마스쿠스 칼과 유사한 무늬를 나타냈고 역시 단단함과 탄력을 동시에 지니고 있었다. 카르타고의 한니발과 로마의 이름 높은 장군들 손에서 명성을 떨쳤던 톨레도검과 그 기술적 뿌리를 같이한다. 접쇠단조 방식으로 만든 칼은 8세기 말부터 융성한 바이킹들이 주로 사용함으로써 유명해졌다. 11세기 바이킹의 세력이 약해지면서 유럽에서는 점점 잊혀갔으나 십자군 원정을 계기로 다시 세상에 나오게 되었다.

이 공법은 마치 개천에서 용이 나듯, 신통치 않은 재료와 설비를 가지고 좋은 칼을 만들어보려는 노력에서 비롯하였다. 고대에 상대적으로 문명 수준이 낮았던 켈트족이나 게르만족은 충분한 고열을 낼 수 있는 용광로를 만들 만한 기술이 없었다. 그들이 가진 화로는 철광석을 제대로 녹이지는 못하고 대신 작은 철 알갱이들만 빠져나오게 할 뿐이었다. 이런 부스러기들을 모으고 그것들을 두드려 붙여 좀 더 큰 덩어리로 만들었으나 너무 물러 칼을 만들기에는 부적합했다. 고대인들은 철이 아직 충분히 정련되지 못해 그런 것으로 생각하여 쇳덩어리를 이글거리는 숯불 속에 집어넣었다. 이렇게 하면 겉부분이 매우 단단해졌는데, 실제로는 그들의 생각처럼 불순물이 빠져나간 것이 아니라 오히려 반대로 숯을 구성하는 탄소가 표면에 스며들었기 때문이다.

고대의 장인들은 겉과 속을 균질하게 만들기 위해 표면만 단단해진 쇳덩어리를 불에 달구어 길게 늘인 다음 반으로 접어서 두들겨 붙이고 다시 늘여서 접어 붙이기를 반복하였다. 또는 2개의 쇠막대기를 서로 꼰 다음에 두드려 붙이기도 한다. 이것이 접쇠단조 방식이다. 이렇게 하면 탄소가 많이 들어간 부분과 안 들어간 부분이 층층이 쌓이게 되어 다마스쿠스 칼과 유사한 무늬와 특성을 갖게 된다. 이 때문에 오랜 동안 이

것이 다마스쿠스 칼의 제작 방식이라고 잘못 전해 내려왔다.[34] 이 공법은 사실 유럽의 독자적 기술이었다고 말하기는 어렵다. 우리나라에서도 고려 시대부터 고려검이라고 알려진 명검을 만드는 데 유사한 방식이 사용되었으며, 그것이 일본에도 전해져 '카타나'라고 불리는 일본도를 만드는 데 활용되었다.

로마 시대부터 철기 생산의 중심지였던 톨레도의 장인들을 중심으로 옛날의 명성을 되찾기 위한 기술 개발 노력이 이어졌다. 접쇠단조 방식으로 만든 칼은 자연스럽게 다마스쿠스 칼을 대체해갔다. 여기에 칼의 부분별로 기능과 요구 성능을 생각하여 그에 맞는 특성을 지닌 여러 종류의 철판을 덧붙여 하나의 칼을 완성하는 기술까지 더해졌다. 이렇듯 단단하면서도 스프링처럼 탄력 있는 몸체를 만들 수 있게 된 덕분에 레이피어(rapier)와 같이 가늘고 긴 형태에다 무게도 1킬로그램 정도로 가벼운 칼들이 등장하였다.[35] 〈삼총사(The Three Musketeers)〉나 〈시라노(Cyrano de Bergerac)〉 등 16~17세기를 배경으로 하는 영화에서 손잡이 부분을 화려한 장식으로 감싼 검으로 결투를 벌이는 장면에 자주 등장하는 칼이다. 이어 총신도 이와 비슷하게, 원형 막대 주변에 연한 철판과 단단한 철판을 교대로 겹겹이 감아서 두드려 붙이는 방식으로 제작

---

34 요즘도 TV 다큐멘터리 중에 다마스쿠스 칼과 접쇠단조 방식을 혼동해서 설명하는 경우가 많다.

35 '레이피어'라는 이름은 스페인어로 espada ropera가 프랑스로 건너가 espee rapiere가 되고 여기서 뒤의 단어만 남아 영어 속으로 들어온 말이다. espada는 영어의 sword, ropera는 영어의 dress, robe에 해당하니, 이는 dress sword, 곧 장식용 칼이란 뜻이다. 로마제국 시절 철기 생산의 주요 거점이었던 스페인 지방의 톨레도에서 처음 만들어졌기 때문에 톨레도 검이라고도 부른다. 실제로 화려한 장식을 가진 손 보호대(hand guard)가 특징으로, 예복을 입을 때 장신구 및 호신용으로 찼다. 가톨릭과 개신교가 충돌한 30년전쟁에서는 칼날이 넓어진 형태로 개량되어 실제 전투에 사용되기도 하였다.

되었는데, 이러한 공법을 '다마스쿠스'라고 부르게 되면서 접쇠단조 방식이 다마스쿠스 칼을 재현한 것이라는 오해가 굳어졌다.[36]

레이피어는 애초 군사용이 아니라 예복 착용 시 장식용 및 호신용으로 만들어진 칼이었다. 따라서 이를 차고 다니는 것은 르네상스 시대 남성들에게 하나의 패션이었다. 당시 사람들이 레이피어에 열광했던 것은 자신의 신분과 힘을 과시하고픈 욕망 때문이었고, 이는 자신이 중세 십자군 기사의 전통을 계승하였다는 우월감과 특권 의식으로 나타났다. 이 과도한 자의식은 십자군처럼 원정을 떠나 자신의 욕망을 실현하고자 하는 환상을 갖게 하였고 결국 망망대해를 건너 지구의 반대편을 향하는 대항해시대를 열게 되었다. 그런데 혈기 왕성한 젊은이들이 칼을 차고 다니다 보니 사소한 시빗거리만 있어도 툭하면 결투를 해대는 통에 수도 없이 많은 남성이 죽어나갔다. 나중에는 결투를 금지하는 법이라든가 레이피어는 작위를 받은 귀족만 소지할 수 있도록 하는 법이 만들어졌다.

모든 기술 발전에는 명과 암이 공존하는 법이지만, 이렇게 개량된 철 소재, 특히 남성들의 사상을 지배하기 시작한 레이피어와 머스킷(musket, 화승총을 개량한 구식 총)의 부작용은 신대륙의 원주민들에게는 그야말로 재앙이었다. 중세를 거치며 꾸준히 기술이 축적된 철제 무기들은 어느 날 갑자기 대형 범선에 실려 와서 신대륙을 쑥대밭으로 만들

---

36 1980년대가 되어서야 재료공학의 발전으로 정밀한 분석과 이론적 해석이 이루어져 다마스쿠스 칼은 접쇠단조 방식과는 다른 방법으로 만들어졌다는 사실이 밝혀지고 있다. 그리고 접쇠단조 방식을 쓰지 않고 다마스쿠스 칼의 물결무늬를 재현해냈다는 보고들도 나왔다.

어놓았다. 다이아몬드(Jared Diamond) 교수가《총, 균, 쇠(*Guns, Germs, and Steel*)》에서 언급한 바와 같이, 유라시아 대륙에 비해 교류가 적고 문명의 전파가 늦었던 신대륙에서는 그 무시무시한 무기에 속수무책으로 당할 수밖에 없었다. 신대륙을 침략한 정복자들 스스로도 처음에는 절대적인 수적 열세에 겁을 먹었으나 막상 싸움이 벌어지자 압도적인 무기의 우위에 자신감을 얻어 더욱 잔인해졌다고 한다. 이제 '소재'는 단지 교역의 대상이자 문화 전파의 매개체가 아닌, 세계 질서를 재편하는 주체가 되었다.

미신에서 과학으로:
산업혁명을 견인한 철강

개발도상국이 선진국으로 도약하고자 할 때 국가적으로 키우려 하는 산업 분야는 대략 5가지로 정리할 수 있다. 자동차, 조선, 건설, 정유·화학, 그리고 전자·반도체이다. 우리나라는 이 5가지 분야를 모두 시도해 성공했다. 전 세계적으로 이들 분야 모두에서 고루 국제적 경쟁력을 갖춘 나라는 손으로 꼽을 정도이다.

이들 산업 분야의 공통점은 철강 소재가 매우 중요한 역할을 한다는 것이다. 자동차, 조선, 건설 분야에서는 철강이 주요 원료이고, 나머지 두 분야도 대규모 공장과 플랜트를 건설하고 유지하기 위해서는 우수한 품질의 철강 소재 기술이 뒷받침되어야 한다. 즉, 우리나라가 이 모든 분야를 석권할 수 있었던 핵심 요인 중 하나는 역시 세계 최고 수준의 제철 기술을 먼저 확보한 데 있다고 하겠다.

이러한 패턴은 이전에도 세계의 주요국이 강대국으로 발돋움하는 과정에서 유사하게 반복되었으며, 그 뿌리는 산업혁명까지 거슬러 올라간다. 제임스 와트(James Watt)의 증기기관은 선박에 얹혀 동력으로 사용되면서 날개를 달았고, 이어 증기기관차와 자동차의 발명을 이끌어냈다. 대규모 공장이 들어서고 그에 필요한 사회간접자본을 건설하기 위한 건축과 토목 공사가 벌어지면서 철강의 수요가 폭발했다. 휘발유를 사용하는 엔진의 보급이 정유 산업과 플라스틱으로 대변되는 화학 공업을 꽃피웠고, 전기·전자 기술의 발달이 이 모든 분야의 발전에 가속도를 더하는 선순환이 이루어졌다. 산업혁명이 처음 일어난 영국을 필두로, 제1차 세계대전 이전에는 독일이, 제2차 세계대전 이후에는 미국이, 그리고 한국전쟁 이후에는 일본이 같은 발자취를 따라 경제 강국으로 발돋움했다. 이 모든 눈부신 성장의 중심에 철강 산업의 발전이 있었다.

철의 수요는 십자군 전쟁과 대항해시대를 거치며 급증하였다. 해면철을 두드리는 단조 방식에 의존하던 서양에서도 수요를 맞추기 위해 영국의 헨리 8세 때부터는 쇳물을 녹여 붓는 주조 방식으로 군함에 탑재될 대포를 만들기 시작했다.[37] 그러나 툭하면 깨지기 일쑤인 주철은 대포를 쏠 때 같이 터지기도 하였고 얇게 만들기도 어려워서 무게가 많이

---

37 헨리 8세는 셰익스피어의 동명 희곡 또는 〈천 일의 앤〉이라는 영화 덕분에 마치 우리나라의 연산군이나 숙종처럼 폭정과 여성 편력으로 더 유명해졌다. 그래서 영미권 대중예술에 단골 소재로 등장한다. 마크 트웨인의 소설 《왕자와 거지》의 주인공 에드워드 왕자도 헨리 8세와 세 번째 부인 제인 시모어 사이에서 태어난 아들이다. 그러나 다른 시각으로 보자면 헨리 8세는 학문과 예술을 장려하고 사회 계몽과 개혁을 시도하였던 왕이다. 특히 영국 해군이 세계 최강의 자리에 오를 수 있도록 투자를 아끼지 않아 '왕립 해군의 아버지'라는 칭호를 얻었다.

나갔으므로 군함을 운용하는 데 큰 부담이 되었다. 이후로도 전쟁을 주도하는 왕들 입장에서는 주철로 만든 무기들의 성능이 도무지 성에 차지 않았다. 그렇다고 전통 방식으로 제대로 만든 탄소강을 쓰자니, 그것은 그야말로 장인들이 "한 땀 한 땀" 두드려야 하는 지난한 작업이었기에 값이 너무 비쌌다. 이런 이유로 날로 규모가 커져가는 병사들을 제대로 무장시키기가 어려웠다. 품질이 우수한 탄소강을 값싸게 대량생산하는 것은 모든 군주의 꿈이 되었다.

18세기 중반 볼턴(Matthew Boulton)과 와트가 개발한 증기기관이 보급되면서 군사 부문만이 아니라 민간에서도 철의 수요가 급격히 늘어났다. 이어 증기기관차가 발명되자 철로를 깔고 교량을 건설하기 위해 더 많은 철이 필요했다. 이 모든 것이 제대로 작동하려면 높은 압력과 마모를 견뎌낼 수 있는 소재를 써야 했는데, 그런 건 금속밖에 없었다. 그중에서도 경제성을 확보해줄 만큼 단가를 낮출 수 있는 것은 철뿐이었다. 초기에는 이 모든 것을 연철 또는 주철로 만들었다. 그런데 연철로 만든 철로나 교량은 기관차의 무게를 견디지 못하고 휘어져 해마다 서너 번씩 보수를 해야 했고,[38] 주철로 만든 증기기관을 얹은 배는 너무 무거워 연료만 잡아먹고 정작 화물은 많이 실을 수 없었다.[39]

---

38 1860년대 초 영국의 런던-노스웨스턴 철도회사(London and North Western Railway)는 초크팜(Chalk Farm) 교량 위 한쪽 철로에는 재래식 연철로, 다른 쪽에는 강철로 만든 레일을 각각 깔았다. 연철로 만든 레일을 17회 교체할 동안 강철로 만든 레일은 멀쩡하게 유지되었다. 1865년 레일을 조사한 엔지니어들은 앞으로 연철 레일은 3회쯤 더 교체해야겠지만 그동안에도 강철 레일은 교체 없이 잘 버텨줄 수 있을 것이라고 보고하였다. Jeremy Atack and Jan K. Brueckner (1982), "Steel Rails and Americal Railroads, 1867-1880", *Explorations in Economic History*, Vol. 19, pp. 339-359.

많은 역사가가 19세기 중반 벌어졌던 크림전쟁(Crimean War)에 대하여 국지전의 범위를 넘어선, 사실상의 세계대전이라는 해석을 내놓는다.[40] 그래서 혹자는 이를 0차 세계대전이라고도 부른다. 크림전쟁은 최초의 현대전이었고, 여러 면에서 제1차 세계대전과 닮아 있다. 참호전(塹壕戰)이라고 불렸던 제1차 세계대전의 주요 전술은 이미 크림전쟁 때 채택되었다. 근접 백병전 대신 참호 속에 은신한 상태에서 총을 쏘고 이를 무력화하기 위해 무차별 포격을 가하는 방식으로 전투의 양상이 바뀜에 따라 무기의 성능, 내구성, 신뢰도가 점점 중요해졌다.

여기에 거대한 돛 대신 증기기관을 얹은 군함이 등장하고 마차가 아니라 철도를 이용해 군수물자를 보급하게 되자 전쟁을 지휘하는 군 수뇌부 입장에서는 소재의 중요성에 관심을 가질 수밖에 없었다. 그러자 품질이 우수한 강철의 수요가 이전과는 비교도 할 수 없을 정도로 폭증하여 대장간에서 하나하나 두드려 만드는 방식으로는 필요한 물량을 도저히 댈 수가 없었다. 이제는 단순히 잘 부러지지 않고 무뎌지지 않는 칼을 만드는 차원의 문제가 아니었다. 연속되는 사격으로 포신이 뻘겋게 달아올라도 휘어지지 않고 사격할 수 있는 금속, 육중한 열차의 무게를

---

39 미국에서 남북전쟁이 한창이던 1863년, 북군은 남군의 해안 봉쇄를 뚫기 위해 반시(Banshee, 아일랜드의 전설에 나오는 여자 요정인데 우리로 치면 저승사자에 해당한다)라는 이름의 강철 증기선을 영국에 주문했다. 이 배는 교전이 목적이 아니라 몰래 포위망을 빠져나가 물자 등을 수송하는 봉쇄돌파선(blockade-runner)의 임무를 맡았으므로 빠르고 가벼워야 했다. 영국 조선소에서는 세계 최초로 두께가 연철의 반밖에 되지 않는 강판을 사용해 무게를 절반으로 줄였다.

40 이 전쟁은 나이팅게일(Florence Nightingale)이 이끄는 영국 간호대의 활약이나 앙리 뒤낭(Henry Dunant)에 의한 국제적십자사의 출범으로 더 유명해졌다. 그런데 그 못지않게 중요한 사실은 야전병원에서 외과 수술을 진행하면서 마취제가 처음으로 사용되었다는 것이다.

버텨낼 수 있는 철교를 만들 금속이 절실했다.

프랑스군을 이끌고 참전했던 나폴레옹 3세는 평소 친분이 있던 영국의 사업가이자 발명가인 베서머(Henry Bessemer)를 만나 이러한 고충을 토로하였다.[41] 베서머는 곧바로 연구에 매달려, 불과 2년 만에 자신의 이름을 딴 베서머 공법(Bessemer Process)을 창안하였다. 이는 10~20분 간격으로 수 톤씩의 강철 쇳물을 쏟아낼 수 있는 공정으로서 오늘날 모든 금속공학 교과서에 등장하는, 최초로 상업적 성공을 거둔 강철의 대량생산 공법이다.

미국에서는 1900년에 높은 온도에서도 강도를 유지하는 고속도강(high-speed steel)이 개발되었다. 훨씬 높은 압력과 하중을 견딜 수 있는 강철을 대량생산할 수 있게 된 덕분에 디젤 엔진과 가솔린 엔진 등 작은 부피를 차지하면서 큰 힘을 낼 수 있는 내연기관의 발명이 자연스레 이어졌다. 크림전쟁에서 철도의 활약상을 생생히 경험한 서구 열강과 미국은 앞다투어 철도를 건설하였다. 품질이 우수한 강철의 대량생산으로 선로(rail)의 교체 주기가 길어지면서 철도 건설에 가속도가 붙었다. 결국 제1차 세계대전에서는 철로를 따라 끌고 다니며 원거리 포격을 할 수 있는 초대형 열차포(railway gun)가 등장하였다. 이에 더해 강철 장갑(裝甲)을 두른 전함은 물론이고 군용 장갑 트럭, 잠수함, 탱크에다 비행기가 전장을 뒤덮었다.

---

41 그의 아버지 앤서니 베서머는 일찍이 프랑스로 건너가 화폐를 주조하는 기계를 발명하고 프랑스 과학한림원 회원까지 지낸 인물이었으나 프랑스혁명이 일어나자 영국으로 되돌아온다. 그래서 베서머와 나폴레옹 두 집안 사이에 상당한 친분이 있었을 것으로 추정된다.

대서양을 사이에 두고 벌인

1%의 치열한 경쟁

우리나라에서 '철' 하면 포항이 맨 먼저 떠오르는 것처럼 영국에서는 셰필드(Sheffield)를 제일 먼저 떠올린다. 셰필드에서는 1740년대부터 고품질 강철인 도가니강(crucible steel, 앞서 설명한 '우츠강' 내용 참조)이 독자적으로 개발되었고, 이어 식탁용 포크와 칼 등 주방기구의 생산 중심지가 되었는데, 여기서 생산된 물품들에는 셰필드 웨어(Sheffield ware)이라는 칭호가 붙을 정도로 유명해졌다. 뮤지컬 〈스위니 토드(Sweeney Todd)〉에서 주인공 이발사가 고객들을 살해하는 데 쓴, 살인 면도기(cut-throats)라는 무시무시한 별명을 가진 강철제 접이식 일자형 면도기(steel straight razor)도 셰필드에서 처음 만들어졌다. 이후 탄소강, 스테인리스강 등의 개발과 생산을 통해 산업혁명의 중심 도시 중 하나가 되었다.

셰필드의 명성을 드높인 인물 중 한 사람이 베서머이다. 베서머 공법의 핵심 원리는 쇳물에 공기를 불어넣어 지나치게 많이 들어 있는 탄소를 꼭 필요한 만큼만 남기고 모두 태워 날려 보내는 것이다. 이렇게 하면 쇳물 속에 들어 있던 탄소가 연소되기 때문에 따로 연료를 투입하지 않아도 쇳물이 식지 않고 유지된다. 사실 중국에서는 송나라 때인 11세기 무렵부터 사용되던 방식이었다.

베서머는 이 기술로 특허를 받은 뒤 그것을 4명의 생산업자에게 팔았다. 그런데 곧바로 아우성이 일었다. 베서머가 장담한 바와는 다르게 이 공법으로 만든 제품은 잘 깨졌다. 생산업자들이 배상을 요구하며 소

베서머가 개발한 제강로. 별도의 연료 없이 무쇠(선철)를 강으로 바꿔주기 때문에 전로(轉爐, converter)라고 부른다.

송을 걸었다. 베서머는 특허권 사용료를 환불해주고 문제를 해결하기 위해 밤낮으로 연구에 몰두했다. 그러나 불순물이 있으면 안 된다는 생각에 사로잡혀, 다른 불순물은 전부 태워버리고 탄소만 적당량 남길 수 있는 정확한 타이밍을 찾는 데 초점을 맞추었다. 이것이야말로 피 한 방울 흘리지 않고 살점을 정확히 1파운드만 베어내는 것과 다름없는 무모한 일이었다.

이 무렵 셰필드에서 약 200킬로미터쯤 떨어진 딘의 숲(Forest of Dean)[42]이란 지역에서는 무셰트(Robert Forester Mushet)가 철 합금에 대해 연구하고 있었다. 어느 날 그에게 한 친구가 작은 쇳조각 하나를 들고 찾아왔다. 베서머 공법으로 만든 탄소강인데 품질을 개선할 방도가 없겠느냐는 것이었다. 무셰트는 1848년부터 경철(鏡鐵, spiegeleisen)이라는 합금 재료에 매료되어 있었다. 이것은 철에 망간과 탄소를 넣고 녹여 만든 것으로, 깨진 부분이 거울처럼 빛난다고 해서 독일어로 spiegel(거울)

---

42 '딘의 숲'은 글루체스터(Gloucester)에서 웨일스(Wales)로 넘어가는 국경에 위치한 영국에서 가장 오래된 떡갈나무 숲으로, 왕실의 사냥터이자 최초의 국립수목원으로 지정된 곳이다. 톨킨(J. R. R. Tolkien)이 《반지의 제왕》을 구상한 곳으로 알려져 있다.

+eisen(철)이라는 의미이다. 무셰트는 베서머의 탄소강을 다시 녹여 최대한 탄소를 태워버린 다음 자신이 연구 중이던 경철을 섞어보았다. 경철 속의 망간이 산소와 결합하며 다른 불순물들까지 다 거두어 위로 떠올랐고 탄소는 전체적 함량 비율을 최적으로 맞추어주었다.

무셰트 덕분에 베서머는 기사회생할 수 있었다. 이 획기적인 방법을 사용하면 15톤이나 되는 쇳물을 20분 만에 강철로 바꿀 수 있었다. 이전까지는 상상도 하지 못한 수준의 생산성이었다.

한국에 포항, 영국에 셰필드가 있다면 미국에는 피츠버그가 있다.[43] 피츠버그에서 태어나 대학에서 금속공학을 전공한 켈리(William Kelly)는 켄터키로 이주해 작은 제철소를 사들이고, 베서머보다 약 10년 앞서서 유사한 연구를 시작한다. 켈리는 이 공법을 취련법(air-boiling, 吹鍊法)이라 불렀다. 1854년 그는 뉴욕에서 중국인 기술자를 몇 명 고용하는데, 중국에서는 옛날부터 쇳물에 공기를 불어넣는 방식으로 탄소강을 생산해왔으므로 역사가들은 이들이 취련법 기술을 완성하는 데 큰 역할을 한 것으로 보고 있다.

1856년 베서머가 영국뿐 아니라 미국에서도 특허를 출원하자 켈리도 부랴부랴 미국에 특허를 출원했다. 그는 베서머가 정보원들을 동원해 자신의 기술을 베껴 갔다고 주장하였다. 미국 특허청이 켈리의 선행성(先行性, precedence)을 인정해 이듬해 켈리도 특허를 등록하였다. 그런

---

43 2000년대 중반까지 세계 최대의 철강 회사로 이름을 떨쳤던 U. S. Steel이 피츠버그에 본사를 두고 있다. 일리노이철강으로 출발한 연방 철강 회사(Federal Steel Company)와 카네기 철강 회사(Carnegie Steel Company)를 비롯해 8개의 군소 철강 회사들이 합병하여 1901년 설립되었으며, USX 또는 Big Steel이라는 이름으로 더 유명하다.

데 이때 켈리의 회사에 갑자기 극심한 재정난이 닥쳤다. 켈리는 울며 겨자 먹기로 특허권을 대기업에 양도할 수밖에 없었다.

그 무렵 미국에서 대륙 횡단철도의 부설이 본격화되고, 영국에서 조금씩 강철 레일을 수입해 시험해보던 철도 회사들은 미국 내에서 강철을 제조하여 납품할 수 있는 업체를 수배했다. 1866년 첫 번째로 계약을 따낸 곳은 케임브리아 철강 회사(Cambria Steel Company)였다. 이 회사는 켈리의 특허권을 사들였을 뿐 아니라 베서머의 미국 내 특허실시권(特許實施權)까지 보유하고 있었다. 그런데 당시 켈리와 베서머의 인지도는 하늘과 땅 차이였기에, 이 회사는 처음 생산한 레일에 켈리의 이름은 빼고 "Bessemer Steel"이라는 상표를 큼지막하게 찍었다. 켈리는 피츠버그로 금의환향하지 못하고 소소한 액수의 특허보상금만 챙긴 채 켄터키에서 여생을 보내야 했다.[44]

베서머 공법은 비록 현재는 쓰이지 않지만 당대에는 100년 가까이 산업 현장에서 활약하였다. 그 후 평로제강법(Open-Hearth Process), 산소전로법(Basic Oxygen Process 또는 Linz-Donawitz Process), 전기로제강법(Electric Arc Furnace Process) 등이 차례로 그 뒤를 이었다. 고품질 탄소강의 대량생산은 철도, 선박, 자동차 등 교통수단 발전으로 직결되었다. 이동 시간이 짧아지면서 사람들이 심리적으로 체험하는 공간 또한 축소되었다. 공간이 축소되면 속도가 빨라진다.[45] 사람의 발길이 닿지 않던 곳

---

44 케임브리아 철강 회사는 베서머에게 지불하는 특허사용료의 불과 5%에 해당하는 금액만 켈리에게 지급하였다고 한다.

45 조금 더 정확하게 표현하자면, 빈도가 증가한다.

에 접근하여 개척이 이루어졌고 재화와 정보의 이동이 활발해졌다.

또한 강철은 콘크리트와 찰떡궁합으로 짝을 이루어 거대한 구조물과 고층건물을 세워나갔다. 공간은 단지 축소되기만 한 것이 아니라 밀도도 높아졌다. 과거의 건축물은 한옥처럼 나무 기둥을 세우는 경우를 제외하면 벽이 모든 무게를 지탱해야 했으므로 창문이 차지하는 면적을 최소화할 수밖에 없었다. 그러나 강철 골격이 건물을 떠받치게 되면서 창문을 마음껏 키울 수가 있었다. 실내와 실외의 교감이 늘어났고, 인간 두뇌끼리도 거리가 가까워져 소통이 용이해지니 연결 마디가 기하급수적으로 증가하여 정보 교류의 형태가 다양해졌다. 또한 벽 속으로 수도, 전기, 공조설비 등을 설치할 수 있게 되어 건물의 기능이 확장되었다. 강철의 보급으로 인해, 그저 또 하나의 기계장치 도입에 머무를 수도 있었던 증기기관 발명이 '혁명'이라는 이름에 걸맞은 산업의 대약진을 견인하게 되었다.

주방에 일어난 혁명:
깨끗하고 반짝거리는 나이프와 포크

우리가 금속 제품을 사용하면서 가장 불편하고 신경이 쓰이는 점은 녹이 잘 슨다는 것이다. 그러나 금속의 본질을 이해하고 체계적으로 연구한 역사가 불과 200년 남짓이니 녹이 슬지 않는 금속에 대한 연구도 그리 오래되지는 않았다. 오히려 만들 때마다 들쭉날쭉한 철강의 성능을 꾸준히 유지하면서 대량생산하는 것이 급선무였기 때문에 녹을 방지하는 연구는 후순위로 밀려났다. 하지만 몇 번이고 떼었다 붙였다 할 수

서기 4세기 무렵에 세워진, 인도 쿠툽
유적지의 녹이 슬지 않는 철제 기둥.

있는 메모지가 실패한 실험으로부터 수확한 개가(凱歌)였던 것과 마찬가지로, 우리가 당연한 듯 쓰고 있는 소재들 중에서도 실패로부터 또는 쓰레기통에서 건져 올린 것들이 많다. 녹이 슬지 않는 스테인리스강도 그중 하나이다.

녹이 슬지 않는 금속은 드물기는 하지만 이미 오래전에 발견되었다. 기원전 3세기에 축조된 진시황릉의 병마용갱(兵馬俑坑, Terracotta Army Pit)에서는 청동으로 만든 칼날과 쇠뇌날[46]이 출토되었는데 거의 녹이 슬지 않은 상태였다. 과학자들은 이들의 표면이 얇은 산화크롬(chromium oxide)으로 코팅되어 있음을 발견하였다.

인도의 수도 뉴델리시 외곽에는 중세 시대 유적인 쿠툽 미나르(Qutub Minar)가 있다. 높이 72.5m인 이 탑은 벽돌로 지어진 건축물 중에서는 세계에서 가장 높은 것으로 알려져 있지만, 재료공학자들 사이에서 이 탑보다 더 유명한 것은 그 옆에 있는 철제 기둥(iron pillar)이다. 이 기둥은 탑보다 800년 이상 앞서 4세기에 세워졌는데, 야외에 노출된 상태에서도 전혀 녹슬지 않은 채 1,600년을 버텨왔다. 학자들은 녹이 슬

---

46 활에 긴 나무막대와 기계장치를 더해 사정거리와 관통력을 늘린 무기가 쇠뇌(cross bow)이고, 여기에 매겨 쏘는 짧은 화살이 쇠뇌날(crossbow bolt)이다. 석궁(stone bow)과 혼동되는 경우가 종종 있으나 석궁은 돌이나 납덩이를 쏘는 서양식 무기이다.

지 않는 이유를 이 지역의 독특한 기후, 다른 철 소재보다 높은 인(燐, phosphorus)의 함량, 그리고 고대 인도인들의 뛰어난 단조 기술 등 삼박자가 맞아떨어졌기 때문이라고 분석하고 있다.

19세기에 접어들어 영국 왕립학회에는 철 합금에 대한 두 편의 논문이 1820년과 1822년에 각각 발표되었다. 외과 수술 도구 및 식탁용 날붙이(cutlery)를 제조하는 스토다트(James Stodart)와 훗날 근대 전자기학 및 전기화학의 토대를 놓은 인물로 평가받는 패러데이(Michael Faraday)[47]의 공동 연구였다. 이 논문들에는 5년에 걸쳐 철에 총 16가지 금속을 조금씩 함량을 다르게 합금해보면서 그 특성이 어떻게 변하는지 관찰한 기록이 빼곡히 담겨 있다.[48] 스토다트와 패러데이는 그 전부터 칼 제조용으로 유명한 인도의 전통 우츠강(wootz steel)에 관심이 많았고, 그만한 수준의 합금을 찾아내 녹슬지 않는 의료 도구나 거울 등을 만들고 싶어 했다. 그래서 논문에는 철에 백금, 은, 크롬, 니켈 등을 넣었을 때 산화나 부식에 더 잘 견디게 된다는 내용이 기록되어 있다.

1908년 셰필드의 양대 철강 회사인 브라운 사와 퍼스 사가 연합해 브라운 퍼스 연구소(Brown Firth Research Laboratory)를 설립한다. 당시는

---

47 패러데이는 간단한 읽기, 쓰기, 산수 정도의 교육밖에 받지 못했지만, 책 제본소에서 견습공으로 일하면서 특유의 성실과 열정으로 틈틈이 책을 읽어가며 당시 떠오르는 학문 분야인 전기와 근대 화학 관련 지식을 깨우쳤다. 당대 최고의 스타 과학자였던 데이비의 눈에 띄어 21세에 영국 왕립학회의 연구 장비 관리자 겸 연구 보조원으로 들어가게 되고, 나중에는 데이비가 질투할 정도로 뛰어난 학문적 업적을 쌓아 왕립학회의 종신 석좌교수가 된다. '양극', '음극', '이온' 등의 과학 용어가 패러데이에 의해 도입되었으며, 정전용량(靜電容量, capacitance)의 단위도 그의 이름을 따라 패럿(F, farad)으로 명명되었다.

48 이 연구는 스토다트의 제안에 따라 그의 주도로 이루어졌지만 실질적 실험은 패러데이가 대부분 수행한 것으로 알려져 있다.

제1차 세계대전이 발발하기 직전으로, 신제국주의에 입각한 열강들 간의 알력이 식민지 패권을 두고 극에 달한 시점이었다. 독일과 미국이 새로운 강자로 부상하면서 영국은 경제적으로나 군사적으로나 열세에 몰리고 있을 때였다. 브라운 퍼스 연구소는 대포 포신(砲身, gun barrel)의 수명을 늘릴 수 있는 소재를 개발하기로 하고 당시 37세였던 해리 브리얼리(Harry Brearley)를 책임자로 영입한다.

처음에 연구소에서 해결하고자 했던 문제는 포신의 안쪽이 너무 빨리 마모되는 탓에 포탄이 헐거워져 화약의 압력이 새어나가고, 결과적으로 포탄이 제대로 발사되지 않는 것이었다. 브리얼리는 철에 이런저런 원소를 합금하면서 특성을 점검해나갔다. 그의 가설은 대포를 쏠 때 발생하는 열 때문에 포신이 쉽게 부식되고 녹이 슬면서 금세 닳게 되리라는 것이었다. 그래서 열에 잘 견디는 소재를 만들고자 철의 녹는점을 높이는 것으로 알려진 크롬을 넣어보기도 했다. 그런데 크롬이 들어간 시편(試片, specimen, sample)들은 여지없이 강도(剛度, strength)가 떨어졌다. 그런 것으로 대포를 만들었다가는 마모를 견디는 건 고사하고 몇 번 쏘기도 전에 엿가락처럼 휘어버릴 것이었다. 브리얼리는 강도 기준을 충족하지 못한 시편들을 한쪽 구석에 밀어두었다.

한 달쯤 지난 후 브리얼리는 무심코 폐기된 시편더미를 보다가 이상한 점을 발견했다. 대부분 뻘겋게 녹이 슬어가는 것들 가운데 여전히 말짱한 채로 반짝거리는 것들이 있었다. 그 전까지 내마모성, 강도 같은 것만 생각하던 그의 머리가 불현듯 녹이 슬지 않는다는 데 초점이 맞춰졌다. 그는 자신의 장기인 화학적 분석 기술을 발휘했다. 금속을 연구하는 기본 방법 중 하나는 표면을 매끄럽게 연마한 후 산(酸, acid)으로 표면을 부식시켜 현미경으로 변화를 관찰하는 것이다.[49] 통상적으로 탄소강에는 알코올과 질산을 섞은 용액을 사용하는데, 이 새로운 소재를 시험해본 결과 전혀 부식이 되지 않았다.

셰필드는 원래 16세기부터 식탁용 칼이나 포크 등 식기류의 주산지로 유명한 곳이었다. 이 지역 출신답게 브리얼리는 이 소재로 식기를 만들어볼 생각을 하게 되었다. 강도가 충분하지 않으면 대포는 못 만들더라도 스테이

Fig. 6 Early Firth advertisement (1915). Designed by Evelyn D. Roberts, Pittsfield, New Hampshire.

브리얼리가 개발한 스테인리스강의 광고 포스터. 식초 같은 것이 닿아도 녹이 안 슬고 멀쩡하니 가정에서 아주 요긴할 것이라는 내용이다.

자료: 〈https://knifesteelnerds.com/〉

크 정도는 자를 수 있지 않을까? 그래서 식초나 레몬즙 등에도 담가보았는데 결과가 아주 만족스러웠다. 1913년 8월, 드디어 녹이 슬지 않는 식기를 만들 수 있는 탄소와 크롬의 최적 비율을 찾아냈다.[50] 처음에는

---

49 소비(Henry. C. Sorby)가 창안한 금속 조직 관찰 방법이다. 자세한 내용은 "더 궁금한 소재 이야기: 현미경, 강철의 비밀을 풀다" 참고.

50 이보다 앞서 1912년 독일 크루프 회사의 마우러(Eduard Maurer)와 슈트라우스(Benno Strauss)가 크롬 21%, 니켈 7%를 함유한 스테인리스강에 대해 특허를 획득한 바 있다. 하지만 이는 내식성(耐蝕性)은 우수하지만 담금질을 해도 강도가 증가하지 않는 것이었다. 브리얼리의 특허는 내식성은 조금 떨어지지만 담금질에 의해 강도를 증가시킬 수 있는 스테인리스강에 대한 특허이다. 미국 재료 시험 협회(American Society for Testing and Materials, ASTM International)는 크롬의 함량이 최소 10.5% 이상인 탄소강을 스테인리스강으로 규정하고 있다.

이름을 'rustless steel(녹슬지 않는 강)'이라고 했다가, 표현이 너무 적나라하다는 식기 제조업자의 조언에 따라 어감이 좀 더 부드러운 'stainless steel(얼룩지지 않는 강)'로 바꾸었다고 한다.[51] 스테인리스강으로 만든 초기의 칼은 기대했던 것보다 쉽게 날이 무뎌져 '잘리지 않는 칼'이라는 오명(汚名)을 쓰기도 했다. 그러나 크롬 외에 니켈을 추가하고 개량을 거듭하여 마침내 1924년, 오늘날 가장 널리 사용되는 '18/8' 조성을 찾아내게 된다.[52]

셰필드의 연구자들이 스테인리스강의 낮은 강도를 개선하고자 고심하고 있을 때, 다른 한편에서는 역발상이 시도되고 있었다. 칼날이 잘 무디어진다는 것은 다른 시각에서 보면 잘 구부릴 수 있다는 뜻이다. 기체나 액체를 보관하는 용기(tank, vessel) 분야에서도 녹이 슬지 않는 금속 재료의 수요는 상당히 컸다. 금속 용기를 만드는 데 있어서는 강도가 조금 낮은 것이 오히려 큰 장점이 된다. 보관 용기를 둥그렇게 만드는 등 복잡한 모양을 만들어내려면 잘 구부러져야 한다. 그래야만 가공도 정확히 이루어지고 사용할 때 충격이 가해지더라도 금이 가기 전에 먼저 찌그러짐으로써 충격을 흡수할 수 있을 것이었다.

---

51 스테인리스강을 가공하는 기술자들 사이에서는 이 소재를 서스(SUS)라고 부르는 것을 흔히 볼 수 있다. 이는 'Steel-Use Stainless'의 줄임말로 일본 공업규격(JIS)에서 사용하는 정체불명의 일본식 영어이다. 우리나라 공업규격(KS)에서는 STS라 하고 미국에서는 AISI/SAE 등의 규격을 사용한다.

52 스테인리스강의 종류는 성분 및 결정구조에 따라 수십 가지나 되므로 산업 현장에서는 약어나 부호 등을 사용해 구분해서 부른다. 영미권 엔지니어들이 흔히 'eighteen-eight'라고 부르는 것을 들을 수 있는데, 크롬이 18%, 니켈이 8% 함유되었다는 의미이다. 우리나라 공업 규격에서는 STS304라고 부른다. 칼을 만드는 데는 18/8와는 다른 결정구조를 갖는 STS420이 많이 사용되는데, 브리얼리가 처음 특허를 받은 조성과 가장 유사하다.

이러한 이유로 이전까지 동판이나 양철판(주석 도금 철판) 등을 가지고 작업하던 사람들이 부식에 더 잘 견디고 구리나 양철보다 기계적 강도도 더 높은 스테인리스강으로 눈을 돌렸다. 우유통, 맥주통, 질산탱크를 거쳐 주방 개수대(kitchen sink)에도 스테인리스강이 쓰이기 시작했는데, 이는 이전까지 개수대의 부식 방지 소재로 쓰였던 도자기를 대체할 최적의 소재였다. 깨지지도 않고 무게도 가벼울 뿐 아니라, 스테인리스 강판의 대량생산 체제가 구축되면서 단가 또한 크게 낮출 수 있었다. 설거지를 할 때 소리가 시끄럽다는 단점만 빼면 모든 면에서 뛰어났기 때문에 1930년대 중반부터 스테인리스강으로 만든 개수대가 본격적으로 보급되었다. 이후 플라스틱이 등장했지만 스테인리스강은 고유의 가공성과 내구성을 바탕으로 좀처럼 점유율을 내어주지 않고 있다.

스테인리스강 제품도 엄밀히 따지면 녹이 슨다. 다만 중요한 것은 어떻게 통제(control)하느냐이다. 발효와 부패는 똑같이 미생물이 작용해 화학적 변화가 일어나는 것이지만, 그 부산물이 인간에게 유익한가 해로운가 하는 기준에 따라 '익었다'와 '썩었다'로 갈린다. 마찬가지로 금속이 산소 또는 다른 기체와 결합해 산화되었을 때 그것을 사용하는 인간의 목적에 부합하지 않으면 녹이 슬었다고 하고, 인간에게 도움이 되면 산화물 또는 산화막이 형성되었다고 점잖게 표현한다. 우리가 김치나 장을 담글 때 부패를 억제하고 발효가 촉진되는 방향으로 모든 조건을 맞춰주는 것과 마찬가지로, 금속을 다룰 때에도 단단한 산화막이 만들어지게 하여 녹이 침투하는 것을 방지하게 된다.

철이 공기와 접촉하면 철 산화물(Fe_2O_3)이 생기는데 이 물질은 철강 제품 표면에 단단히 붙어 있지 못하고 각질처럼 떨어져 나간다. 그러면 다시 새로운 철 표면이 드러나 계속 녹이 진행된다. 녹을 열심히 사포로 문질러 닦아보았자 금세 다시 녹이 스는 이유다. 그래서 녹을 방지하려면 페인트를 칠하거나 기름을 두껍게 발라 산소와 접촉하지 못하도록 해야 한다. 반면에 스테인리스강이 공기 중에 노출되면 그 안에 포함되어 있는 크롬이 재빨리 산소와 반응해 얇은 크롬 산화막(Cr_2O_3)을 형성한다. 이 물질은 무색투명하며 매우 치밀하고 단단해서 산소조차 더는 뚫고 들어가지 못하게 막는다. 그래서 안쪽에 있는 철 원자들은 산소를 구경할 기회조차 갖지 못하여 녹이 슬지 않고 보호된다. 혹시 표면이 긁혀 상처가 나더라도 철 원자 4개마다 하나 꼴로 존재하는 크롬 원자들이 바로 산소와 결합해 보호막을 만들어주기 때문에 우리는 전혀 눈치챌 수가 없다.[53]

이 산화막의 역할은 스테인리스강으로 만든 식기가 우리의 밥상을 점령하는 데 있어 단순히 녹이 슬지 않도록 한다는 위생적인 측면에만 그친 것이 아니다. 미각과 관련해서는 더 큰 역할을 했다. 놋수저나 은수저를 혀로 핥아보면 특유의 '쇠맛'이 느껴질 때가 있다. 금속 표면에서는 전자들이 쉽게 떨어져 나올 수 있어 혀끝의 타액과 반응하기 때문이다. 그러나 스테인리스강 표면에서는 전자들이 산화막 속에 단단히 갇혀 있기 때문에 우리 혀에 영향을 주지 못한다.

---

53 알루미늄에 녹이 슬지 않는 것도 같은 원리이다. 알루미늄의 산화막(Al_2O_3) 역시 무색투명하며 매우 단단하고 치밀해서 안쪽으로 산소가 침투하지 못하도록 막아준다.

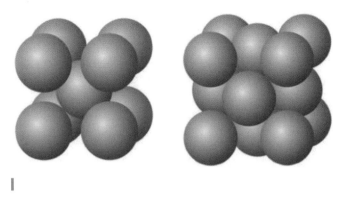

체심 입방 구조(왼쪽)와 면심 입방 구조(오른쪽)

　일반적인 철은 체심 입방(body-centered cubic, bcc) 구조라고 하는, 정육면체 가운데에 원자 하나가 더 들어가 있는 형태로 원자들이 배열되어 있다. 이러한 구조는 금속을 더 강하고 단단하게 하고 또 자성을 띠도록(즉, 자석에 끌리게끔) 만든다. 그런데 철이 섭씨 912도 이상으로 가열되면 면심 입방(face-centered cubic, fcc) 구조로 바뀐다. 이는 정육면체의 6개 각 면마다 원자가 하나씩 더 들어가 있는 형태이다. 체심 입방 구조에서는 철 원자 하나가 옆자리로 밀려갈 수 있는 경우의 수가 8가지인 데 비해 면심 입방 구조에서는 경우의 수가 12가지로 늘어난다. 즉, 높은 온도로 외부에서 힘을 받았을 때 철 원자들이 다른 자리로 밀려갈 수 있는 확률이 늘어나 강도가 낮아지고 자성도 잃어버린다. 그러다 식히면 다시 체심 입방 구조가 되는데, 철에 크롬과 니켈을 합금하면 900도 이상으로 가열하였다가 다시 상온으로 식혀도 체심 입방 구조로 돌아가지 않고 면심 입방 구조를 유지할 수 있다.

1980년대까지만 해도 니켈 대신 값싼 망간을 넣어서 만들거나 심지어 철에 슬쩍 코팅을 해서 만든 가짜 스테인리스 그릇이 시중에 나돌았다. 그래서 진짜와 가짜를 구분하고자 자석을 들고 다니면서 대보는 사람들도 있었다. 그러나 스테인리스강으로 분류되는 것들 중에도 고강도의 칼 등을 만드는 소재는 자성을 띠는 경우가 많기 때문에 자석민 가지고 구분하기는 어렵다. 아직도 텀블러나 캠핑용품 등에서 가짜 스테인리스강 제품이 발견되었다는 뉴스가 흘러나오는 걸 듣게 되니 씁쓸한 노릇이다.

현미경,
강철의 비밀을 풀다

망원경을 뒤집자 드러난 미시세계

인류는 지구가 둥글다는 사실을 언제부터 알고 있었을까? 이 질문을 받으면 많은 사람이 코페르니쿠스나 갈릴레이를 소환한다. 그런데 놀랍게도 이미 기원전 500년경부터 피타고라스나 아낙사고라스 등등의 그리스 철학자들이 지구가 둥글다고 주장하는 기록을 남겼다. 기원전 240년경 에라토스테네스는 막대기 그림자의 길이를 이용해 지구의 둘레를 계산하였는데, 이는 현대에 정밀하게 측정한 값과 불과 몇 퍼센트 정도의 오차밖에 나지 않는다.

그러나 아무리 과학이 발달하고, 콜럼버스가 신대륙을 발견한 이후 대형 선박들이 5대양 6대주를 종횡무진 누비고 다녀도 지구가 평평하지 않고 둥글다는 주장은 끊임없이 도전을 받아왔다. 결국 우주선을 띄워 대기권 밖에서 사진을 찍어 눈으로 확인하고 나서야 논란에 종지부를 찍을 수 있었다. 그럼에도 불구하고 The Flat Earth Society라는 단체가 미국, 캐나다, 이탈리아 등을 중심으로 지구가 평평하다는 주장을 오늘날에도 맹렬하게 펼치고 있다.

철을 다루는 기술도 이와 비슷한 운명을 겪을 뻔했다. 재료과학(Materials Science)은 소재 내부에서 원자가 배열되어 있는 구조와 소재가 외부로 나타내는 여러 가지 특성 사이의 상관관계를 연구하는 학문이다. 소재에 대한 과학적 탐구가 본격적으로 시작된 것은 19세기 중반이었다. 그 이전까지 소재를 이해하고 다루는 방식은 전적으로 직관(intuition)과 시행착오(trial-and-error)에 의존했다고 해도 과언이 아니다. 그 근본적인 이유는 도대체 어떤 원자들이 얼마만큼 어떤 식으로 배열되어 있는지 확인할 방법이 없었기 때문이다.

1600년대 초 망원경이 만들어지고, 곧이어 갈릴레이 등이 이것을 거꾸로 돌려볼 생각을 하면서 인류의 눈앞에 미시세계(microscopic world)가 펼쳐졌다. 일설에는 갈릴레이가 실수로 망원경을 거꾸로 눈에 갖다 대었다가 작은 물체가 확대되는 것을 발견하게 되었다고도 한다. 하지만 갈릴레이의 망원경을 현미경처럼 사용하려면 경통의 길이가 거의 사람 키만큼 되어야 한다는 게 문제였다. 1621년 영국의 드레벨(Cornelis Drebbel)이 대물렌즈와 접안렌즈를 조합하여 배율을 높이는 방식의 근대식 현미경을 만들고 3년 후 로마에 가서 시연을 하였다. 이때 갈릴레이가 이를 보고 다시 개량해 이탈리아어로 '오키올리노(occhiolino, 작은 눈 또는 윙크)'라는 이름을 붙였는데 이것이 라틴어로 번역되면서 microscope가 되었다고 한다.

사람들은 곤충의 겹눈, 적혈구, 미생물 등 그전에는 있는 줄도 몰랐던 것들을 들여다보며 열광하였다. 1밀(mil, 1/1000인치=0.025밀리미터) 수준의 매우 얇은 박편 시료를 만드는 기술, 편광(偏光, polarized light)을 이용해 미세한 조직을 관찰하는 기술 등이 속속 개발되었다. 그러나 고대 그리스 철학에 기초한 연금술의 연장선상에서 물질을 바라보던 시각에 얽매여, 19세기 무렵까지는 소재를 현미경으로 들여다볼 생각은 좀처럼 하지 못했다.

헨리 소비(Henry C. Sorby)는 셰필드 근교에서 큰 공구 회사를 경영하는 가정에서 태어났다. 물려받은 유산이 넉넉하여 집 안에 실험실을 차려놓고 독학으로 평생 연구를 하며 살았다. 소비가 개척한 분야는 현미경 기술암석학(記述巖石學, microscopic petrography)이었다. 그는 그때까지 알려진 여러 가지 현미경 분석 기술을 광물의 조직을 연구하는 데 적용했다. 처음에는 사람들이 그를 비웃었다. 흙 또는 암석이 지상의 4가지 원소 중 하나라는 관념이 여전히 강하게 남아 있던 당시 분위기에서 이것을 현미경으로 헤집어서 보려는 것은 허튼짓거리였기 때문이다. 사람들은 18세기 스위스의 유명한 지질학자 소쉬르(Horace-Bénédict de Saussure)의 말을 인용해 "산악(mountains)을 현미경으로 들여다보려 한다"라고 놀려댔다.[54]

그러나 소비의 현미경 아래에 놓이는 물질들은 운석과 운철 등으로 범위가 점차 넓혀졌다. 그가 사는 곳이 마침 셰필드였으므로 자연스럽게 철과 강까지 들여다보게 되었다. 1863년에는 탄소강의 표면을 매끄럽게 연마한 후 산(acid)으로 부식시켜 현미경으로 관찰하기 시작했다. 이렇게 해서 철의 강도를 크게 좌우하는 미세한 양의 탄소가 철 내부에 어떤 형태로 얼마만큼 존재하는지를 체계적으로 파악할 수 있게 되었다. 이 연구결과는 베서머와 무셰트가 자신들의 공법으로 만든 탄소강 내의 탄소 함량을 정확하게 파악함으로써 대량생산한 탄소강의 품질이 안정적으로 유지되도록 하는 데 크게 기여하였고, 훗날 스테인리스강을 개발하는 데 매우 중요한 도구로 활용되었다.

철강을 공부하는 학생들이 맨 처음 배우는 탄소강 특유의 미세 조직인 펄라이트(pearlite) 조직도 소비가 최초로 발견했다. 저배율의 현미경 아래에서는 마치 진주조개의 물결무늬처럼 보인다고 해서 이런 이름이 붙었다. 고배율로

54 Valerie Clinging (1997). "Henry Clifton Sorby: Sheffield's Greatest Scientist". The Sorby Natural History Society. Sheffield; Tim Radford (2007. 2. 8). "Rock Star". *The Guardian*.

펄라이트의 현미경 사진. 흰 부분은 철이고 검은 부분은 탄화철이다.
얇은 띠 모양으로 겹겹이 늘어서 있는 것이 보인다.

자료: ⟨http://www.phase-trans.msm.cam.ac.uk/2005/pearlite.html⟩

관찰하면 철(ferrite, α-Fe)과 탄화철(cementite, Fe_3C)이 띠 모양으로 겹겹이 배열되어 있는 것이 보인다. 철에 탄소가 많이 들어갈수록 탄화철도 많이 생기는데, 이것이 마치 뼈대와 같이 버텨주어서 잘 구부러지지 않는 탄소강이 만들어진다. 그러나 탄화철은 잘 부스러지기 때문에 주철과 같이 탄소가 필요 이상 들어가면 쉬이 깨지게 된다.

이러한 업적으로 소비는 '금속조직학의 아버지(Father of Metallography)'로 불리게 되었다. 소비는 1882년 퍼스 대학(Firth College) 총장이 되고, 이후 다른 대학들과 통합해 1905년 셰필드 대학(University of Sheffield)을 세우는 데 주도적 역할을 한다. 퍼스 대학은 훗날 스테인리스강을 개발하고 생산하는 퍼스 철강회사가 설립한 대학이며, 셰필드 대학은 세계 100대 대학 명단에 꾸준히 이름을 올리는 명문 대학이다.

원자들의 전위와 전자현미경의 발명

이제 탄소가 어떻게 해서 철을 강하게 만드는지는 점차 이해가 되었으나 학자들을 계속 머리 아프게 하는 것은 따로 있었다. 금속은 망치로 두드리면 두드릴수록 더 강해지는데, 그 이유가 무엇인지는 점점 더 미궁 속으로 빠져들었던 것이다. 이전까지는 단순히 금속은 순수할수록 더 단단하다고 믿었고 따라서 망치로 두드리면 불순물이 빠져나가 더 단단해지는 게 당연하다고 생각했다. 그런데 '불순물'에 해당하는 탄소가 철을 더 강하게 만든다는 것을 알고 나니, 이 모든 원리를 처음부터 다시 생각해봐야 할 노릇이었다. 이론적 계산을 해보고 나서는 더 기절초풍할 일이 있었다. 금속을 변형시키려면 원자들을 하나하나 떼어서 옆으로 옮겨 새로운 위치에 다시 늘어놓아야 할 텐데, 여기에 필요한 힘을 계산해보니 실제로 측정된 힘에 비해 2,400배에서 6,000배까지 차이가 났던 것이다.

전 세계가 대공황을 극복하고자 앞다투어 산업을 일으키고 플라스틱 연구가 가속화되던 1930년대에 들어서며 학자들은 결국 원자들의 '전위(轉位, dislocation)'라는 개념을 생각해냈다. 이는 원자들이 따로따로 움직이는 것이 아니라 일렬로 나란히 줄지어서 마치 손에 손을 잡고 군무(群舞)를 추듯이 미끄러져 다닌다는 것이다. 도미노를 생각하면 조금 더 이해가 쉽다. 우리가 큰 기둥 수백 개를 동시에 쓰러뜨리고자 하면 엄청난 힘이 필요하겠지만, 만일 그 기둥들이 도미노처럼 일정한 간격으로 한 줄로 늘어서 있다면 맨 처음 하나만 밀어도 나머지 것들이 차례차례 쓰러질 터이니 하나를 쓰러뜨릴 힘만 있으면 충분한 것이나 마찬가지이다.

그럼 철 원자들 사이에 탄소가 들어가면 무슨 일이 벌어질까? 도미노 사이에 크기가 다른 물건 하나를 끼워 넣은 셈이 된다. 차례로 쓰러져가던 도미노는 이 물체에 걸려서 더는 쓰러지지 않을 것이다. 철 원자들 틈에 박힌 탄소는 이처럼 철 원자들이 미끄러져 다닐 때 걸림돌이 될 테고, 덕분에 철은 변형 없이 더 강해지는 것이다.

학자들은 또한 금속 내부에서 변형이 일어날 때, 단지 전위들이 미끄러져 움직일 뿐 아니라 새로운 전위들을 계속 만들어낸다는 것을 알아냈다. 전위들의 숫자가 늘어나면 전위들이 서로 엉킨다. 그렇게 되면 서로서로 움직임을 방해해 원자들이 이동할 수 없으니 변형이 잘 일어날 수 없게 된다. 도미노를 제각기 다른 방향으로 얼기설기 설치해놓으면 차례차례 쓰러져 가다가도 서로 교차하는 부분에서 멈춰버리는 것과 같은 이치이다. 이렇게 전위라는 개념이 많은 궁금증을 해결해주자 1940년대에는 새로운 실험결과가 등장할 때마다 이를 설명하기 위해 전위의 움직임을 인용한 이론을 만들어내는 것이 하나의 사조(思潮, trend)이자 유행(fashion)으로 자리 잡았다.

헨리 소비가 개발한 분석법은 이러한 전위가 실제로 존재한다는 간접적 증거들을 금속의 표면에서 하나둘 찾아내주었다. 그러나 이론이 발전하면 할수록 학자들은 자신들이 이론적으로 예측한 현상들이 실제로 금속 내부에서 벌어지는지 눈으로 확인하고 싶어 했다. 기존의 현미경은 그러한 궁금증에 답이 되어주지 못했다. 전위를 직접 관찰하려면 원자 단위의 움직임을 볼 수 있어야 하는데 그것은 우리 눈이 반응하는 가시광선으로는 어림도 없는 일이었다. 가시광선의 파장은 원자 크기의 수천 배나 되기 때문이다. 즉, 광학현미경으로 원자를 들여다보겠다는 것은 1미터 간격으로 눈금이 매겨진 줄자를 가지고 머리카락의 굵기를 재겠다는 것이나 마찬가지인 이야기이다.

1895년 뢴트겐(Wilhelm Röntgen)이 X선(X-ray)을 발견했다. X선의 파장은 원자 크기와 비슷하다. 인류는 1미터 간격 눈금의 자 대신에 훨씬 더 정밀한 1밀리미터 눈금의 자를 갖게 된 것이었다. 그런데 X선에는 치명적 단점이 있었다. 물체를 확대해서 보려면 빛을 굴절시켜 초점을 맞추어야 한다. 이 역할을 담당하는 것이 렌즈인데, X선은 웬만한 물질은 다 그대로 통과해버리므로 당시의 기술로는 X선의 초점을 맺게 할 렌즈를 도무지 만들 수가 없었다. 1970년대에 와서야 X선을 이용한 다양한 방식의 현미경 기술이 개발되었다. 2028년 완공 예정으로 청주에 건설되는 차세대 방사광 가속기도 거대한 X선 현미경의 일종이다.

1931년 드디어 전자현미경이 발명되었다. 영국 케임브리지 대학을 중심으로 재료공학을 연구하는 학자들은 첨단 이론을 총동원해 어떻게 하면 전자현미경을 가지고 전위를 관찰할 수 있을 것인가를 궁리하였다.

1956년 마침내 전위의 모습이 선명하게 찍힌 현미경 사진들이 국제 학술지에 발표되었다. 이후 전위와 관련된 이론은 재료공학을 전공하는 학생들이 필수적으로 이수해야 하는 교육과정이 되었다. 인터넷의 혜택을 흠뻑 누리고 있는 우리들은 'dislocation TEM' 정도의 키워드만 가지고 검색해도 금속이 힘을 받을 때 그 안에서 전위들이 어떻게 일어나는지를 동영상으로 생생하게 관찰할 수 있다.

1986년 노벨물리학상은 전자현미경 개발자에게 돌아갔다. 그런데 지금까지 이야기한 내용과 관련된 연구자들은 그동안 아주 많았지만 그들 중에 단한 사람만, 그것도 50%의 지분만 인정을 받았다. 전자빔(electron beam)의 초점을 맞출 수 있는 렌즈 시스템 및 스크린에 확대된 영상을 맺도록 하는 전자광학계(electron optics)를 개발한 공로로 베를린 공대의 루스카(Ernst Ruska) 교수에게 상이 수여된 것이다.

전자현미경에 대한 아이디어가 처음 싹튼 1928년, 루스카가 속해 있던 연구팀의 원래 목적은 CRT(Cathode Ray Tube, 일명 브라운관)를 이용한 오실로스코프(oscilloscope)를 개발하는 것이었다. 오실로스코프는 전기전자 분야의 연구에서는 거의 필수적으로 사용되는 계측 장비이다. 이것의 원리는 자석(磁石)을 이용하여 전자총에서 나오는 빔의 방향을 적절히 바꾸어줌으로써 특정시간 동안 전압이 어떻게 변화하는지를 CRT 화면에 그래프처럼 보여주는 것이다. 그런데 당시 대학원생 신분으로 연구를 보조하던 루스카가, 자석이 단지 전자의 경로를 바꾸는 것뿐 아니라 렌즈로도 사용될 수 있다는 가능성을 제시하면서 연구의 방향이 전자를 이용한 현미경을 개발하는 쪽으로 급선회하였다. 이후 평생을 전자현미경의 발전에 기여한 공로로, 지도교수를 제치고 루스카가 1986년에 노벨상을 받은 것이었다.

탐침 현미경: 원자에게 길을 묻다

그렇다면 나머지 50% 지분은 누구에게 돌아갔을까? 주사 터널링 현미경(Scanning Tunneling Microscope, STM)이라는 완전히 새로운 개념의 현미경을 발명한 스위스 IBM 연구소의 비니히(Gerd Binnig)와 로러(Heinrich Rohrer)가 그 주인공이다. 루스카가 발명한 전자현미경은 전자빔이 시료를 뚫고 지나가는 방식인 투과 전자현미경(Transmission Electron Microscope, TEM)이다. 이 방식은 전자의 흐름이 원자들에 의해서 어떻게 '간섭(interference)'을 당하느냐에 따라 최종 스크린에 도달하는 양상이 달라지는 것을 이용해서 원자들이 배열된 자취를 관찰하는 것이다. 즉, 원자 하나하나를 개별적으로 들여다본다기보다는, 원자들이 규칙적으로 배열되어 있느냐 아니면 하나라도 규칙에서 벗어나는 것이 있느냐의 차이를 집어내는 것에 더 가깝다. 루스카가 이런 방식으로 첫 영상을 얻은 지 50년이 흐른 1981년, 드디어 원자만큼 가느다란 탐침(探針, probe)을 가지고 원자들을 하나

주사 터널링 현미경을 사용해 제논 원자를 움직여서 그린 IBM 글자.
자료: IBM Research, Almaden Research Center.

하나 관찰하는 현미경이 만들어졌다.

이 현미경의 특징은 원자가 있는지 없는지 관찰할 수 있을 뿐 아니라 마치 포클레인(Poclain)[55]처럼 원자 하나를 집어 올릴 수도, 그리고 원하는 위치에 가져다 놓을 수도 있다는 것이다. 그래서 1990년대에는 세계 유수의 연구소들이 기술력을 과시하기 위해 원자들을 이리저리 움직여 자신들의 로고를 그려내는 것이 유행하기도 했다. 인터넷을 검색해보면 'A Boy and His Atom'이라는 제목의, 원자들을 움직여가며 만든, 세상에서 제일 작은 영화도 볼 수 있다.

주사 탐침 현미경은 시료의 표면에 대한 3차원 영상도 얻을 수 있고, 기계적·전기적 성질까지도 측정할 수 있다. 그래서 새로운 소재를 연구하는 데는 물론이고 물리학, 화학, 전자공학 등 매우 다양한 분야에서 중요한 연구 도구

---

55 우리가 흔히 쓰는 '포클레인'이란 명칭은 원래 건설 장비를 생산하던 프랑스 회사의 이름으로서, 굳이 한글로 표기하자면 '포클랭'이 된다. 정확한 명칭은 우리말로는 굴착기 또는 굴식기, 영어로는 excavator 이다.

로 활용된다. 주사 탐침 현미경의 기술 개발 및 생산에서도 우리나라는 세계 수준의 경쟁력을 과시하고 있다.

8

아낌없이 주는 식물,
섬유와 수지

예나 지금이나 인간은 식물에 커다란 빚을 지고 있다. 선사 시대부터 인류의
의식주를 모두 해결해주었을 뿐만 아니라 수액에서 분비되는 진액은
의약품으로서, 도료로서, 접착제로서 문명 발전에 크게 기여하였다. 인류는
마침내 식물에서 나온 모든 소재를 가공하는 것을 뛰어넘어 이를 모방함으로써
새로운 물질을 합성해내기에 이르렀다.

© Shutterstock

지푸라기의 힘:
섬유와 수지가 만들어준 역사

섬유(纖維, fiber)와 수지(樹脂, resin)는 돌과 더불어 인류의 역사가 기록되기 훨씬 이전부터 사용된 소재이다. 다만 금속이나 토기 등과는 달리 자연에서 쉽게 분해되기 때문에 제대로 남아 있는 유물이 없다. 그래서 언제부터 사용되었는지에 대해서는 간접적 근거를 가지고 추정만 할 뿐 물증을 제시할 수가 없다.

섬유와 수지는 '날카로운 모서리(sharp edge)'가 있는 도구를 만드는 소재가 아니었기에 비록 전면에 등장할 수는 없었지만 돌과 금속이 더 큰 기능과 위력을 발휘할 수 있도록 해주는 데 일등 공신이었다. 활과 화살이 좋은 예이다. 가장 오래된 화살촉 유물의 연대가 대략 6만~7만 년 전이니, 인류는 최소한 구석기 후반부터 활을 사용했다고 볼 수 있다. 그런데 아무리 화살촉을 잘 만들어도 탄성을 가지고 화살촉에 추진력을 불어넣어줄 활과 시위가 없으면 무용지물 아닌가! 활의 몸체가 되는 나무 역시 섬유와 수지가 결합되어 있는 복합 소재이다.

군대를 다녀온 대한민국 남성이라면 '하이바'라는 말을 모르는 사람이 없을 것이다. 이는 'fiber'의 일본식 발음으로서, Fiber Reinforced Plastic(FRP)에서 맨 앞의 단어만 가져다 쓴 것이다. 무겁고 녹이 잘 스는 철모의 단점을 보완하기 위해 방탄 효과는 유지하면서도 가벼운 유리섬유로 헬멧 모양을 만들고 여기에 합성수지를 발라 굳힌 것이다. 하이바라는 단어는 한국 남자들의 입에 찰떡같이 붙어서 군인들의 방탄모뿐만 아니라 건설 현장의 안전모나 오토바이 배달기사들의 헬멧까지 아

이라크의 습지대에서 갈대로 집을 짓고 있는 모습.
© Paul Dober, CC BY 3.0 / Wikipedia

우르는 일반명사처럼 쓰이게 되었다.[1]

예로부터 건축에서도 섬유와 수지는 매우 중요한 역할을 하였다. 특히 람사르 협약(Ramsar Convention)[2]으로 유명한, 메소포타미아 부근 습지에서 나는 갈대는 그 키가 무려 4.5미터까지 자라 풀이라기보다 대나무에 가까운데, 이 갈대를 엮어 지은 건물은 방갈로(bungalow) 정도의 소형 주택이 아니라 수십 명을 수용할 수 있는 회당과 같이 큰 규모를 자랑한다. 또한 화석화된 수지인 역청(tar, bitumen, asphalt)은 방수용으로 쓰인다.

카스피해 서쪽에 위치한 아제르바이잔에서 후기 구석기 시대에 해당하는 약 1만 2,000년 전의 벽화가 발견되었는데 갈대로 만든 배에 20여 명이 탑승한 모습이 그려져 있었다. 스칸디나비아에서도 유사한 벽화가 발견되었다. 노르웨이의 민족지학자(民族誌學者, ethnographer)이자 탐

---

1 헬멧(helmet)이란 말은 중세 시대의 투구인 'helm'에 작다는 뜻을 가진 어미 '-et'가 붙어서 만들어진 단어로서, 약식 투구라는 뜻이다.

2 1971년 카스피해 연안의 도시 람사르에서 "물새 서식지로서 국제적으로 중요한 습지에 관한 협약(The Convention on Wetlands of International Importance Especially as Waterfowl Habitat)"이 체결되었다. 일명 습지협약, 람사르 조약이라고도 한다. 우리나라에는 2020년 2월 기준으로 총 23개소, 연면적 약 200제곱킬로미터에 해당하는 지역이 람사르 습지로 등록되어 있다.

험가인 헤위에르달(Thor Heyerdahl)은 이를 근거로 바이킹의 조상이 메소포타미아 지역으로부터 건너왔다는 가설을 세웠다. 그는 갈대로 만든 배로도 원거리 항해가 가능하다는 것을 검증하고자 몸소 대서양 횡단을 시도했다. 첫

대서양 횡단에 성공한 헤위에르달의 갈대 배, Ra II호(號).
© Pedro ximenez, CC BY 2.0 / Wikipedia

항해는 완주를 불과 일주일 남겨놓고 풍랑을 만나 실패했지만, 1970년 드디어 6명의 탐험대원과 함께 북아프리카 모로코를 출발, 57일간의 긴 항해 끝에 서인도제도의 바베이도스에 도착했다.[3]

일찍부터 농경이 발달한 이집트에서는 흙벽돌을 만들면서 섬유질인 짚(straw)을 섞었다. 흙벽돌은 기원전 9000년경에 세워진 예리코(Jericho, 요르단강 서안에 위치한, 세계에서 가장 오래된 도시 중 하나) 유적에서도 발견될 정도로 오랜 역사를 지니고 있다. 메소포타미아 지역에서는 지구라트 같은 거대 건축물도 햇볕에 말린 흙벽돌로 지었고, 인더스 문명에서는 불에 구운 벽돌을 사용하기도 했다. 그런데 여기에 짚을 넣은 것은 섬유의 특성을 200% 활용한 신의 한 수였다.

어릴 적 머리카락에 껌이 엉겨 붙은 경험이 누구나 한 번쯤은 있을 것

---

3 한때 해상에서 실종되어 UN 주도로 국제적인 합동구조대가 꾸려져 대대적 수색에 나서기도 하였다.

이다. 이 상황에서 진짜 문제가 무엇인지 곰곰이 따져보자. 벽에 붙어 있는 껌은 그리 심각하지 않다. 비교적 쉽게 긁어낼 수 있으니까. 그런데 머리카락의 경우는 껌이 붙었다는 것보다 더 심각한 일이 있으니, 껌을 떼어내려 해도 머리카락이 꽉 잡고 있어 쉽지가 않다는 사실이다. 껌을 잘게 조각낸다고 해서 해결될 일이 아닌 것이, 머리카락에 의해 껌의 조직이 다 연결되어 있기 때문이다. 결국 껌보다는 머리카락이 문제이다. 아픔을 무릅쓰고 머리카락을 한 올씩 잡고 일일이 닦아내든지, 최악의 경우에는 껌 주변의 머리카락을 뭉텅이로 잘라내는 수밖에 없다.

흙벽돌에 들어간 지푸라기들이 바로 이 머리카락 역할을 해준다. 즉 껌이 흙이라면 지푸라기가 머리카락인 것이다. 흙이 말라서 부스러지거나 충격을 받아 갈라지지 않게 섬유질인 지푸라기가 단단히 붙잡아줌으로써 전체 구조물을 튼튼하게 만들어준다. 벽돌을 말리는 과정에서도 모든 부분이 고르게 건조되어 뒤틀리지 않도록 지푸라기가 도와준다. 북아프리카의 다른 지역에서는 짚 대신 왕겨(husk)나 수수껍질 등을 넣기도 하였다. 아프리카 말리(Mali)의 젠네 대모스크(The Great Mosque of Djenné)는 흙벽돌로 지어진 세계 최대의 건물이다. 13세기경 지어진 것으로 추정되고 1906년 개축되었는데 높이가 무려 16미터에 달한다.

흙벽돌에 들어간 섬유질은 시간이 지남에 따라 자연스레 발효되었다. 건물의 수명이 다해 허물게 되어도 흙벽돌은 골칫덩어리 건축 폐기물이 되는 게 아니라 질 좋은 퇴비로 재활용되었다. 자연의 순환 원리를 충실히 따르는 100% 친환경 소재인 것이다. 그러나 역설적이게도, 이런 장점 때문에 고대 이집트의 많은 유적이 후세에 의해 파괴되었다.

지푸라기나 초식동물의 배설물을 섞은 흙벽돌은 청동기 시대에 스페인으로 건너와 전성기를 맞이했다. 원래 콥트어(Coptic language)[4]로 toobe, 아랍어로 altob, atubu 등으로 불리던 것이 스페인어로 넘어오면서 adobe가 되었다.[5] 그래서 흙벽돌을 쌓아 올리고 회반죽을 바른 건축양식을 어도비 스타일(adobe style)이라고 한다. 이렇게 지은 집들은 단열 효과가 뛰어나 스페인처럼 고온 건조한 기후와 찰떡궁합이었다. 한편 아프리카에서 사용된 흙벽돌은 방코(banco)라고 불렸는데, 아마도 강바닥의 진흙을 퍼다 강둑(river banks)에서 틀에 붓고 발로 밟아 만들었던 것에서 유래된 이름으로 추측된다.

섬유와 수지는 비단 인간뿐 아니라 동물들도 즐겨 사용하는 소재이다. 새들은 풀이나 나무줄기를 사용하여 둥지를 짓고 침팬지는 지푸라기를 대롱 삼아 좁은 틈 사이에 있는 벌레를 잡아먹는다. 심지어 거미, 누에, 양 등은 섬유를 직접 생산한다. 수지(또는 나무 진)는, 나무 표면에 생채기가 났을 때 나무가 스스로를 보호하기 위해 만들어내는 연고이다. 구강 위생 관련 광고에 천연 소염제로 자주 등장하는 프로폴리스(propolis)는, 벌들이 수지에다 자신의 타액과 밀랍 등을 섞어서 만들어내는 천연

---

4 콥트어는 고대 이집트어의 계통을 따른 언어로서 이 지역의 기독교 분파인 콥트 교도들이 일상적으로 사용하던, 이집트인들의 원래 모국어이다. 17세기 이후 거의 사라져 현재 이집트에서는 아랍어가 행정적인 공용어로 사용되고 있다.

5 플래시 애니메이션이나 포토샵 프로그램으로 익숙한 소프트웨어 회사 어도비의 이름은 창업자의 집 뒤편에 있는 계곡의 지명(Adobe Creek, California, U.S.A.)에서 따온 것이다. 그런데 이 계곡의 명칭은 1837년 이 지역에 주둔한 군 지휘관이 흙벽돌로 집을 지은 데서 유래했다고 한다. 캘리포니아주에는 미국 건국 이전인 1683년부터 터전을 잡은 스페인 사람들의 후손(이들을 Californio라 부른다)이 많아 대부분의 지명이 스페인어로 되어 있다.

접착제이다. 벌들은 이를 사용해 벌집에 생긴 작은 틈새를 보수한다. 사람들은 이를 또 채취하여, 과로로 인해 입속에 생긴 환부를 치료하는 데 쓴다.

조금 더 작은 스케일로 들어가보자. 인체를 비롯한 동물들의 몸체 역시 섬유로 구성되어 있다. 모발은 물론이고 근육(근섬유), 인대, 혈관 등이 모두 섬유질이다. 심지어 유전정보를 저장하는 DNA도 마치 실 두 가닥을 꼬아놓은 것같이 생긴 나선형의 사슬 모양이다.

식물은 또 어떠한가? 식물의 세포가 동물의 세포와 근본적으로 다른 점은 세포벽이 있다는 것이다. 식물의 세포벽을 구성하는 주성분은 셀룰로오스(Cellulose)이다. 셀룰로오스는 식물이 흐물흐물 늘어지지 않고 똑바로 서 있을 수 있게 하며, 쉽게 꺾이거나 잘리지 않게 보호해준다. 이 셀룰로오스 덕분에 식물의 줄기, 나무의 속껍질, 목화 등으로부터 실을 뽑아내기도 하고, 종이를 만들 수도 있는 것이다.

셀룰로오스라는 단어의 어미에 해당하는 '-ose'는 당분을 나타내는데, 여기서 당분이라 함은 생명체의 에너지원이라는 말이다. 초식동물들은 되새김질까지 하면서 이 셀룰로오스를 열심히 분해해 에너지를 뽑아 쓰지만,[6] 아쉽게도 우리 인간의 소화기관은 이를 분해하지 못한다. 푸성귀

---

6 코끼리가 채식만 하는데도 불구하고 뚱뚱한 이유는 셀룰로오스를 소화시켜 당분을 섭취할 수 있기 때문이다. 아프리카의 유목 민족 마사이족은 쇠똥으로 집도 짓고 난방용 연료로도 쓴다. 초원에서 방목한 소들의 배설물은 미처 소화되지 못하고 남은 풀들의 세포벽이 대부분이다. 그래서 진흙에 쇠똥을 섞어 그것으로 벽을 쌓으면, 쇠똥 속 셀룰로오스 성분이 마치 콘크리트 안에 보강한 철근과 같은 역할을 하여 흙벽이 부스러지거나 무너져 내리지 않도록 단단히 지탱해주는 역할을 한다. 앞서 설명한 흙벽돌(adobe 또는 banco)과 같은 원리이다.

는 아무리 많이 먹어도 별로 힘이 나지 않는다고 하는 이유가 바로 여기에 있다. 셀룰로오스 성분이 많으면 식감이 거칠고 맛도 안 좋기 때문에 과거에는 쌀도 완전히 도정한 백미를 먹었고 밀도 최대한 정제하여 흰 밀가루를 만들어 먹었다. 그런데 셀룰로오스가 장(腸)에 도움이 되는 식이섬유(dietary fiber)의 한 종류임이 알려지면서, 건강에 관심이 많아진 오늘날에는 일부러 더 챙겨 먹는 추세이다.

천연 상태의 섬유와 수지는 환경에 민감하다. 습하면 잘 썩고 햇볕에 노출되면 갈라지고 부스러진다. 게다가 비단, 모피, 상아, 뿔 등 동물성 소재는 구하기도 쉽지 않아 매우 비싸다. 그래서 이들을 둘러싸고 수많은 전쟁이 벌어지고 환경이 파괴되고 사람들이 희생되었다. 플라스틱 소재는 바로 그러한 문제를 해결해줄 대체재를 찾고자 하는 열망에서 나온 것이다.

앞치마가 불타고 있어요!:
건망증이 선물한 인조섬유

1846년 어느 날 스위스 바젤 대학(Universität Basel)의 화학 교수 쇤바인(Christian Friedrich Schönbein)은 부엌에서 질산과 염산을 가지고 뭔가를 하다가 그만 바닥에 엎지르고 말았다. 도대체 무엇 때문에 그 고약한 것들을 부엌에까지 끌어들였는지는 아무도 모를 일이지만, 당황한 쇤바인은 손에 잡히는 대로 아무거나 가져다 급히 바닥을 닦았다. 그게 하필이면 아내의 무명(綿, cotton) 앞치마였기에, 그는 앞치마를 물에 잘 헹군 뒤 말리려고 오븐 손잡이에 널어놓았다. 그런데 몇 분 후 애니메이션에서나 볼 법한 일이 벌어졌다. 앞치마에 불이 붙어 홀랑 타버리고 미처 타지 못한 것은 한 줌의 잿덩어리로 남아 있었던 것이다.

플레밍(Alexander Fleming)이 곰팡이 핀 배양접시를 허투루 버리지 않은 덕분에 페니실린을 발견할 수 있었다는 것은 널리 알려진 이야기이다.[7] 그런데 실은 쇤바인이 그 원조 격이다. 쇤바인은 이 허연 가루를 그냥 버리지 않고 손으로 이리저리 만져보고 주물러도 보았다. 체온으로 따뜻해진 잿덩어리는 마치 찰흙처럼 뭉쳐져 모양을 빚을 수 있었다. 상온으로 식히면 딱딱하게 굳었다가도 다시 데우면 도로 물렁물렁해져 모양을 바꿀 수도 있었다. 이런 성질을 열가소성(thermoplastic)이라 한다.

이 재(灰, ash)가 바로 인류 최초의 합성 소재인 나이트로셀룰로오스(nitrocellulose 또는 cellulose nitrate)이다.[8] 솜으로부터 만들어졌고 불이 잘 붙는다고 해서 흔히 면화약이라고 불렀다. 앞서 6장에서도 잠깐 언급한 것처럼, 이 면화약이 이리저리 주물러서 마음대로 모양을 바꿀 수 있는 '플라스틱' 소재의 효시이다. 쇤바인은 면직물만이 아니라 종이를 가지고도 면화약을 만들 수 있다는 것을 알아냈다. 150여 년이 지난 지금도 이 소재를 합성하는 공정의 기본 흐름은 쇤바인이 앞치마를 가지고 벌인 소동과 크게 다르지 않다.

---

7 플레밍이 페니실린을 발견한 것은 1929년이다. 그런데 플레밍은 후속 연구에 큰 진전이 없자 페니실린이 항균력은 우수하지만 인체에는 효과가 없다는 결론을 내렸다. 환자를 대상으로 한 임상실험에서 페니실린의 효과가 입증된 것은 1940년 플로리(Howard Walter Florey)와 체인(Ernst Boris Chain)에 의해서였다.

8 같은 해에 프랑크푸르트 대학의 뵈트거(Rudolf Christian Böttger, 18세기 마이센 자기 제조법을 개발한 Johann Friedrich Böttger와는 다른 인물이다) 교수 및 브라운슈바이크 대학의 오토(F. J. Otto) 교수도 독자적으로 같은 소재를 만들어냈다고 한다.

나이트로셀룰로오스는 그 탄생 과정이나 'guncotton'이라는 이름으로 알 수 있듯 불이 아주 잘 붙는다.[9] 하지만 연기도 나지 않고 재도 거의 남지 않는다. 《80일간의 세계 일주》, 《해저 2만 리》 등으로 유명한, 프랑스의 공상과학소설가 쥘 베른(Jules Verne)은 이 놀라운 소재에 흥미를 느꼈다.[10] 그는 이 소재를 화약으로 사용하는 무기를 자신의 소설에 여러 번 등장시켰고, 1865년 발표한 작품 《지구에서 달까지》에서는 우주선을 쏘아 올리는 로켓의 연료로 설정하였다.[11] 면화약은 재래식 화약인 흑색 화약에 비해 폭발할 때 부피 팽창이 6배 이상 크다. 따라서 물속에서도 추진력이 뛰어나고 또 충격파를 발생시켜 배를 파괴할 수 있어 해군이 쓰는 기뢰(機雷)나 잠수함 어뢰(魚雷) 등에 사용되었다.

요즘도 마술사들의 단골 레퍼토리 중 하나가 종이나 손수건에 불을 붙이면 순식간에 장미꽃으로 변하는 마술이다. 여기에 사용되는 종이나 수건을 'flash paper'라고 부르는데 이 역시 나이트로셀룰로오스로 만든다. 첩보영화에 나오는, 암호의 전문을 확인하고 나면 저절로 불이 붙어 사라지는 종이도 이것이다. 스테이플러 안에 들어 있는 심들이 서로 가

---

9 셀룰로오스 안에 들어 있는 수소 이온이 질산 이온으로 많이 치환될수록 더 폭발적으로 불이 붙는다.

10 21세기 현재의 관점에서 보면 고전소설들이지만, 작가가 활동하던 19세기의 관점에서 보면 엄청난 공상소설들이었다.

11 본격적인 달 탐사가 이루어지기 약 100년 전에 쓰인 소설임에도 불구하고 로켓 설계에 관련해서 상당히 정확한 수치가 등장한다. 로켓이 발사되는 장소도 현재 케네디 우주센터가 위치해 있는 미국의 플로리다주이다(케네디 우주센터는 플로리다반도의 동해안에 있지만 소설 속의 장소는 서해안인 점이 다르다). 무기 마니아들의 모임 볼티모어 총기 협회(Baltimore Gun Club)가 3명의 탑승자를 달까지 보낼 수 있는 초대형 미사일을 계획하는데, 그 이름은 Columbiad space gun이다. 면화약 40만 파운드(약 181톤)가 소요되는 것으로 제시되어 있다. 원작에서는 guncotton에 해당하는 프랑스어 fulmicoton으로 등장한다.

지런히 붙어 있다가 손잡이에 압력을 가할 때마다 하나씩 깔끔하게 떨어져 나올 수 있는 것도 얇은 나이트로셀룰로오스의 막이 잘 붙들어두는 덕분이다. 이 외에, 기타나 색소폰 표면의 투명 도료, 매니큐어, 피부에 바르는 형태의 액체형 반창고, 티눈 제거제 등이 모두 이 소재를 용액 상태로 만든 것이다. 나이트로셀룰로오스를 에테르(ether 또는 diethyl ether)에 녹이고 에탄올(ethanol)로 희석시킨 액체를 콜로디온(collodion)이라고 부른다.

1855년 스위스의 화학자 아우데마르스(Georges Audemars)는 뽕나무 껍질에서 추출한 섬유질(pulp)과 천연고무를 섞은 용액으로부터 마치 거미가 거미줄을 뽑듯 긴 실을 뽑아내는 방법을 알아냈다. 이렇게 뽑은 실로 짠 옷감은 광택이나 질감이 비단과 흡사했다. 이것이 누에가 아닌 인간이 만든 명주실, 인조견(人造絹 또는 人絹, artificial silk)의 시초이다. 이 새로운 소재에는 '광택이 나는 옷감'이라는 뜻으로, 햇살이나 빛줄기를 의미하는 ray를 따서 레이온(rayon)이라는 이름이 붙었다.

그런데 정작 인조견으로 특허를 낸 사람은 따로 있었다. 프랑스 화학자 샤르도네(Hilaire de Chardonnet)가 인조견을 특허 등록 한 후 1889년 파리 만국박람회에 출품하였다.[12] 그는 원래 파스퇴르(Louis Pasteur) 휘하에서 세균을 연구하던 사람이었다. 그중에서도 누에 전염병 전문이었다. 어느 날 암실(暗室, darkroom)에서 연구하며 찍은 사진들을 현상하다 실수로 나이트로셀룰로오스가 든 병을 넘어뜨렸다.[13] 그는 급히 바닥에

---

12 이 박람회에서는 에펠탑이 처음으로 공개되어 전 세계를 들었다 놨다 하였다.

흘린 액체를 닦으려 했으나, 이미 끈적끈적해져서 제대로 닦이지 않았다. 그런데 이때 걸레에 가느다란 실 같은 게 길게 딸려오는 것을 발견한 그는, 낭패라고 생각하는 대신 이걸로 실을 만들 수도 있겠다는 생각을 떠올린다.

샤르도네는 누에는 제쳐두고 이 물질에 대해 연구하기 시작했다. 자신의 전문성을 살려 뽕잎에서 셀룰로오스를 추출하고, 가연성이 높다는 단점을 보완하기 위해 이를 황화암모늄(ammonium sulfide)으로 처리하여 질산 성분을 줄였다.[14] 그는 여기에 자기 이름을 붙여 샤르도네 실크(soie de Chardonnet)라고 불렀다. 그러나 공장의 인부들은 여전히 쉽게 불이 붙는 이 섬유를 '장모의 비단(mother-in-law's silk)'이라는 별명으로 불렀다.[15]

일반적으로는 '비스코스(viscose)'라는 명칭이 레이온과 같은 의미로 쓰인다. 샤르도네가 아이디어를 얻은 끈적끈적한(viscous) 액체로부터 파생된 말이다. 셀룰로오스를 가지고 실을 뽑을 수 있는 액체를 만들되 불이 잘 붙지 않도록 개량하는 작업이 계속되면서 이러한 액체 원료를

---

13 셀룰로이드 필름이 발명되기 전까지는 사진을 찍을 때 유리 건판에 감광제를 뿌리고 나이트로셀룰로오스 용액을 발라 접착시켜 필름 대신 사용하였다.

14 황화암모늄 역시 사진을 현상할 때 쓰이는 약품이다. 샤르도네는 자기 일터에서 벌어지는 사소한 일도 소홀히 넘기지 않고 자신의 경험을 최대한 활용하여 새로운 것을 탐구하는 사람이었다. 황화암모늄은 암모니아와 황화수소(달걀 썩는 냄새의 주성분)로 쉽게 분해되므로 짓궂은 장난을 칠 때 혹은 시위 진압용으로 사용된다.

15 누가 샤르도네 실크 주위에서 담배를 피우기만 해도 (아마도 담뱃재 불똥이 튀어서) 불이 붙을 정도였다고 한다. 우리나라와 달리 서양에서는 대개 장모와 사위가 서로 앙숙인 것으로 알려져 있다. 피터 셰퍼의 희곡을 바탕으로 한 영화 〈아마데우스〉에서도 모차르트가 자신을 향해 고성을 지르며 잔소리를 퍼붓는 장모의 모습에서 모티브를 얻어 저 유명한 〈밤의 여왕의 아리아(원제 'Der Hölle Rache kocht in meinem Herzen, 지옥의 복수심이 내 마음속에서 끓어오르고')〉를 작곡한 것처럼 묘사되어 있다.

통칭하는 말로 쓰이기도 했다. 그런데 특별히 비스코스 레이온이라고 하면 셀룰로오스를 알칼리와 이황화탄소로 처리하여 액체 상태로 만들고, 실을 뽑은 후 다시 산(acid)으로 중화시킨 것을 가리킨다. 이렇게 하면 질산이 포함되지 않아 불이 붙을 걱정을 덜 수 있다. 이 액체를 얇게 펴서 건조하면 접착테이프나 투명 종이를 만드는 셀로판(cellophane)이 된다. 제조 과정에서 사용되는 이황화탄소는 독성이 강해 종종 환경오염 문제가 제기되기도 하나, 레이온이나 셀로판은 100% 자연에서 생분해(biodegradable)가 되므로 음식 포장용으로 선호되는 소재이다.

나무에서 짜낸 젖, 고무

고무는 원래 수지의 일종으로 중앙아메리카 지역에서 나는 고무나무(Hevea brasiliensis)의 진을 굳힌 것이다. 멕시코만(Gulf of Mexico) 주변에서 발원한 고대 문명 올멕(Olmecs)은 기원전 1600년경부터 고무로 탄성이 있는 공을 만들었다.[16] 그들의 풍습 중에는 이 공을 신체부위를 사용해 벽과 땅바닥에 튕기면서 하는 경기가 있었는데 놀이라기보다는 제례(ritual)에 가까운 것이었다. 이 공놀이는 나중에 마야(Maya)와 아즈텍(Aztec) 문명으로 이어졌고, 이 지역을 탐험한 콜럼버스(Christopher Columbus)에 의해 1496년 유럽에 처음 알려졌다. 마야인들의 언어로 고무를 '카후추(cahuchu)' 또는 '카우추크(caoutchouc)'라고 하는데 '울고

---

16 어린이들이 갖고 노는 얌체공(bouncy ball) 또는 탱탱볼(rubber ball)을 큼지막하게 만든 것이라고 생각하면 된다.

있는 나무' 또는 '나무의 눈물'이라는 뜻이다.

우리가 흔히 쓰는 '라텍스(latex)'[17]라는 말은 하얗고 끈적끈적한 액체 상태의 고무나무 진을 가리킨다. 라틴어로 몸속에 흐르는 액체 또는 유체(fluid)라는 뜻이다. 아즈텍 사람들은 옛날부터 이를 옷감에 풀 먹이듯 발라 방수포를 만들거나 흙으로 된 우묵한 틀에 부어 물병을 만들어 썼는데, 1615년 이 지역을 정복한 스페인 사람들이 이를 모방하였다. 수지를 그리스어로는 'kommi', 라틴어로는 'gummi, gumma'라고 했는데, 스페인 사람들은 그들의 발음대로 'goma'라고 불렀다. 이 말이 네덜란드로 넘어가면서 'gom'이 되었고, 그들과 교역하던 일본 사람들이 '고무'라고 발음하면서 우리나라에서도 '고무'라는 이름이 굳어졌다.[18] 영어권에서도 학술 용어로서 'gum elastic(탄성 수지)'이라는 말이 쓰이기도 하며, 특히 호흡이 곤란한 환자의 치료 목적으로 기도(氣道)에 삽입하는 고무관을 'gum elastic bougie(GEB)'라고 부른다.

믿기 힘들겠지만, 유럽 사람들이 카우추크와 라텍스가 결국 같은 데서 나왔음을 알게 된 것은 스페인 사람들의 정복으로부터 130년도 더 지나서였다. 프랑스 학자 라콩다민(Charles Marie de La Condamine)은 아마존 유역을 탐험하면서 고무를 채취해 1736년 프랑스 왕립과학한림원에 제

---

17 우유를 나타내는 라틴어의 'lac', 이탈리아어의 'latte', 프랑스어의 'lait', 스페인어의 'leche' 등과 어원이 같다. 이후 고분자 물질을 물에 풀어놓은 걸쭉한 액체(suspension)를 가리키는 기술 용어가 되었으며, 아크릴수지로 만든 수성페인트를 가리키는 말로도 쓰인다.

18 영어식 발음으로는 'gum'이다. 식품 포장지 뒤 성분 표시를 보면 내용물 중 아라비아고무(gum arabic)라는 게 적힌 경우가 있는데 아카시아 나무의 수액을 굳힌 것을 말한다. 어른들도 좋아하는 곰 모양의 젤리에 'Gummy Bears'라는 상품명이 붙은 것도 초창기에는 아라비아고무가 주원료였기 때문이다. 현재는 젤라틴을 주로 사용한다.

출하였다. 1751년에는 방수 재료에 관심을 갖고 있던 식물학자 프레노 (François Fresneau)와 함께 고무가 갖는 여러 가지 특성을 정리하여 논문으로 발표하였는데, 이때부터 고무라는 소재에 대한 과학적 연구가 시작되었다. 탄산가스와 산소를 발견한 영국의 자연철학자 프리스틀리 (Joseph Priestley)는 고무 조각을 종이에 대고 문질렀을(rub off) 때 연필 글씨가 지워지는 것을 발견하였다. 그래서 이 소재의 영어 이름은 '문지르는 것, 지우개'라는 뜻의 'rubber'가 되었고, 라텍스가 나오는 나무를 'rubber tree'라고 부르게 되었다.

공기와 물을 밀폐시키며 모양도 자유롭게 만들 수 있는 고무의 특성에 힘입어 공기 매트리스, 휴대용 목욕통, 방수장화, 구명대 등의 관련 제품이 우후죽순 등장하면서 1830년대에는 그야말로 고무 붐이 불었다. 이어 1853년 크림전쟁이 터졌는데, 여기서 러시아군이 참호전(塹壕戰)이라는 개념을 등장시켰다. 참호 속의 습한 환경에서는 흔히 판초 (poncho)라고도 부르는 우의(雨衣, cape), 지면에서 올라오는 습기를 막아줄 바닥보 등 방수포(防水布, waterproof textile)가 다량으로 필요했다. 몇몇 직물 가공업자들은 천에다 천연고무를 풀 먹이듯이 발라 만든 방수포를 납품하여 큰돈을 벌었다.[19]

그런데 고무를 막상 실생활에 사용하려니 귀찮고 불편한 점이 한둘이

---

19 이들은 이러한 경험과 자본을 발판으로 훗날 식물에서 뽑아낸 섬유소를 활용한 셀룰로이드(celluloid), 자일로나이트(xylonite) 등의 초기 플라스틱, 가황고무(vulcanized rubber) 등을 개발하는 데 뛰어들어 20세기에 인류가 고분자 소재 합성 기술을 탄생시키는 데 산파 역할을 하였다.

아니었다. 조금만 더워지면 녹아서 끈끈하게 묻어나고 조금만 추워지면 퍼석퍼석 바스러진다. 냄새도 고약하고 시간이 지나면 삭아버린다. 무언가를 하려면 나무에서 뽑아낸 직후에 해야지 그러지 않으면 금세 굳어져서 아무것도 만들 수 없게 된다. 이러한 단점 때문에 대량 반품 사태가 속출하였고, 방수 제품에 대한 특수(特需)를 노리고 창업한, 지금으로 말하자면 벤처 회사들이 줄도산의 수순을 밟으면서 고무 열풍은 말 그대로 거품으로 끝날 뻔했다. 그러나 이 소재의 잠재력과 다양한 활용가치에 대한 믿음을 거두지 않은 사람들 중에는 대서양을 사이에 두고 미국과 영국에서 각각 자신의 인생을 걸면서까지 치열한 경쟁을 벌인 사람들이 있었다.

부뚜막 위의 고무:
전쟁터를 누비는 전략물자가 되다

전 세계 43개국에서 3,500여 회 이상(2015년 기준) 이어온 우리나라의 대표적 비언어 공연(nonverbal performance) 〈난타〉는 결혼식 피로연을 준비하는 주방을 배경으로 펼쳐진다. 음식 준비 시간은 빠듯한데 설상가상으로 지배인은 풋내기인 자기 조카를 데려와 같이 일하라고 하니, 공연 내내 티격태격 다툼과 온갖 소동이 끊이질 않는다. 사실 부엌에서는 뮤지컬 〈난타〉가 보여준 것보다 더 기막힌 일들도 벌어진다. 앞서 언급한 면화약은 물론이고 물체의 색깔에 대해 과학적 설명을 시도한 뉴턴의 광학 이론도 부엌에서 설거지할 때 피어오르는 비눗방울에 대한 관찰로부터 시작되었다. 산업혁명의 상징과도 같은 증기기관 역시, 부얼에서 끓고 있는 주전자로부터 영감을 얻었다.[20] 증기기관의 발명이 기차와 증기선의 출현으로 이어지고 마침내 자동차의 등장을 이끌어냈다면, 자동차에 사람들이 기꺼이 올라타고 싶다는 생각을 할 수 있게 만들어준 것은 고무 타이어의 발명이다. 실제로 고무 타이어는 오늘날 전체 고무 사용량의 절반가량을 차지한다.

공기압을 이용한 고무 타이어를 도로 위에서 굴러다니게 한 것은 1888년 영국의 수의사 던롭(John Boyd Dunlop)이었다. 던롭의 10세 아들이 세발자전거를 타다가 너무 흔들려 머리가 아프다고 하자, 아들의 주치의와 함께 바퀴의 충격을 줄일 방법을 고심하였다. 공기를 채워 부풀린 고무 튜브를 바퀴에 씌워보니 덜컹거리던 게 놀라우리만치 줄어들었다. 다만 앞에서 언급한 것처럼, 길바닥에 끌고 다니기에는 고무 자체의 내구성이 따라주지 않았다. 그러다 당시 새롭게 개발된 가황고무(vulcanized rubber)를 사용하여 쉽사리 닳거나 찢어지지 않는 고무 타이어를 만들어냈다. 그런데 공기압을 이용한 특허는 발명가이자 철도 엔지니어인 톰슨(Robert Thomson)이 일찍이 1847년에 프랑스와 미국에

---

20 어린이용 위인전에는 제임스 와트가 난로 위 주전자에서 물이 끓으면서 수증기가 뿜어져 나오고 뚜껑이 달그락거리는 것을 보고 증기기관을 발명했다고 쓰여 있는 경우가 많으나 이는 뉴턴이 떨어지는 사과를 보고 만유인력의 법칙을 발견했다는 이야기처럼 후대 사람들이 지어낸 것일 가능성이 높다. 사실 최초의 증기기관은 와트가 태어나기도 전인 1698년에 영국의 공학자 세이버리(Thomas Savery)가 만들었다. 대기압에서 기계장치를 움직일 수 있는 증기기관은 1712년 뉴커먼(Thomas Newcomen)이 만들었는데, 오늘날 유전(油田) 등에서 볼 수 있는 펌프와 흡사한 형태이다. 그런데도 제임스 와트가 증기기관으로 유명해진 것은 1765년에 분리응축기를 발명하여 열효율을 높였고, 1781년에는 피스톤의 왕복운동을 회전운동으로 바꿔주는 유성식(遊星式) 기어를 발명하였으며, 1784년에는 수평운동장치를 고안함으로써 증기기관을 용도 제한이 없는 만능 동력원으로 승격시켰기 때문이다. 뉴커먼과 와트에 관한 일화에 주전자 이야기가 많이 등장하지만 이는 아마도 그들이 주전자의 물이 끓는 현상을 보통 사람들과는 달리 증기기관의 관점에서 재해석하고 아이디어를 검증하는 도구로 삼았음을 보여주는 서술적 장치라고 생각하는 편이 더 타당할 것이다.

굳이어 사의 타이어 광고 비행선.
© Levdr1lp, CC BY-SA 4.0 / Wikipedia

등록을 마친 상태였다.[21] 톰슨의 특허 때문에 던롭의 특허는 무효화되었지만, 비포장도로 위에서 실용적으로 사용할 수 있는 제품을 성공시켰다는 던롭의 공로는 인정을 받았다.

가황고무는 미국과 영국이 대서양을 사이에 두고 치열한 다툼을 벌였던 소재 중 하나이다. 가황고무에 대한 특허는 간발의 차로 미국에서 먼저 나왔다. 미국 사람들은 노란색 로고가 새겨진 비행선이 하늘에 떠 있는 것을 보면 그것이 타이어 광고임을 바로 안다.[22] 사실 이 회사는 제1차 세계대전 당시 군수 트럭용 타이어, 가스 방독면, 비행선을 만들기

21 톰슨의 공기압 타이어는 고무를 먹인 천으로 튜브를 만들고 그 위를 가죽으로 감싼 것으로 마차 바퀴에 처음 시도되었다. 타이어를 발명할 당시 톰슨은 23세 청년이었고, 때는 아직 자전거나 자동차가 본격적으로 등장하기 전이어서, 용도가 한정된 공기압 타이어는 사람들의 뇌리에서 금세 사라졌다. 톰슨은 1849년에 공기압을 이용해 스스로 잉크를 채울 수 있는 만년필도 발명한 것으로 알려져 있다.

22 이 비행선을 'Goodyear blimp'라고 부르는데, 공중에 떠 있는 광고판인 동시에 스포츠 실황을 공중에서 촬영해 TV로 중계하는 역할도 수행한다. 1925년부터 굳이어 사가 직접 만들었지만, 2014년부터는 독일의 체펠린(Zeppelin) 사가 건조한다. 로고의 'D' 자와 'Y' 자 사이에 있는 그림은 그리스 신화에 나오는, 상업과 전령의 신 헤르메스(Hermes)의 날개 달린 신발이다.

위한 초대형 고무풍선 등을 생산한 바 있다. 당시 비행선은 독일군의 잠수함을 찾아내 격침시키는 중요한 대응수단이었다. 이 회사의 설립자는 아니지만, 가황고무를 제일 먼저 발명한 사람의 이름이 굿이어(Charles Goodyear)이다.[23]

굿이어는 원래 농업 관련 물품을 거래하는 상인이었는데, 1834년 여름 우연히 뉴욕의 록스버리 고무 회사(Roxbury India Rubber Company)[24]의 소매상점에 들렀다가 천연고무로 만든 구명대를 보게 된다. 1830년대는 서구 열강들의 제국주의와 식민지 개척이 절정에 달한 시절이었다. 인도와 동남아 일대에서 영국 동인도 회사(British East India Company)의 독과점이 폐지되고 민간 회사들이 새로운 상품을 발굴해내면서 상권을 확보하기 위해 치열한 경쟁을 벌였다.[25] 향신료나 차(茶) 등의 전통적인 무역품 대신 새롭게 떠오른 것이 남미와 동남아에서 생산되는 고무였다. 식민지 개척 및 무역의 증가에 따라 필연적으로 물류와 여행이 빈번해지면서 여러 가지 방수 처리 및 제품 생산을 위한 소재로서 말 그대로 고무 열풍(Rubber Fever)이 불고 있었다.

사실 굿이어는 비즈니스에 별로 재능이 없어 당시 이미 파산을 겪고 새로운 사업거리를 찾아다니던 중이었다. 대신 그는 혼자서 연구하고

---

23 굿이어 타이어 고무 회사(Goodyear Tire & Rubber Co.)는 찰스 굿이어 사후 거의 40년이 지나 프랭크 사이벌링(Frank Seiberling)이 설립하였다. 회사 이름을 굿이어라고 지은 것은 그가 타이어의 주재료인 가황고무의 발명자였기 때문이며 그 외에는 어떤 연결고리도 없다. 현재는 던롭 타이어 회사의 지분도 인수해 계열사로 두고 있다.

24 록스버리 사는 미국에서 고무 제품을 처음 가공하여 판매한 회사이다.

25 동방 무역선을 모티브로 한 뒤마(Alexandre Dumas I)의 소설 《몬테 크리스토 백작(Le Comte de Monte-Cristo)》도 이 무렵의 이야기이다.

무언가를 만들어보는 것을 좋아했다. 특히 독학이었지만 화학 분야에 상당한 수준의 지식이 있었다. 굳이어는 구명대에 달 새로운 방식의 밸브를 개발해 시제품을 들고 록스버리 사에 찾아가 납품 가능성을 타진했다. 그런데 이번에도 영 잘못 짚었다. 밸브가 문제가 아니라 여름의 뙤약볕에 고무가 녹아버리는 바람에 구명대를 판매하는 족족 반품이 되어 돌아왔던 것이다. 록스버리 공장이 문을 닫게 될지 모르는 지경이 된 것은 물론, 고무 업계 자체가 졸지에 사양 산업으로 전락할 판국이었기에 굳이어의 제안에 관심을 기울일 여유가 전혀 없었다.

고향인 필라델피아로 돌아와 빚더미 속에서도 고무 연구를 계속하던 굳이어에게 1839년 마침내 행운의 여신이 미소를 지었다. 굳이어의 기본 아이디어는, 마치 질척한 밀가루 반죽에 밀가루를 더 넣으면 반죽이 더는 손에 달라붙지 않듯이 무언가 가루로 된 것을 섞으면 고무가 찐득하게 녹아내리는 것이 덜해지리라는 것이었다. 그는 우선 카본블랙(석유등잔의 그을음, carbon black)을 비롯해 백연(白鉛, 또는 연백 또는 탄산연, white lead)이나 산화아연(酸化亞鉛, zinc oxide) 등에 이르기까지 별의별 가루를 다 넣어봤지만 하나같이 만족스럽지 못했다.[26] 그다음으로 황(黃 또는 硫黃, sulfur)을 넣어보았다. 이러한 물질은 이미 예전에 다른 사람들이 한 번씩 다 시도해본 것들이었다. 그러나 굳이어에게는 그동안의 집

---

26 카본블랙은 검정 잉크를 만드는 원료로서, 타이어의 내구성을 높이고 마찰열을 외부로 발산하는 데 매우 중요한 역할을 한다. 백연은 거의 단군 시절로 거슬러 올라갈 만큼 오래전부터 쓰이던 흰색 안료로 물감이나 도자기용 유약 등은 물론 화장품 원료로도 쓰였다. 4세기의 고구려 고분인 안악3호분의 벽화는 습기로부터 보호하기 위해 백연으로 밑바탕을 칠하고 그 위에 그린 것이다. 연백색은 연한 백색이라는 뜻이 아니라 백연을 가지고 만들어낸 흰색이라는 뜻이다. 산화아연과 이산화티타늄(titanium oxide)은 자외선 차단제(sunblock)의 주성분이다. 자외선 차단 크림이 흰색인 이유는 이 두 물질의 색깔 때문이다.

념과 끈기를 보상해줄 '한 방'이 있었다. 다름 아닌 '실수'였다.

굿이어는 백연과 황이 섞여 들어간 고무 덩어리를 뜨거운 부뚜막 위에 놓아두었다.[27] 필시 녹아버리거나 타버렸을 것이라 짐작하고 눌어붙은 것을 긁어내려고 보니 예상 밖으로 고무 덩어리는 잘 그을려 가죽처럼 굳어 있었다. 외양이나 질감만 봐서는 이전까지 알고 있던 고무와는 전혀 다른 소재 같았으나 잡아당겨보니 탄력은 그대로였다. 또한 덥거나 추운 날씨에도 녹아내리거나 부스러지지 않았다. 굿이어는 끓는 주전자에서 나오는 김을 쐬어보기도 하고, 다리미로 다려보기도 하고, 빵 굽는 오븐에 넣어보기도 하는 등 갖은 노력을 기울인 끝에 1844년 드디어 미국 특허청으로부터 특허를 받았다.

이 공법은 우리말로는 황을 첨가했다는 뜻으로 가황법이라 부르지만 영어로는 'vulcanization'이라고 하는데, 이것이 좀 더 자세한 의미를 담고 있다. 벌컨(Vulcan)은 로마 신화에 나오는 불과 대장간의 신(그리스 신화에서는 헤파이스토스)이다. 고대 그리스와 로마 사람들은 화산을 신들의 용광로라고 믿었기 때문에 여기서 영어의 volcano가 나왔다. 화산 근처에 가면 열기보다 먼저 코를 찌르는 유황 냄새가 덮친다.[28] 황을 넣고 뜨

---

27 구체적으로 어디에서 무슨 일이 벌어졌는지에 대해서는 여러 가지 이야기가 있다. 굿이어의 집 부엌이라는 설도 있고 매사추세츠의 한 고무 공장이라는 설도 있다. 또는 헤이워드(Nathaniel Hayward)라는 발명가의 작업실이라고도 하는데, 굿이어가 그로부터 고무에 황을 섞는 특허권을 매입했다는 설도 있다. 이 중 가장 재미있는 이야기는, 1839년 겨울 어느 잡화점에 들어가서 거기 모여 있던 사람들과 이야기를 나누던 중 사람들이 비웃자 흥분해서 주머니에 있던 고무 덩어리를 꺼내 그들 눈앞에서 흔들어 보이다가 그만 놓쳐서 난로에 떨어졌다고 한다. 굿이어는 생전에 이에 대해 한 번도 구체적으로 언급한 적이 없고, 단지 한 가지 일에 끈질기게 매달려왔기 때문에 우연한 기회가 찾아왔을 때 그것을 알아챌 준비가 되어 있었던 셈이라고만 이야기했다.

겁게 열을 가해 만들었으니 화산에서 벌어지는 일들과 매우 흡사하고, 따라서 'vulcanization'이란 용어는 영미권 문화에서는 입과 귀에 착 달라붙는 표현이었을 것이다.

제1차 세계대전에서 가황고무는 없어서는 안 될 전략물자였다. 군용 차량과 비행기에 장착되는 타이어, 비행선의 몸체, 군함의 여러 가지 방수 부품, 화학전에 대비하기 위한 방독면 등 고무의 역할은 강철만큼이나 중요하였다. 미국은 처음에는 중립을 선언하고 연합군 측에 전략물자들을 부지런히 가져다 팔면서 짭짤한 수익을 올렸다. 그러잖아도 서부 전선과 동부 전선 양쪽에다 동시에 싸움을 건 탓에 보급 문제로 허덕이던 독일 입장에서는 당연히 연합군에 넉넉하게 물자를 대주는 미국이 눈엣가시였다. 독일의 잠수함 U-보트(U-boat)가 대서양을 휘젓고 다니며 미국의 상선들을 격침시켰다. 한 술 더 떠 멕시코를 부추겨서 미국과 싸우도록 계략을 꾸몄다. 화가 난 미국이 마침내 참전을 결정했고, 가황고무의 원료가 되는 천연고무의 공급처도 자연히 대서양을 끼고 있는 중남미 지역에서 반대편의 동남아시아로 옮겨졌다.

딱딱한 고무, 에보나이트의 탄생

한편 굳이어는 동생 넬슨 굳이어(Nelson Goodyear)와 함께 가황법을 계속 연구하여 고무와 정반대 특성을 갖는 소재도 발명하였다. 이 소재

---

28 역한 냄새의 주범은 정확히 말하면 황이 연소하여 생성된 산화물이다. 이산화황(SO_2), 삼산화황(SO_3) 등이 섞여 있기 때문에 SO_x라고 표기하기도 한다. 도시에서는 질소산화물(NO_x), 휘발성 유기화합물(VOC) 등과 함께 대기오염을 일으키는 주요 오염 물질이다.

는 잡아당겨도 늘어나지 않고 눌러도 손톱 하나 들어가지 않아 말 그대로 "딱딱한 고무(hard rubber)"라고 부른다. 매우 단단한 목재로 알려진 흑단(黑檀, ebony)[29]을 대체하기에 적당한 소재라고 해서 상품명은 '에보나이트(Ebonite)'라고 지었다. 예전에는 볼링공이나 자동차 운전대 등을 이 소재로 만들었다. 그 외에도 곰방대 또는 물부리라고 불리던 담배 파이프나 만년필 몸통 등 요즈음에는 찾아보기 힘든 물건들 중에 에보나이트로 만드는 것이 많았다. 그래서 이런 것들이 흔하던 1970년대만 해도 플라스틱이라고 하면 어르신들은 에보나이트를 먼저 떠올렸다.

중학교 과학 시간에 무턱대고 외우는 것들 중 대전열(帶電列, triboelectric series 또는 order of electrification)이라는 것이 있다. 두 물체를 서로 문질렀을 때 어느 쪽이 양(+)의 전하를 띠고 어느 쪽이 음(−)의 전하를 띠게 되는지를 파악하는 순서인데, 여기서 맨 마지막에 등장하는 것이 에보나이트이다. 즉, 에보나이트는 다른 어떤 소재와 마찰을 하더라도 전자를 빼앗아 와서 정전기를 발생시킨다. 대부분의 학생들이 에보나이트라는 것을 한 번도 본 적 없는 채로 그저 그런 게 있나 보다 하고 기계적으로 외웠다. 그래서인지 최근에는 에보나이트가 빠지고 그 자리에 테플론(teflon)이 대신 들어갔다. 요즘은 에보나이트를 천연고무가 아닌 합성고무(synthetic rubber)를 가지고 주로 만든다. 클라리넷이나 오보에와

---

29 고대 이집트의 무덤에서도 흑단으로 깎아 만든 부장품이 발견될 정도로 흑단은 인류가 오래전부터 사용해온 소재이다. 피아노나 파이프오르간의 검은 건반은 물론, 현악기에서 줄과 손가락이 쉼 없이 닿아 마모되기 쉬운 지판(fingerboard) 부분도 흑단으로 만든다. 흑단은 감나뭇과에 속하는데, 우리나라에서도 예로부터 속에 검은 무늬가 있는 먹감나무는 최고급 가구를 만드는 목재로 귀하게 여겨졌다.

같은 목관악기 중 초보자용 보급형 악기는 에보나이트로 만들고, 특히 리드(reed)를 고정하는 마우스피스(mouthpiece)는 대부분 에보나이트로 만든다.

특허에 울고 웃고:
또 다른 매킨토시 이야기

요즘에는 매킨토시(Macintosh)라고 하면 누구나 먹다 만 사과 모양 로고가 선명한 컴퓨터를 떠올리지만, 약 100년 전까지만 해도 매킨토시 (Mackintosh) 하면 고급 방수 코트를 연상하는 사람이 많았다. 1818년 영국에서 의과대학을 다니던 시미(James Syme)는 고무를 콜타르(coal tar)에 녹여 천에 바르면 방수포를 만들 수 있다는 것을 알아내고 이에 대한 논문을 발표하였다. 몇 달 후 발명가 매킨토시(Charles Macintosh) 는 고무를 콜타르보다 좀 더 순한 나프타(naphtha)에 녹여 두 장의 천 사이에 샌드위치 하는 방법을 개발하고는 특허 등록을 해버렸다.[30] 이후 매킨토시의 이름 사이에 'k'를 넣은 'Mackintosh' 상표는 소재로서 방수 포 및 패션 상품으로서 우의(雨衣, raincoat)를 가리키는 대명사가 되었 다. 매킨토시의 회사는 1830년 핸콕(Thomas Hancock)의 의류회사에 합 병되고, 여기서 또 한 번 운명의 장난이 시작된다.

가황고무를 연구하느라 빚에 쪼들리던 굿이어는, 매킨토시를 만드는

---

30 제임스 시미의 논문에는 두 장의 천 사이에 샌드위치 하는 방법이 아니라 한 장에 바르는 방법만 기재되 었고, 어떤 연유인지 방수용이라는 언급은 없다.

회사라면 분명 자신의 연구에 관심을 가질 것이라 생각하고, 어쩌면 투자를 받을 수도 있으리라는 기대 속에 샘플을 보냈다. 그런데 고양이에게 생선가게를 맡긴 꼴이 되어버렸다. 핸콕의 회사에서는 샘플을 분석하여 그 안에 황이 포함되었다는 것을 알아내고는 1844년 영국 정부에 냉큼 특허를 등록해버린다. 굿이어는 1855년 핸콕이 자신의 특허를 모방했다고 영국 법원에 제소하였다. 자신의 권리를 찾기 위해 동분서주한 보람도 없이 그는 끝내 패소한다.

굿이어는 그로부터 5년 뒤 가난과 정신적 피폐로 힘든 나날을 겪다가 20만 달러라는 어마어마한 빚을 남기고 사망한다. 그는 불운한 실패자로 1860년에 생을 마감했지만 1855년에 이미 프랑스 정부로부터 레종 도뇌르 훈장을 받았고, 사망한 지 116년이 지나서는 미국 발명가 명예의 전당에 헌액되었다. 1898년 발명가이자 사업가인 사이벌링(Frank Seiberling)이 타이어 회사를 설립하면서 굿이어의 이름을 사명(社名)으로 삼음으로써 혁신적 발명가로서 명예를 되찾을 수 있었다.

타이어는 둥글다: 다시 부엌으로?

한편 던롭이 발명한 초기의 타이어는 접착제를 사용해 바퀴에 직접 접착하는 방식이었다. 그래서 타이어를 교체하려면 몇 시간에 걸쳐 접착 부분을 일일이 떼어내고 새 타이어에 다시 접착제를 발라 붙인 뒤 굳을 때까지 기다려야 했다. 그러느라 꼬박 하루가 걸렸다. 조금이라도 잘못 붙이면 공기가 다 새어버려 재작업을 해야 하는 일도 있었다. 그러다 보니 고작 자전거 타이어 하나 바꾸는 데 길게는 며칠씩 걸리기도 했다.

미국에 라이트 형제(Orville and Wilbur Wright)가 있었다면 프랑스에는 미슐랭 형제(Édouard and André Michelin)가 있었다. 이들은 몇 달 동안 머리를 싸매고 연구한 끝에 1889년 접착제를 쓰지 않고도 쉽게 갈아 끼울 수 있는 현대식 타이어에 대한 특허를 얻었다. 1891년 파리와 브레스트 간 1,200킬로미터를 왕복하는 장거리 자전거 대회가 열렸는데, 초대 우승자가 타고 달린 자전거에 미슐랭 형제의 타이어가 장착되었다.

이후 미슐랭 형제의 타이어 회사는 급속 성장을 거듭하여 1930년대에는 당시 파산 직전이었던 자동차 회사 시트로엥(Citroën)을 인수하기에 이른다.[31] 자동차 회사를 자회사로 두는 것은 시장을 키우기 위한 큰 그림의 일부였다. 그 이전인 1910년부터 미슐랭 형제는 자동차를 이용한 여행 문화를 보급하려는 포석으로, 세계 각처의 도로지도를 판매하였는데 이것이 제2차 세계대전 중 연합군과 독일군 양측 모두에 중요한 군사 자료로 활용되었다.

1926년에는 드디어, 식도락가들이 나들이를 떠나기 전에 지도보다 먼저 챙긴다는 여행자 안내서인 《미슐랭 가이드(The Michelin Guide)》를 발간한다.[32] 지금 독자들이 읽고 있는 이 책과 비슷한 크기에다 성경 한 권

---

31 미슐랭 형제는 기술적으로도 혁신을 거듭해 1934년에는 구멍이 나도 형태를 유지하며 달릴 수 있는 런플랫(run-flat) 타이어, 1946년에는 래디얼(radial) 타이어를 개발, 굴지의 타이어 회사로 발돋움한다. 래디얼 타이어란, 주행 방향에 직각, 즉 바퀴살 방향(radial)으로 실을 감아 조향성과 연비를 획기적으로 개선한 것으로 2020년 기준으로 전 세계 타이어 시장의 약 80%가 이 형태를 채택하고 있다. 이 타이어는 시트로엥 최초의 전륜 구동(front wheel drive) 모델 차량을 위해 만들어진 것으로 전륜 구동 방식 차량이 널리 보급되는 데에도 크게 기여하였다.

32 'The Red Guide'라 불리는 최초의 안내서는 1900년에 발간되었으나, 이때는 차량 관리법이나 주유소, 숙박업소의 위치 등에 대한 안내가 주된 내용이었고 무상으로 배포되었다. 1922년부터 유료로 판매되기 시작했으며, 매스컴에 자주 보도되는바 별의 개수로 식당의 등급을 매기는 시스템이 시작된 것은 1926년이다. 2020년 프랑스판은 국판 크기에 1,800페이지가 넘고 가격은 한화로 약 3만 5,000원 정도이다.

정도의 가격에 팔린 그 안내서는, 전 세계 요리사들이 미슐랭이 주는 별을 따내기 위해 주방에서 인생을 바쳐 최고의 맛을 창조하도록 만들었다.

이렇게 해서 굳이어의 부엌 화덕에서 시작된 고무 이야기는 구명대, 방수 우의(雨衣), 타이어와 자동차 등 복잡한 여정을 돌고 돌아 전 세계 유명 식당의 부엌으로 다시 돌아오게 된다. 일반 가정에서도 고무 제품을 가장 많이 볼 수 있는 곳은 부엌으로, 고무 제품이 없는 부엌은 상상하기 힘들다. 타이어가 되어 사람들의 이동을 책임진 고무는 부엌에 자리 잡아 식생활까지 뒷받침함으로써 인류가 더욱 왕성하게 활동할 수 있도록 아낌없는 지원을 해주고 있다.

코끼리와 거북이를 살려라:
셀룰로이드의 출현

테니스를 축소해 실내로 옮겨놓은 것이 탁구인 것처럼, 크리켓(cricket)과 골프를 축소하여 실내로 옮겨놓은 것이 당구이다(규모를 너무 심하게 줄여놓은 탓에 연관성을 실감하지 못하는 사람들도 많기는 하다). 15세기 프랑스의 왕 루이 11세가 처음으로 당구대를 궁 안에 들여놓고 즐겼다고 한다. 이 귀족 스포츠는 미국으로 넘어와 골드 러시(Gold Rush)에 이은 서부개척 시대와 맞물리며 선풍적 인기를 끌었다. 술집에서 빈둥거리던 카우보이들이 시간을 때우기에 더할 나위 없이 좋은 오락거리였던 것이다. 그런데 여기서 당구공이 문제가 되었다.

당구공은 아주 초창기에는 나무 등을 깎아 만들기도 했으나 곧 상아

(象牙, ivory)로 교체되었다. 다른 어떤 재료도 상아만큼의 단단함과 반발력과 광택을 따라올 수 없었다. 당구가 소수 귀족들의 전유물이었을 때는 상아의 수요도 얼마 되지 않았고 귀족들에게 그 정도의 사치란 대수로운 게 아니었으므로 당구공이 사회문제로 드러나지 않았다. 그런데 당구가 대중화되면서 상아의 수요가 폭증하였다.

이 무렵엔 당구뿐만 아니라 피아노도 대중화되었는데, 상아는 피아노 건반을 만드는 데도 쓰였다.[33] 또 남북전쟁을 계기로 권총과 단검의 수요가 늘어나면서 손잡이를 상아로 만든 고급 제품이 유행했다. 곧 전 세계적으로 코끼리가 남아나지 않을지 모른다는 위기감이 닥쳤다.[34] 1863년 어느 날, 당구공을 제조하는 펠란–콜렌더 사(Phelan and Collender Company)는 《뉴욕 타임스》에 광고를 하나 실었다. 상아를 대체할 수 있는 소재 개발에 1만 달러 상당의 금을 현상금으로 내건 것이다.[35] 이 상금이 실제로 수여되었는지에 대해서는 확실한 기록이 없다. 그러나 이 광고는 사회 전반에 걸쳐 이 액수와는 비교도 할 수 없는 규모의 경제 효과를 가

---

33 옛날에는 피아노의 흰 건반은 상아(ivory), 검은 건반은 흑단(ebony)으로 만들었다. 영국과 미국에서 각각 대중음악의 전설로 인정받는 폴 매카트니(Paul McCartney)와 스티비 원더(Stevie Wonder)는 1982년에 〈Ebony and Ivory〉라는 듀엣곡을 발표하였다. 그 곡은 다음과 같은 가사로 시작한다. "흑단과 상아는 내 피아노 건반 위에 나란히 있어서 완벽한 화음(또는 조화)을 이루며 함께 살아가는데, 오 하나님, 우리는 왜 그러지 못할까요?(Ebony and Ivory live together in perfect harmony, side by side on my piano keyboard, Oh Lord, why don't we?)" 즉, 흑인과 백인을 피아노 건반에 비유해 피부색을 뛰어넘는 인종 간 화합을 촉구하였다.

34 이런 수요를 맞추기 위해 매년 약 10만 마리의 코끼리가 죽어갔다. "The Ivory Trade: The Single Greatest Threat to Wild Elephants", 〈Elephant Fact Sheet 2019〉. Jane Goodall Institute of Canada.

35 2020년 초를 기준으로 미국에서 거래되는 금의 가격은 1868년에 비해 60배 이상 뛰었다. 즉, 현재의 원화 가치로 환산하면 거의 8억 원에 육박하는 액수이다. Mary Kate Robbett (2018. 2. 26). "Imitation Ivory and the Power of Play", Lemelson Center, Smithsonian Institution.

져왔다. 또한 코끼리를 비롯해 바다거북이나 들소(bison), 산호(coral) 등 많은 동물을 멸종위기로부터 구해냈다.

열여섯 살 때부터 인쇄업계에서 잔뼈가 굵은 하이엇(John Hyatt)은 과학을 제대로 공부한 적은 없지만 발명가로서 재능을 타고난 인물이었다.[36] 뜨거운 인쇄기와 활자를 늘 만져야 하는 인쇄공들은 손가락을 데지 않도록 작업 전에 항상 콜로디온 용액이 담긴 병에 손가락을 담그곤 했다. 콜로디온의 용매인 에테르와 알코올이 날아가면 마치 얇은 반창고와 같은 나이트로셀룰로오스의 막이 만들어져 손가락을 보호해주었던 것이다. 지금까지 이 책을 꼼꼼히 읽어온 독자라면 이쯤에서 무슨 이야기가 튀어나올지 감이 잡힐 것이다. 그렇다. 병에 든 액체를 엎지르는 사건은 여기서도 어김없이 발생한다. 바닥에 흘러내린 콜로디온 용액이 딱딱하게 굳는 것을 본 하이엇은 곧바로 당구공 현상금 광고를 떠올렸다.

하이엇은 1869년 나이트로셀룰로오스에 장뇌(樟腦, camphor)를 섞어 마침내 상아와 비슷한 질감을 갖는 소재를 개발하는 데 성공한다. 이 소재는 처음에는 인조상아(artificial ivory)로 불리다가 1872년부터 셀룰로이드(Celluloid)라는 상표명으로 잘 알려지게 된다. 색소를 혼합하는 것에 따라 상아뿐 아니라 다른 값비싼 소재, 즉 흑단, 거북 등껍데기, 진주 등을 얼마든지 모방할 수 있었다.

---

36 하이엇은 당구공 현상금 광고가 신문에 나기 3년 전에 이미 칼 가는 기구를 발명한 적이 있다. 이때 그의 나이 23세였다. 하이엇은 이 외에도 사출성형기(射出成形機, injection moulding machine), 사탕수수 착즙기, 다중 재봉틀 등 여러 가지 발명품을 남겼다.

과거 귀족들의 전유물로 여겨졌던 고급 머리빗이나 목걸이 등의 사치품은, 일반 서민들에게는 탐은 나지만 선뜻 가질 수 없는 것들이었다. 그런데 때마침 사회의 주류 계층으로 떠오른 중산층에게 그 욕구를 충족시킬 대체재가 나타난 것이다. 따라서 셀룰로이드는 1870년대 세계적인 경기침체기에 오히려 대박을 터뜨렸다. 문화사학자(cultural historian) 제프리 메이클(Jeffrey Meikle)은 셀룰로이드가 소비 지향적 중산층을 위한 "소재의 민주화(democratization)"를 불러왔다고 이야기한다. 동시에 플라스틱 제품을 싸구려 모조품이라는 개념으로 대중에게 인식시키기도 했다.

파크스와 스필의 도전:
불굴의 의지로 만든 자일로나이트

가황고무와 마찬가지로 셀룰로이드 역시 특허 분쟁에 휘말리게 된다. 하이엇보다 조금 먼저, 1862년 영국의 파크스(Alexander Parkes)도 자신의 이름을 딴 '파커사인(Parkesine)'이라는 소재에 대한 특허를 등록하는데, 이는 기본적으로 셀룰로이드와 같은 물질이었다. 그도 하이엇처럼 사진 작업용 콜로디온에서 휘발성 용매가 날아가고 남은 뿌연 고체를 보고 이 소재에 대한 연구를 시작했다. 파크스는 이 소재를 옷감의 방수 처리에 쓰려 생각하고 있었다. 같은 해 영국에서 국제박람회가 열리고 파크스의 신소재는 여기서 동메달을 차지한다.

군용 방수 옷감 생산업자이자 발명가이기도 한 스필(Daniel Spill. 하필이면 이름도 '흘리다', '엎지르다'라는 의미의 spill이다)은 박람회에서 파커사인을 눈여겨보았다. 이 소재의 무한한 잠재력을 간파한 그는 파크스를 설득해 같이 회사를 차렸다. 그런데 파크스와 스필은 가황고무를 발명한 굿이어만큼이나 사업수완이 부족했다.

소규모의 동네 식당을 소재로 하는 TV 프로그램에서 자주 나오는 이야기처럼, 1인용 냄비에 라면을 아무리 맛있게 끓인다 해도 그가 커다란 들통에 100인분을 똑같이 맛있게 끓여낸다는 보장은 없는 것이다. 그건 완전히 다른 차원의 이야기이다. 더구나 이런 식으로 수지타산을 맞추며 장사하기란 절대로 쉬운 일이 아니다. 파크스와 스필의 회사도 생산 비용이 너무 많이 들어 이를 낮추기 위한 대량생산 공정을 개발하고자 부단히 노력하였으나 결국 시장에 공급하기 위한 최소한의 양산 체제를 구축하기도 전에 회사가 망해버렸다.[37]

스필은 파크스의 특허를 인수한 뒤, 이를 개량해 '자일로나이트(Xylonite)'라고 상표를 등록하였다.[38] 스필의 회사 역시 이전과 같은 운명을 겪었다. 스필은 곧바로 하이엇과의 본격적인 특허 전쟁에 돌입했고 이 법정 공방은 장장 10년 가까이 계속된다. 이는 굿이어와 핸콕 간의 가황고무 소송, 그리고 다음 장에서 이야기할 고어와 크로퍼 간의 고

---

37 파크스는 일찍이 1846년에 가열하지 않고도 가황고무를 만들 수 있는 공법을 발명했다. 영국에서 가황고무 산업을 일으킨 장본인인 토머스 핸콕은 이 특허에 대해 '금세기 최고의 발견'이라고 극찬했다. 파커사인의 양산 공정을 개발하기 위한 회사는 1866년 설립되었으나 2년 만에 문을 닫았다. 이 회사의 이사들 중에는 죽어가는 특허도 살려낸다고 할 만큼 사업수완이 좋은 헨리 베서머도 있었으나 결국 파커사인의 상용화에는 실패했다.

38 'xylonite'는 그리스어로 나무라는 뜻의 'xylon'에 돌, 광물 등을 나타내는 접미사 '-ite'를 붙여 만들어낸 말이다. 나무에서 뽑아낸 셀룰로오스로 돌처럼 단단한 소재를 만들었다는 의미이다. 참고로 'xylitol'은 나무에서 추출한 알코올 성분이고, 'xylophone'은 나무판을 두드려 소리를 내도록 만든 악기라는 의미이다.

어텍스 소송과 함께 신소재 분야에서 자주 회자되는 특허 분쟁이다.

소송은 처음에는 스필에게 유리하게 흘러갔다. 법정은 이 신소재를 최초로 발명한 사람은 파크스라는 점을 공식적으로 인정했다.[39] 파크스의 초기 실험 일지에 장뇌를 사용한 기록이 있었기 때문이다. 그러나 디케의 저울은 다시 반대 방향으로 기울기 시작했다.[40] 결국 1884년에 법정은 어느 쪽에도 배타적 독점권을 인정하지 않고, 스필은 영국에서 자일로나이트라는 이름으로, 하이엇은 미국에서 셀룰로이드라는 이름으로 생산을 계속할 수 있다고 판결했다.

스필은 이 소송을 준비하는 한편 새로이 회사를 차렸다. 새 회사에서는 소재만 생산하는 것이 아니라 파커사인(또는 자일로나이트)을 응용한 여러 가지 제품을 만들었다. 그중 파커사인을 코팅하여 때가 쉬이 타지 않도록 한 목깃(collar)과 소매(cuff)가 사무직 근로자들 사이에서 큰 인기를 끌면서 드디어 회사가 번창하기 시작했다.[41] 그러나 스필은 최종 판결이 난 후 불과 3년 만에 사망하고 만다. 그는 다른 이가 가진 아이디

---

39 어떤 기록에는 하이엇이 당구공 현상금 광고를 보았을 때 이미 파커사인에 대한 기술적인 내용을 어느 정도 파악했다고 언급되어 있다.

40 디케(Dike)는 그리스 신화에 나오는 정의(도덕, 공정, 법)의 여신이다. 대개 공정한 판단을 위해 눈을 가리고 양팔저울(천칭)과 칼을 든 모습으로 묘사된다. 우리나라 대법원 청사에 가면 한복을 입고 오른손에는 천칭, 왼손에는 법전을 들고 있는 디케의 조각상을 볼 수 있다. 제우스에 의해 하늘로 올라가 황도12궁(黃道十二宮, constellations of zodiac)의 하나인 천칭자리(libra)가 되었다고 한다. 로마 신화에서는 유스티티아(Justitia)라고 하는데, 영어로 정의를 뜻하는 justice가 여기서 유래한 말이다.

41 빅토리아 시대 영국의 복식(服飾)에 의하면, 남성 정장에서 목깃과 소매는 스터드(stud)라고 부르는 단추를 사용해서 셔츠에 떼었다 붙였다 할 수 있게 되어 있었다. 그 당시는 지금처럼 빨래와 다림질을 손쉽게 할 수 있는 시대가 아니었으므로 때가 타기 쉬운 목깃과 소매 부분만 따로 떼어내 세탁을 하였다. 주름이 가지 않고 때가 쉽게 빠지도록 세탁 후에 매번 풀을 먹였는데, 스필이 여기에 착안해서 파커사인을 코팅함으로써 더 이상 풀을 먹이지 않아도 되게끔 만든 것이다.

어의 진가를 알아보고, 자그마치 20년이라는 세월 동안 그것을 세상에 내놓기 위해 인생을 고스란히 쏟아 부은, 불굴의 의지를 보여준 인물이 었다.

영화보다 더 영화 같은
셀룰로이드의 역사

셀룰로이드가 가장 큰 영향을 미친 분야는 사진과 영화이다. 이전까지 필름(film)이란 말은 사진과는 전혀 상관없는 단어였다. 원래 '얇은 막 또는 껍질'이란 의미만 가지고 있었던 이 단어는 셀룰로이드가 출현하면서부터 영상을 기록하는 매체의 대명사가 되었고, 나아가 영화를 찍는다는 뜻의 동사로까지 의미가 확장되었다.

셀룰로이드 필름이 등장하기 이전까지 영상을 기록하는 소재는 감광제를 바른 유리판으로서, 건판(乾板, dry plate, photographic plate)이라 불렸다. 감광제를 유리판에 고정시키는 접착제 구실을 하는 소재로서 처음에는 계란 흰자를 사용했으나 곧 나이트로셀룰로오스를 에테르와 에탄올에 녹여 희석시킨 콜로디온이 그것을 대체하였다. 인쇄업자로서 사진을 다룰 줄 알아야 했던 하이엇의 작업대 위에 콜로디온 병이 놓여 있었던 건 우연이 아니다.

두루마리(roll) 형태의 필름 개발을 주도한 것은 코닥(Kodak) 카메라를 만든 이스트만(George Eastman)이었다. 처음에는 종이 위에 감광제를 바른 것으로 시작해서 카메라를 출시한 지 1년쯤 후인 1889년 셀룰로이드 필름을 시장에 내놓았다. 당시 나이트로셀룰로오스를 간단히 나이트레이트(nitrate)라고도 불렀기 때문에 사진이나 영화업에 종사하는 사람들은 이 필름도 나이트레이트라고 불렸다. 얼마든지 길게 만들어 원통에 감아 보관할 수 있는 이 필름이야말로 영화 산업을 견인한 장본인이었다고 해도 과언이 아니다.

그런데 불이 잘 붙는 셀룰로이드의 단점은 두고두고 문제가 되었다. 셀룰로이드로 만든 당구공은 부딪히는 순간 폭음과 함께 불이 붙기도 하였고, 셀룰로이드 영화 필름은 상영 도중 영사기 내부에서 마찰에 의해 화재를 일으키기도 했다. 1978년에는 미국 국립문서기록관리청(National Archives and Records Administration)에서 보관 중이던 뉴스 필름이 자연 발화하여 대거 소실되기도 했다. 지금도 미국에서 셀룰로이드 필름은 위험물로 분류되어 이를 취급하려는 사람들은 별도의 면허를 받아야 한다.

이런 이유로 불이 잘 붙지 않는 셀룰로오스 아세테이트(cellulose acetate, 또는 아세틸셀룰로오스, acetylcellulose)로 만든 필름이 1908년부터 공급되기 시작해 1950년 무렵에는 종래의 셀룰로이드(나이트레이트) 필름을 거의 대체하게 된다. 영화업에 종사하는 사람들은 이 역시 줄여서 아세테이트(acetate)라고 불렀다(필름의 대부분을 공급하던 코닥 회사에서는 종래의 나이트레이트 필름을 1951년에 단종시켰으나 일반인들은 아세테이트 필름도 계속 셀룰로이드라고 불렀다). 셀룰로이드 필름의 인화성(引火性, inflammability)에 대한 공포가 얼마나 컸던지 새로 개발된 아세테이트 필름에는 '안전한 필름(safety film)'이라는 이름이 붙을 정도였다. 참고로 우리가 보통 책 표지를 쉽게 헐지 않도록 하고 오래 보존하고자 할 때 문구점에서 투명한 아세테이트지(紙)를 구입해 겉을 감싸는데, 이것이 바로 셀룰로오스 아세테이트이다(예전에는 동네 서점에서 으레 서비스로 싸주곤 하였다). 자연스럽게 책 표면에 찰싹 달라붙는 재질이다. 포켓에 끼우는 형태로 된 투명한 표지는 대개 폴리염화비닐(PVC)을 쓴다.

이탈리아 영화의 이름난 걸작 중 하나인 〈시네마천국(Nuovo Cinema

Paradiso》은 영화 자체도 유명하지만 멋진 주제음악으로 우리에게 더 잘 알려진 영화이다. 이 작품에는 셀룰로이드 필름을 상영하던 구식 영사기가 과열되면서 필름에 불이 붙는 장면이 생생하게 묘사되는데, 이것이 주인공의 인생 행로를 송두리째 바꿔놓는 장치로 사용된다. 셀룰로이드 필름에서 시작된 불로 인해 결국 영화관이 전소하고, 영사기사 알프레도는 실명하게 된다. 화재가 나기 전까지 여덟 살배기 주인공 토토는 틈만 나면 알프레도에게 놀러가서 영사기 다루는 법을 배웠다. 알프레도가 시력을 잃어 일을 못하게 되자 할 수 없이 그 마을에서 영사기를 다룰 줄 아는 유일한 사람인 토토가 영사기를 떠맡게 된다. 훗날 토토는 결국 유명한 영화감독으로 성공한다.

이 작품에서 토토의 아버지는 제2차 세계대전 중 전사하는 것으로 나오고 화재가 발생했을 때 토토의 나이가 여덟 살이었으니, 시대적 배경은 1950년 전후인 것으로 어림짐작이 된다. 셀룰로이드 필름이 보다 안전한 셀룰로오스 아세테이트 필름으로 교체된 시기와 잘 맞아떨어진다. 이 작품 중반부에 등장하는 셀룰로이드 필름의 발화 장면은 주인공이 유년 시절의 방황을 마무리하고 자신의 목표를 향해 점차 안정을 찾아 나아가는 계기로 묘사된다. 평소 소재나 영화사에 관심 있는 사람이라면 아마도 이 화재 장면이 더 큰 울림으로 다가왔을 것이다.

불이 잘 붙는 필름에서 화재 걱정 없는 필름으로의 전환은 실제 영화사(映畫史)에서도 상당히 큰 의미를 갖는다. 관련 업계 종사자들을 화재의 공포로부터 해방시켰으니 말이다. 그럼에도 사람들은 여전히 필름을 셀룰로이드라고 불렀다. 물론 아세테이트 필름도 1980년대에 '식초증후군(vinegar syndrome)'[42]으로 구설에 오르내리다 폴리에스터 재질로 교체되었다. 더구나 2000년대 들어 모든 것이 디지털 형식으로 바뀌면서 이제는 '필름'이라는 것

자체를 구경하기 힘든 시대가 되었다.

그렇지만 '셀룰로이드'는 그저 하나의 소재에 붙는 명칭 이상의 의미를 갖는다. 이는 영화를 대중문화의 상징으로 만들고 극장 문화가 세계를 풍미하게 한 출발점이었다. 셀룰로이드는 장신구에서만 민주화를 가져온 것이 아니라, 과거 돈 많은 귀족이 비싼 입장료를 치르고 극장에 앉아서 보던 공연문화를 누구나 점심 한 끼 값 정도로 즐길 수 있도록 함으로써 공연예술에도 민주화를 몰고 왔다고 할 수 있다. 여기서 '민주화'는 '귀족화'에 상대되는 의미로 쓴 말이다. 일반 대중이 단지 소비만 하는 것이 아니라 나아가 영향력을 미치고 방향성을 결정하는 데 참여할 수 있다는 의미에서, 대중화라는 말보다 민주화라는 표현이 조금 더 가깝지 않을까 생각한다.

---

42 아세테이트 필름은 장기간 보관하였을 때 자연적으로 분해되면서 쪼그라지고 부서져 못 쓰게 된다. 이때 식초의 주성분인 아세트산이 빠져 나오면서 시큼한 냄새가 나기 때문에 이를 식초증후군이라 부른다.

플라스틱은
현대 사회의 표정을
어떻게 바꾸었나?

상아, 비단, 귀갑, 모피 등 값비싼 천연재료를 대체하기 위해 개발된 플라스틱!
현대 사회를 뒤덮은 플라스틱의 이면에는 실패를 두려워하지 않고
작은 우연도 놓치지 않고 자신의 인생을 바쳐 집요하게 탐구를 이어온 많은 이들의
피, 땀, 눈물이 있었다. 자연에서 얻은 재료를 가공하는 데서 벗어나 실험실에서
직접 합성해내는 플라스틱의 발전 과정은 현대 사회의 표정을 그대로 보여준다.

© Shutterstock

플라스틱? 고분자? 합성수지?

더스틴 호프만 주연의 1967년 작 〈졸업(The Graduate)〉은 미국 영화의 고전 중 하나로 꼽힌다. 우리나라에서는 사이먼과 가펑클 듀오가 부른 OST는 귀에 익어도 정작 이 영화를 처음부터 끝까지 다 보고 줄거리를 기억하는 사람은 많지 않은 것 같다.

영화의 도입부는 주인공 벤의 졸업을 축하하는 파티 장면이다. 벤은 불과 20세 나이에 미국 동부의 명문 대학을 졸업하였으나 앞으로 무엇을 하며 살아갈지에 대해서는 아무 계획도 없이 막막한 상태이다. 벤의 부모가 열어준 성대한 파티에 참석한 이웃 하객들과 친척 어른들은 하나같이 벤의 장래 계획에 대해 꼬치꼬치 캐묻고 감 놔라 배 놔라 하며 벤을 난감하게 한다. 그때 벤의 부모의 친구이자 사업가인 맥콰이어 씨(Mr. McQuire)가 벤을 조용히 집 뒤편으로 데리고 나가더니 다음과 같은 대화를 나눈다.

Mr. McQuire: Ben, I just want to say one word to you—just one word. (벤, 내가 자네에게 한마디만 하지, 딱 한마디만)

Ben: Yes, sir. (네, 선생님)

Mr. McQuire: Plastics. (플라스틱)

Ben: Exactly how do you mean? (정확히 무슨 말씀이세요?)

Mr. McQuire: There is a great future in plastics. Think about it. Will you think about it? (플라스틱은 앞으로 대박이 날 거야. 그쪽으로 잘 알아봐. 그렇게 할 거지?)

영화 〈졸업〉의 한 장면, 극중 인물 벤과 맥콰이어 씨가 플라스틱에 대해 대화를 나누고 있다.

개봉 당시 미국 관객들은 이 장면에서 피식 웃음을 터뜨렸다고 한다. 당시 플라스틱이란 단어는 조잡한 싸구려, 전혀 흥미를 끌지 못하는 구닥다리의 대명사로 쓰였다. 점잖게 차려입은 중년의 사업가가 장래가 촉망되는 젊은이를 조용히 밖으로 데리고 나가 잔뜩 무게를 잡으면서 고작 한다는 조언이 싸구려 사업에 뛰어들어보라니……

사실 이 영화에서는 플라스틱이라는 단어가 웃음을 유발하는 도구이자 이야기가 앞으로 전개될 방향에 대한 복선의 장치로 사용되었다. 이 영화의 중심축인 베이비부머(baby boomer) 세대에게 플라스틱이란 기성세대의 진부한 가치관, 도저히 닮고 싶지도, 이어받고 싶지도 않은 사고방식을 상징한다. 당시 기성세대의 삶은 대공황과 제2차 세계대전을 치르며 허리띠를 졸라매고 멋이나 세련됨보다는 구두쇠 노릇을 마다 않고 실용적인 것만을 추구하며 경제적 회복을 위해 일생을 바쳐온 모습이었다. 상대적으로 물질적 풍요를 누리며 자란 주인공 세대에게는 어떻게 해서든지 배격하고 싶은, 벗어나고 싶은 굴레이기도 했을 것이다.

그래서 심각한 분위기를 연출하며 플라스틱 분야로 진출해보라고 조언하는 것은 낡아빠진 삶의 방식을 우격다짐으로 주입하려는 기성세대의 입장을 함축적으로 나타낸 장면이라 할 수 있다. 애초 플라스틱이라는 소재의 탄생 배경이 비단, 상아, 귀갑 등 귀하고 값비싼 소재를 대체하기 위해 인간의 손끝에서 대량으로 합성된 것이니, 영화가 전달하고자 하는 주제를 한마디로 압축해 표현하는 데 '플라스틱'만 한 게 없었을 것이다.

흔히들 플라스틱을 20세기에 세상의 얼굴을 바꾼 기적의 신소재라고 한다. 혹자는 20세기를 철기 시대가 아닌 플라스틱 시대라고도 한다. 이전까지 자연에서 채취한 소재를 분리하고 정제하는 데 머무르던 인류는 물질의 기본 단위인 분자를 설계하고 합성하여 새로운 소재를 창출하는 단계로 들어섰다. 이것이 바로 기적이다.

지금 잠시 책에서 눈을 떼고 주위를 둘러보자. 눈에 들어오는 물건들의 90% 이상이 플라스틱일지도 모른다. 금속이나 목재라고 생각했던 것들도 표면은 플라스틱으로 코팅이 되어 있거나 도료가 칠해져 있을 것이고, 가구의 표면을 감싸고 있는 것들도 합성 섬유나 합성 피혁이 많을 것이다. 만일 벤이 맥콰이어 씨의 조언을 따라 플라스틱 사업에 뛰어들었다면 어떻게 되었을까? 아마도 1970년대 중반쯤에는 그의 성공 신화를 다룬 다큐멘터리가 만들어졌을지도 모를 일이다.

플라스틱의 출현은 자연에서, 특히 생명체로부터 극히 드물게 얻을 수 있는 희귀한 소재를 대체하여 실제로 많은 동식물의 멸종을 막았다. 그러나 한 세기가 지난 지금은 생산 과정에서 배출되는 탄소, 인간의 호르

몬을 교란시키는 여러 가지 화학물질, 마구 버려지는 미세 플라스틱에 의한 환경오염 등 생태계를 위협하는 문제로 인해 양면성을 가진 소재가 되었다.

'플라스틱(plastic)'이라는 말의 사전적 의미는 모양을 마음대로 만들 수 있다는 뜻이다. 우리말로는 가소성(可塑性)이라고 번역되는데, 여기서 '塑' 자는 초승달(朔)이 점점 차 올라가는 모양을 흙(土)을 가지고 흉내 내는 것을 표현한 글자로서, 흙을 이겨 물건의 형체를 만드는 것을 가리킨다. 어원은 그리스어의 'plastikos'인데, 손으로 주무르거나 틀에 찍어서 모양을 만든다는 뜻이다. 그래서 사람의 얼굴을 틀에 찍어낸 듯 바꾼다는 의미에서 성형수술을 영어로는 'plastic surgery'라고 한다. 돌이나 나무 등으로 쌓은 벽의 울퉁불퉁한 표면에 발라 희고 매끄러운 모양의 벽면을 만드는 석회 반죽도 영어로는 'plaster'라고 한다. 이 역시 같은 어원에서 파생된 '바른다'라는 뜻의 라틴어 emplastrum이 축약된 말이다.

플라스틱이 나오기 이전까지는 점토가 가소성을 갖는 거의 유일한 소재였다. 그러나 점토는 높은 온도로 구워야만 비로소 완성되기 때문에 성형 이후가 힘들고 복잡하다. 더구나 건조시키고 굽는 과정에서 수축이 많이 일어나 웬만큼 숙련된 사람이 아니고는 최종 형태를 가늠해 만들기가 쉽지 않다. 또 굽는 도중 파손되거나 뒤틀리는 경우가 다반사이다. 유약의 색깔이 굽고 나면 전혀 다른 색깔로 변하기도 한다. 한마디로 뚜껑을 열어보기 전까지는 결과물이 어떠할지 알 수가 없다.

금속의 경우 일일이 두들겨 모양을 만들어야 해서 엄청난 숙련도를 필요로 하는 동시에, 이것이 또 보통 중노동이 아니다. 쇳물을 주형에 부어서 모양을 만드는 방법도 있지만 이렇게 만든 도구들은 조직이 치밀하지 못하고 푸석푸석해서 용도가 매우 제한적이다.

이에 반해 플라스틱은 압출, 사출, 압축, 진공 압착, 블로(blow) 성형 등 다양한 방법으로 원하는 모양을 만들 수 있다. 틀의 형태가 곧 최종 형태이기 때문에 어떻게 변할까 마음 졸이지 않아도 된다. 색깔도 자유롭게 배합할 수 있다. 가소성을 의미하는 '플라스틱'이라는 타이틀을 달 만한 충분한 자격을 갖춘 소재인 것이다. 이에 더해 플라스틱은 녹이 슬거나 물에 풀어질 염려도 없고, 산과 알칼리에 다 잘 견딘다. 그리고 인간이 분자 구조를 설계하여 합성하는 것이기 때문에 원하는 특성과 재질을 나타내도록 무한한 응용이 가능하다.

'고분자(高分子, polymer)' 소재라는 말은 많은 경우 플라스틱이라는 말과 동의어로 쓰인다. 그러나 엄밀하게 따지자면 플라스틱이 고분자 물질의 한 종류이다. 'polymer'는 그리스어의 'poly(많다)'와 'meros(부품, 단위)'가 합쳐진 말이다. 단량체(單量體, monomer)라고 불리는 단위가 수천 개 이상 사슬(chain)처럼 길게 연결되어 하나의 거대한 분자를 형성한 것이다. 폴리에스터, 폴리프로필렌, 폴리스티렌 등 이름이 '폴리'로 시작하는 소재들이 다 여기에 속한다. 이렇게 연결되어 만들어진 분자 하나의 무게는 각 단량체 무게의 수천 배가 될 테니 분자량(分子量, molecular weight)이 매우 높아지게 되고 그래서 우리말로는 고분자라고 부른다.

고분자를 길게 이어지는 사슬에 비유한다면 그 고리 하나하나에 해당하는 단량체들이 서로 맞물려 엮이는 과정이 바로 중합반응(重合反應, polymerization)이다. 이 때문에 고분자를 중합체라고 부르기도 한다. 이 사슬들이 어떻게 배열되어 있느냐에 따라 고분자 물질은 고무와 같이 탄성(elasticity)을 나타내기도 하고 가소성(plasticity)을 나타내기도 한다. 이름에서 짐작할 수 있는 바와 같이 가소성을 나타내는 고분자 물질을 특별히 플라스틱이라고 부르는 것이다.

베이클랜드의 베이클라이트:

최초의 100% 합성 소재

셀룰로이드는 세상에 나오자마자, 마치 "악화가 양화를 구축한다(Bad mony drives out good)"라는 그레셤(Thomas Gresham)의 법칙을 몸소 보여주겠다는 듯 빠른 속도로 짝퉁의 왕국을 건설해나갔다. 그렇지만 이래저래 아직 2%가 부족했다. 불이 잘 붙는다는 점 외에도 열가소성(thermoplastic) 수지라는 근본적·태생적 한계로, 온도가 올라가면 흐물흐물해져 모양이 제멋대로 바뀌었다. 물질의 종류에 따라 다르긴 하지만 대개는 체온 정도로만 올라가도 그런 일이 생기고는 했다.

이를테면 셀룰로이드로 만든 의치(義齒)는 입속에서 체온에 의해 모양이 틀어졌다. 게다가 핵심 성분인 장뇌는 파스나 기침약, 심지어 바퀴벌레 퇴치제에도 단골로 들어가는 물질이다. 파스를 붙이거나 기침약을 먹으면 불편하던 부위가 화끈거리면서 통증이 어느 정도 완화되는 느낌이 드는데 이것이 장뇌 성분의 작용이다. 그렇다고 해서 이런 물질을 하루 종일 물고 있어야 한다면 그것은 절대로 유쾌한 경험이 될 수가 없다. 사람들이 보다 안정적인 소재를 찾아 나서는 건 당연한 일이었다. 현재 셀룰로이드는 대부분 다른 소재로 대체되었고, 일부 탁구공을 만들거나 기타 줄을 퉁기는 삼각형의 픽(pick)을 만드는 데 쓰인다.

벨기에 출신 화학자인 베이클랜드(Leo Baekeland)는 벨록스(Velox)라는 상표명의 감광 용지를 발명한 사람이다.[1] 그는 회사를 코닥(Eastman Kodak) 사에 매각해 큰 부를 거머쥐고, 이를 바탕으로 새로운 소재 개발에 몰두한다. 그가 눈여겨본 소재는 셸락(shellac)이었다. 셸락은 동남아시아에 서식하는 진딧물의 일종인 락깍지벌레(Kerria lacca)의 암컷이 수액을 빨아먹고 분비하는 점액이 나무껍질과 함께 굳은 것이다.[2] 예로부터 명품 현악기의 표면에 바르면 소리의 울림이 좋아진다고 하여 매우 값비싼 도료로 알려져 있었다.

셸락은 절연성(絕緣性)이 매우 뛰어났다. 마침 플라스틱 연구가 본격화된 1870년대는 이른바 제2차 산업혁명이 시작된 때였다. 제2차 산업혁명의 가장 큰 특징은 전기와 석유의 이용이 산업 전반에 걸쳐 광범위하게 이루어지고 이에 따라 자동차와 비행기 등 신개념 운송 수단이 등장하게 된다는 점이다. 자동차를 안전하게 운행하려면 가속 성능보다 제동 성능이 더 중요한 것처럼 전기 제품도 제대로 작동하려면 전기를 잘 통하게 하는 부품보다 전기를 잘 차단해주는 부품이 더 중요한 법이다. 그런데 셸락 1킬로그램을 얻으려면 3만 마리가 넘는 벌레들이 6개월 동

---

1 이전까지의 감광 용지는 건판에 밀착시켜 1:1 크기의 사진을 인화하는 것만 가능했는데 벨록스는 렌즈를 통해 사진을 확대해 인화하는 것도 가능했다. 코닥 사는 "뒷면의 벨록스 상표를 확인하세요(Look for Velox on the Back)"라는 광고 문구로 큰 성공을 거둔다. 뉴욕 로체스터시에는 Kodak Park, Eastman Avenue뿐만 아니라 Velox Street라는 지명도 있다.

2 락깍지벌레의 분비물을 락(lac)이라 하는데, 우리가 흔히 나무 표면에 광택을 내기 위해 바르는 도료인 래커(또는 락카, lacquer)가 여기서 나온 말이다.

안 죽어라고 일을 해야 하니, 치솟는 수요를 도저히 감당할 수 없었다. 베이클랜드는 바로 이 점에 주목했다. 셸락을 값싸게 대체할 수 있는 소재를 만들 수 있다면 또 한 번 대박을 터뜨릴 수 있을 것이었다.

처음에는 나무를 화학 약품에 담가 굳히는 방법을 시도하다가, 마침내 페놀(phenol)과 포름알데히드(formaldehyde)를 섞어 온도가 올라가도 물러지지 않는 소재를 합성해낸다. 페놀은 석탄으로부터 코크스(coke)를 구워내고 남는 찌꺼기인 콜타르로부터 추출한 휘발성 고체이다. 당시 철강 산업이 융성하면서 연료이자 탄소 공급원인 코크스의 생산도 활발했기 때문에 그 부산물인 페놀은 어디에서나 넘쳐났다. 또한 포름알데히드도 흔한 메탄(methane) 가스나 메탄올(methanol)을 연소시키면 얼마든지 얻을 수 있는 것이었다. 새로 개발한 이 소재는 기존 셸락에 비해 원료를 무궁무진하게 공급받을 수 있었다.

베이클랜드는 1909년 이 새로운 소재에 대한 특허를 얻어 자신의 이름을 따서 베이클라이트(Bakelite)라는 이름을 붙인다.[3] 이것은 천연 소재를 가공해서 만든 이전까지의 플라스틱과 달리, 온전히 화공약품만 사용해서 만든 인류 최초의 100% 합성 소재이다. 150년의 역사와 세계적 권위를 자랑하는 미국화학회(American Chemical Society)는 1993년 베이클라이트를 화학 역사의 이정표 중 하나로 선정했다.

한번 열을 가해 모양을 잡으면 다시 가열하더라도 모양이 그대로 유

---

3 베이클라이트는 상품명이고, 일반적으로는 페놀-포름알데히드 수지(phenol formaldehyde resins, PF) 또는 간단히 페놀 수지(phenolic resin)라고 부른다.

지되는 성질이 열경화성(thermosetting)인
데, 베이클라이트는 이 성질이 강해 물러지
거나 모양이 망가질 걱정은 물론 불이 붙거
나 폭발할 염려 없이 사용할 수 있었다. 베
이클라이트는 당장에 당구공 소재의 자리를
꿰찼다. 그런데 실은 당구공과는 비교도 안
되는 호재가 있었다. 1876년 벨(Alexander
Graham Bell)이 전화에 대한 특허를 등록한
후, 최초의 보급형 전화기인 촛대형 전화기
(candlestick phone)가 1890년경부터 본격 생
산된 것이다. 또한 1906년 진공관을 이용한

베이클라이트로 몸통을 만든
1920년대의 촛대형 전화기.

라디오 수신기가 발명되고, 제1차 세계대전이 끝나며 라디오 방송이 보
편화되자 1920년대부터 라디오 수신기가 민간에 널리 보급되었다.

이러한 가정용 전기 제품들의 외양은 무엇으로 만들어야 할까? 일단
일반인들이 사용하다 감전되면 안 되니 전기를 잘 차단할 수 있는 절연
체여야 한다. 또 복잡한 형태를 손쉽게 만들 수 있어야 한다. 그리고 전
기를 사용하면 필연적으로, 특히 진공관 같은 경우는 더욱더 열이 나게
되니 열에도 잘 견뎌야 한다. 베이클라이트는 이 모든 조건을 완벽하게
충족시켰으므로 점차 모든 전기 제품의 겉모습을 장악해나갔다.

전기전자 공업이 발전함에 따라 베이클라이트의 역할도 확장을 거
듭했다. 전기 제품이 제대로 작동하려면 전류는 필요한 곳으로만 흐르
고 그 외에는 차단이 잘되어야 한다. 이전까지는 자연에서 운모(돌비늘,

mica)를 채취해 가공해서 사용하거나 세라믹 소재로 성형해 높은 온도로 구워서 만들었다. 아주 중요한 부분에는 앞서 말한 바와 같이 셸락을 사용했다. 그러나 모양을 만들기도 더 쉽고 더 안정적인 베이클라이트는 겉모습뿐 아니라 전기적 절연(絕緣, insulation)이 필요한 많은 부분에서 셸락은 물론 운모와 세라믹까지 대체해가면서 플라스틱 산업의 폭발적 성장을 이끌었다.

전기(또는 전자) 제품들은 점점 소형화되어갔다. 초창기의 진공관은 덩치가 크고 내구성도 약하며 전력을 많이 소모해 열도 많이 발생시켰다. 이런 부품들을 사용할 때는 각 부품을 끼울 수 있는 소켓들을 프레임 위에 배열하고 각각의 소켓들을 전선으로 연결하는 방식으로 제품을 만들었다. 그러나 트랜지스터가 발명되면서 인쇄회로기판(Printed Circuit Board, PCB)[4]이 등장했다. 이것은 때마침 베이클라이트라는 '준비된' 소재가 존재했기에 가능한 일이었다.

인쇄회로기판은 전기 절연성이 좋아야 하는 것은 물론이고, 갑작스러운 고전압 방전에도 잘 견뎌야 하며, 유전상수(誘電常數, dielectric constant)[5]도 충분히 낮아야 한다. 기계적으로는 잘 깨지지도, 그렇다

---

4 전자부품을 표면에 고정하고 각각의 부품을 구리 배선으로 연결해 전자회로를 구성한 판. 얇은 절연체 판의 한쪽 면에 전기회로에서 소자들이 연결되는 패턴을 따라 동박(銅箔)을 입히고, 각 소자들이 자리 잡을 곳에 작은 구멍을 뚫어놓았다. 각 소자들이 외부와 전기적으로 연결될 수 있도록 소자들의 몸체에서 뽑아낸 금속선을 리드(lead)라고 부르는데, 전자제품 조립 공장에서는 소자들의 리드를 인쇄회로기판의 동박 반대편에서 각각 지정된 위치에 꽂고 땜납으로 고정한다. 이렇게 하면 동박을 따라서 모든 소자가 회로도에 맞게 연결된다.

5 유전상수는 물질이 전하(電荷, electrical charge)를 얼마나 잘 붙잡아둘 수 있는지를 나타내주는 물질 고유의 특성이다. 회로기판으로 사용되는 물질의 유전상수가 크면 전기신호의 전달이 느려지고 신호들끼리 서로 간섭해 혼선이 잘 일어난다.

고 쉽게 구부러지지도 않아야 한다. 그러면서도 작은 구멍들을 손쉽게 뚫을 수 있을 만큼 가공성도 좋아야 한다. 화학 약품 사용으로 인한 부식과 납땜할 때는 열에도 잘 견뎌야 한다. 베이클라이트는 이 까다로운 조건을 모두 만족시키는 거의 유일한 소재였다. 현재는 폴리이미드(polyimide)나 테플론(Teflon) 등으로 대체되었지만, 아직도 현장에서는 이런 유의 소재를 베이클라이트라고 부르고는 한다.[6]

석유가 바꾼 인류의 삶과 산업

21세기 들어서는 석유(石油, petroleum)라는 단어가 긍정적 느낌보다는 부정적 느낌을 더 많이 주게 되었다. 화석연료의 대표 격으로 지구온난화의 주범인 동시에, 경제적 주도권을 놓고 주요 산유국들이 증산과 감산을 반복하면서 국가 간 치킨 게임을 벌이는 수단이 되었기 때문이다. 게다가 이른 미래에 고갈될 것이라는 우려 때문에 석유를 둘러싼 셈법은 더욱더 복잡해지고 있다.

그러나 20세기 초만 해도 석유는 인류에게 구원자와도 같은 존재로 엄청난 대접을 받았다. 1861년 미국의 주간지 《배니티 페어(Vanity Fair)》에는 다음에 보는 바와 같은 한 컷짜리 만화가 실렸다. 제목은 "펜실베이니아의 유정(油井) 발견 기념으로 열린 고래들의 대규모 무도회(Grand Ball Given by Whales in Honor of the Discovery of the Oil Wells in

---

6 1990년대까지만 해도 동네 골목마다 전파상이라는 곳이 하나씩 있어서 라디오, TV, 전축 등 가전제품을 수리해주었다. 그곳에서는 회로기판을 베이클라이트의 일본식 축약어인 '뻬크판'이라고 부르는 것을 간혹 들을 수 있었다.

GRAND BALL GIVEN BY THE WHALES IN HONOR OF THE DISCOVERY OF THE OIL WELLS IN PENNSYLVANIA.

미국 뉴욕에서 발행된 주간지 《배니티 페어》(현재 발행되고 있는 동명의 월간지와는 전혀 관련이 없다)
의 1861년 4월 20일 자에 실린 만화. 이 날짜는 남북전쟁이 시작된 지 일주일이 지난 시점이다. 전쟁으
로 인해 산업용 기름의 수요가 폭증했는데, 때마침 석유라는 대체재가 등장하여 그나마 숨통이 트였다
고 말하는 상황에 대한 풍자를 담고 있다.

Pennsylvania)"라고 붙었다. 배경에 있는 현수막들을 자세히 들여다보면
"석유를 잘 캐어서 잘 끝내게 되었다(Oils well that ends well)"[7] 등의 문
구가 있다.

19세기 이전까지만 해도 지금 우리가 생각하는 석유의 용도를 대부분
고래기름(blubber)이 감당해왔다. 고래기름은 양초, 비누, 화장품 등 가
정에서 사용되는 물품을 비롯해 방수 처리제, 녹 방지제, 윤활유 등 산

---

7 셰익스피어의 희곡 《끝이 좋으면 다 좋아(All's well that ends well)》를 패러디한 것이다.

업용까지 안 쓰이는 곳이 거의 없었다. 도시의 가로등이나 등댓불을 켜는 연료는 물론이었다. 18세기 후반 산업혁명이 시작되면서 고래기름의 수요가 폭증하였고, 이에 따라 포경 관련 산업이 엄청나게 성장했다. 작은 배로 노를 저어 접근해 손으로 작살을 던지는 원시적 방식에서 벗어나, 증기기관을 얹은 배에서 화약으로 작살을 쏘는 방식으로 고래잡이 기술도 진화했다.[8]

머지않아 고래의 개체 수가 급감할 것임은 불 보듯 뻔한 일이었다. 특히 사각형의 거대한 머리 부분에 2,000리터 가까이 경랍(鯨蠟, spermaceti)을 담고 다니는 향유고래(sperm whale)가 집중 표적이 되었다. 향유고래는 공격성이 강해 필사적으로 저항했으므로 인명 피해도 적지 않았다.[9] 19세기 들어 석유의 정제와 유전의 개발이 본격화되면서 석유는 고래와 인간 모두에게 구원의 손길을 내민, 당시로서는 '친환경' 적인 자원이었다. 역시 이 무렵, 1869년에 셀룰로이드를 발명한 하이엇은 광고 팸플릿에 "석유가 고래를 구원한 것처럼, 셀룰로이드도 코끼리와 바다거북과 산호의 숨통을 틔워주었다"라고 선전하기도 했다.

산업혁명 이후 근대화가 가속되고 제국주의의 팽창과 함께 서구 열강들의 군비 경쟁이 확장되면서 석유는 고래기름뿐 아니라 석탄까지 급속

---

8 고래잡이의 역사는 선사시대까지 거슬러 올라간다. 울진에 있는 반구대 암각화의 제작 연대는 대략 기원전 6000년경으로 추정되는데, 고래잡이에 관한 세계에서 가장 오래된 기록물이다.

9 1820년 미국의 포경선 에식스(Essex)호가 남태평양에서 향유고래에 들이받혀 침몰하였다. 소설가 허먼 멜빌(Herman Melville)은 이 사건에서 영감을 받아 1851년 장편소설 《모비 딕(Moby Dick)》을 출간했다. 1971년에 대학 동창지간인 3명의 청년이 의기투합해 시애틀에서 커피전문점을 열었는데, 세 사람 모두 이 소설을 좋아했다. 그래서 그 가게의 이름은 소설 속에 나오는 일등항해사 스타벅(Starbuck)의 이름을 따라 지어졌다.

히 대체하였다. 석탄 역시 산업혁명 이전까지는 많이 사용되지 않았으나 증기기관 보일러를 때기 시작하면서 사용이 급격히 늘었다. 더구나 탄소강의 대량생산이 이루어지면서, 불순물이 많고 단가가 비싼 숯 대신 석탄을 정제하여 만든 코크스가 고순도 탄소 공급원으로서 인기를 끌었다.

그러나 석탄은 광부들이 직접 지하 깊숙이 내려가 일일이 수작업으로 캐어 오는 것이라 인명 사고가 끊이지 않았다. 반면 석유는 우물만 잘 파면 굳이 사람이 아래로 내려가지 않아도 지상까지 펌프로 퍼 올릴 수 있으니 훨씬 안전하였다. 기계 동력에도 큰 변화가 일어났다. 1876년 오토(Nicolaus Otto)가 불꽃 점화식 기관인 가솔린 엔진을 발명하고, 1892년 디젤(Rudolf Diesel)이 압축 착화식 기관인 디젤 엔진을 발명하였다. 연료가 타면서 물을 증발시켜 힘을 얻는 두 단계가 연료의 폭발력을 곧바로 사용하는 하나의 단계로 줄면서 엔진의 효율이 크게 높아졌다. 그래서 19세기 후반부터는 에너지원으로서 석유의 존재감이 석탄을 압도하였다.

20세기로 들어서면서 석유 회사들과 화학 회사들이 연합하기 시작했다. 석유는 워낙 다양한 물질이 섞인 혼합물이라 엔진의 연료로 쓰기 위해서는 고도의 정제가 필요하다. 석유를 정제하다 보니 부산물이 많이 생겨났는데, 이것들을 어떻게 하면 재활용해 수익을 올릴 수 있을지 궁리하는 과정에서 양측의 이해관계가 맞아떨어졌기 때문이다. 요즈음도 세계 굴지의 기업으로 꼽히는 듀폰(DuPont), 다우케미컬(Dow Chemical), 엑슨모빌(ExxonMobil), 바스프(BASF) 등이 모두 이때부터 석

유의 새로운 용도를 고민하며 개척자 역할을 담당해온 주역들이다.[10]

그리고 석유는 또 한 번의 대변신을 거치게 된다. 석유를 분해 정제한 다음 마치 레고 블록을 원하는 대로 맞춰가듯 인간이 분자 구조를 설계한 것이다. 최초의 인류가 동식물의 먹을 수 없는 부분으로부터 섬유를 채취하고 옷감을 짜냈듯이 20세기의 인류는 석유에서 연료를 뽑아내고 남은 찌꺼기로부터 분자 사슬을 조합해내, 이전에는 존재하지 않던 전혀 새로운 소재들을 말도 안 되게 저렴한 비용으로 합성해내게 된다.

고분자 물질,
'호기심 천국' 화학자들이 만든 놀라운 설계도

어린아이와 과학자의 공통점 중 하나는 끓어오르는 호기심을 주체하지 못하고 기어이 사고를 치고야 만다는 것이다. 어린아이들은 흙탕물 웅덩이가 있으면 풍덩 뛰어들어보고 나서야 가던 길을 마저 갈 수 있고, 끈적끈적한 액체를 보면 손으로 찍어서 여기저기 묻혀봐야 직성이 풀린다. 어린아이와 과학자의 또 하나의 공통점은 생각만큼 힘 조절이 잘 안된다는 것이다. 부모들은 너무도 잘 안다. 아무리 조심하라고 타일러도 소용이 없다는 것을. 그래서 머릿속에서는 과연 저 빨래를 다 어찌할 것인가 하는 계산부터 하게 된다.

그러나 어린아이들의 호기심은 그들이 앞으로 살아갈 이 세상과의 상

---

10 듀폰과 다우케미컬은 2017년 합병하여 다우듀폰(DowDuPont)이 되었고, 여기서 다시 농업 부문 (Corteva), 소재 부문(Dow), 특수 부문(DuPont)이 분사되어 현재의 듀폰이 되었다.

호작용을 배우는 가장 중요한 수단이고, 과학자들의 호기심은 이 세상에서 후대에게 물려줄 새로운 유산을 찾아내는 원동력이다. 또한 어린 아이들이 실수를 통해 뭐든지 점점 더 잘하게 되고 성장하듯이 과학자들에게도 힘 조절이 잘 안 된다는 것은 또 다른 측면에서는 축복이라 할 수 있다. 매사에 능숙하게 힘 조절을 할 수 있다면, 오히려 자신의 역량과 생각이라는 틀에 갇혀 자기복제만 반복하고 혁신은 시도하지도 못할 수 있기 때문이다.

꼭 소재 전문가가 아니더라도 폴리에스터, 나일론, 프레온, 테플론, 네오프렌(합성고무) 등은 우리에게 매우 익숙한 것들이다. 이들은 모두 어디서나 흔하게 볼 수 있고 우리가 직간접으로 사용하는 대표적인 플라스틱 소재이다. 이런 소재를 한 가지만 독점할 수 있어도 돈방석에 올라앉게 되리라는 것은 어렵지 않게 예상할 수 있다. 그런데 놀랍게도 이 물질들이 모두 한 회사에서 탄생하였다. 이 회사가 줄줄이 대박을 터뜨리게 된 비결은 바로, 과학자들이 고분자 물질의 밑바닥까지 내려가 원리를 탐구할 수 있도록 '호기심 천국'을 만들어준 것에 있다.

크리스마스가 다가오는 1926년 겨울, 듀폰 사의 화학 부문 총괄 책임자인 찰스 스타인(Charles M. A. Stine)은 회사의 연구개발 노선을 지금까지와는 전혀 다른 방향으로 전격적으로 전환할 것을 건의한다. 당장의 이익을 바라고 하는 연구가 아닌, 완전히 새로운 것을 찾기 위한 기초과학을 연구해야 한다고 주장하여 마침내 경영진의 동의를 이끌어낸다. 새로 지은 연구소 건물의 이름을 순수하게 학문을 연구한다는 의미로 순수관(純粹館, Purity Hall)이라 명명하기까지 하였다.

스타인은 곧 최고 실력을 가진 화학자들을 모셔 오기에 나섰고, 이 듬해 하버드 대학에서 강사로 재직하고 있던 월리스 캐러더스(Wallace Carothers)를 영입하는 데 성공한다. 캐러더스는 당시 31세에 불과하였으나, 이미 유기화학 분야에서는 미국 내 최고 전문가로 인정받고 있었다. 캐러더스는 처음에는 하버드대 연봉의 2배를 준다는 제안에도 망설였지만, 어떠한 주제라도 마음대로 연구할 수 있도록 보장하고 연구 장비, 예산, 연구 인력 등 필요한 모든 것을 지원해주겠다는 약속을 받고서는, 마침내 고분자 연구팀을 신설하여 이끌게 된다.

당시 대부분의 학자들은 고분자 물질은 그저 작은 분자들이 알 수 없는 힘에 의해 불규칙하게 엉겨 있는 것이라고만 생각하였다. 따라서 이렇다 할 이론적 토대 없이 '아니면 말고' 식의 주먹구구식 실험과 연구가 이루어지는 실정이었다. 그런데 때마침 독일의 화학자 슈타우딩거(Hermann Staudinger)가, 공유 결합으로 이루어진 작은 단위의 분자들이 역시 같은 공유 결합에 의해 길게 사슬처럼 연결되어 거대한 분자(고분자)를 만들어낼 수 있다는 이론을 발표한다. 슈타우딩거는 이 공로로 1953년 노벨화학상을 수상한다.

슈타우딩거와 서로 만난 적은 없지만 캐러더스도 그와 같은 생각을 하고 있었다. 그래서 듀폰에 입사하자마자 에스터화 반응(esterification)이라는 중합반응을 통해 산(acid)과 알코올로부터 고분자를 만들어내는 데 성공한다. 슈타우딩거가 예측한 대로, 마치 클립을 한 무더기 쌓아놓고 자석으로 하나를 집어 올리면 꼬리에 꼬리를 물고 클립들이 긴 사슬 모양으로 줄줄이 딸려 올라오는 것과 같은 현상이 분자들 사이에서 구현

된 것이다. 바로 이것이 폴리에스터와 나일론 탄생의 단초가 되었다. 고분자의 실체와 구성 원리가 실험적으로 입증되는 순간이었다.

1930년의 어느 날, 캐러더스가 가장 아끼던 연구원 힐(Julian W. Hill) 박사가 분자증류기를 사용하여 분자량을 4~5배로 대폭 끌어올린 물질을 합성하는 데 성공하였다. 분자량은 당초 캐러더스가 목표로 하였던 세계 기록인 4,200을 가볍게 제치고 최고 12,000에 달하였다. 합성된 물질은 열을 가하니 투명한 물엿처럼 변했다. 힐은 호기심이 발동하였다. 유리막대 끝으로 살짝 찍어보니 가느다란 섬유(filament)가 딸려 나왔다.[11]

벅찬 감격으로 연구원들은 실험실을 가로질러 복도까지 나갔다. 은빛으로 빛나는 실은 끊어지지 않고 계속 연구원들을 따라왔다. 식어서 굳은 후에도 잡아당기면 원래 길이의 4배까지 늘어나며 놀라운 탄력성을 보였다. 100% 인간이 합성해낸 최초의 섬유가 탄생하는 순간이었다. 이 소재가 오늘날에도 웬만한 옷들의 안쪽 라벨에서 단골로 찾아볼 수 있는 폴리에스터(polyester)이다. 캐러더스와 힐은, 지극히 단순하지만 자신들을 열광에 빠뜨린 이 동작(動作, move)에 냉연신법(冷延伸法, cold drawing)이라는 이름을 붙였다.

그 전부터 캐러더스는 분자들도 사슬 모양으로 계속 결합을 반복하여 초대형 분자를 만들어낼 수 있다고 생각해왔다. 마치 객차나 화차 등을 계속 연결하여 긴 기차가 되는 것처럼 말이다. 기차의 연결고리만 제대

---

11 앞서 샤르도네가 나이트로셀룰로오스로부터 인조견을 만들어낸 것과 유사한 사례이다.

로 확보되어 있다면, 몇 량(輛)이든 원하는 만큼 연결하는 것은 아무 어려움이 없을 터였다. 그래서 화학반응이 일어날 때 생기는 부산물을 잘 처리해줄 수만 있다면 목표로 하는 분자량을 갖는 고분자 물질 합성이 가능하다는 이론적 토대를 차곡차곡 쌓아가는 중이었다.[12] 그러던 중에 힐이 캐러더스의 이론에 따라 연결을 방해하는 물을 분자증류기를 써서 말끔히 제거함으로써 그때까지 보지 못한 거대한 분자를 조립해낸 것이다.

폴리에스터 섬유를 처음 뽑아내던 순간을 재연하고 있는 줄리안 힐.

자료: American Chemical Society 〈www.acs.org〉

이 성과에 한껏 고무된 캐러더스는 이듬해 고분자 소재의 합성법에 관한 특허를 출원하고, 성분과 비율을 이리저리 바꾸어가면서 인조섬유를 만들 수 있는 고분자 물질을 여러 가지로 합성해보았다. 합성해내는 모든 물질마다 학문적으로는 기가 막힌 성과로 인정받았지만, 문제는 실용성이었다. 이들은 모두 따뜻한 물에 넣으면 끈적끈적해지며 뭉쳐버렸고 드라이클리닝 세제에도 맥없이 녹아버려, 아직은 이것으로 옷감을 짜보겠다고 시도하기에는 부족한 수준이었다.

---

12 이는 축합 중합반응(condensation polymerization) 또는 단계 중합반응(step-growth polymerization)이라고도 하며, 캐러더스 방정식이라고 알려진 이론을 통하여 체계화되었다.

성과가 지지부진해진 데다 이어 제2차 세계대전이 발발하자 회사 입장에서는 군수물자를 조달하기 위한 다른 일이 더 급해졌기 때문에 캐러더스는 폴리에스터 연구를 잠시 접어야 했다.

'정부고무'의 탄생:
제2차 세계대전 승리를 위해 합성고무를 개발한 미국

처음에 만들어진 고분자 물질은 그야말로 '실용화 가능성이나 상업성은 따지지 않고 순수한 학문적 호기심으로 수행한 연구'였다. 때마침 연구소 소장이 바뀌었다. 새로 부임한 볼턴(Elmer Bolton) 소장은 전임자 스타인과는 스타일이 많이 달랐다. 그는 연구란 모름지기 쓰임새에 대한 뚜렷한 목표 아래서 이루어져야 한다고 믿는 사람이었다. 원래 염료 전문가였던 볼턴은 당시 아세틸렌 기체를 가지고 젤리나 고무같이 말랑말랑한 덩어리 물질을 합성해내는 연구에 몰두하고 있었다. 아세틸렌은 원유(原油)를 분해 정제하여 휘발유나 에틸렌 등을 뽑아낼 때 얻어지는 부산물이었다.

제1차 세계대전 이후 포드(Ford) 사의 모델 T를 필두로 자동차가 대중화되면서 석유와 고무의 소비가 함께 늘어났다. 더구나 1929년 10월 미국 주식시장 폭락과 함께 시작된 대공황은 무엇이든지 아끼고 재활용하고 어떻게 해서든지 당장 한 푼이라도 부가가치를 만들어내야만 하는 상황으로 회사와 연구소를 몰아가고 있었다. 따라서 회사 입장에서 보자면 석유를 정제하고 남은 부산물을 가지고 고무를 만들어보겠다는 볼턴의 생각은 시대의 흐름을 정확히 꿰뚫는 혜안으로 여겨졌을 것이다.

캐러더스 휘하의 연구원 중 콜린스(Arnold Collins) 박사가 합성고무에 대한 초기 연구를 주도하였다. 1930년 4월, 볼턴의 어깨에 힘이 잔뜩 들어갈 일이 있었다. 콜린스가 어찌어찌하다 정체불명의 액체를 만들게 되었는데, 이를 밀봉하여 실험실 한쪽에 밀어두고는 잊어버리고 있었다. 며칠 후 다시 보니 투명하고 매끈한 덩어리가 되어 있었다. 시험관에서 꺼내 만지작거리다가 떨어뜨려보니 바닥에서 통통 튀었다. 후에 합성고무의 대명사가 된 네오프렌(neoprene)의 원형이 탄생한 순간이다. 이때까지만 해도 고무를 합성해내는 기술이 제2차 세계대전을 연합군의 승리로 이끌어주리라고는 아무도 생각하지 못했다.

군용기 1대를 만드는 데는 약 0.5톤의 고무가 필요하고, 탱크 1대에는 약 1톤이 들어가며, 군함 1척에는 무려 75톤의 고무가 쓰인다. 심지어 병사들이 휴대하는 장비와 군화까지 따져보면 개인당 약 15킬로그램 정도가 필요하다. 다른 서유럽 국가나 미국과는 달리, 고무의 원료를 조달할 식민지를 보유하지 못한 독일 입장에서는 고무라는 소재 확보가 전쟁 준비에서 매우 절실한 문제였다. 독일은 제1차 세계대전 때도 상황이 비슷했던지라 일찍이 메틸이소프렌(Methyl isoprene)이라는 합성고무를 개발한 바 있으나 생산 단가가 비쌀뿐더러 무엇보다 성능이 너무 떨어져 폐기된 바 있었다.

이러한 움직임 속에서 1929년, 독일 이게파르벤 소속의 보크(Walter Bock) 박사가 부나에스(Buna-S) 또는 SBR이라고 불리는 스티렌부타디엔고무(Styrene Butadiene Rubber)를 합성하는 데 성공하였다.[13] 1933년 히틀러가 총통에 당선되고 나치 정권이 들어서면서 독일은 공개적으로 재무장을 추진하였고, 이게파르벤은 1935년 SBR의 대량생산 체제를 갖추었다.

곧이어 연합군 발등에도 불이 떨어졌다. 일본군이 동남아시아의 천연 고무 산지를 모조리 점령하고 태평양전쟁을 일으키는 바람에 가황고무 원료를 조달할 길이 막혀버린 것이다. 그리하여 그동안 비싼 생산비용 때문에 외면받던 합성고무가 구원투수로 등판했으나 상황은 이미 노아 웃 만루에 안타 한 방이면 역전될 정도로 급박했다. 미국에서만도 연간 약 60만 톤의 고무가 필요한데, 당시 보유한 천연고무의 재고는 100만 톤 정도였다. 1년 6개월 이내에 천연고무를 대체할 만한 합성고무 제조 기술을 개발하지 못하면 꼼짝없이 전쟁에서 지게 될 판국이었다.

1940년 굿리치(B. F. Goodrich)[14] 사의 시먼(Waldo L. Semon) 박사[15] 연구팀은 부타디엔과 아크릴을 사용하여 생산비용을 획기적으로 낮출 수 있는 합성고무를 개발하고 여기에 애국심을 자극하는 아메리폴

---

13 Buna-S라는 이름은 Butadiene, Natrium, Styrene의 머리글자들을 조합하여 만든 상표명이다. SBR은 여러 종류의 합성고무들 가운데 오늘날에도 가장 널리 쓰이는 소재이다.

14 굿리치 사는 타이어 전문 회사로서, 최초로 미국 대륙을 횡단한 허레이쇼 잭슨의 자동차, 최초로 대서양 횡단 비행을 한 린드버그의 비행기, 최초의 우주왕복선 컬럼비아호 등에 자사의 타이어를 장착한 기록을 보유하고 있다. 굿리치 사는 이름이 비슷한 굿이어(Goodyear) 사를 의식하여, 광고할 때 일부러 텅 빈 푸른 하늘을 보여주면서 "우리는 비행선이 '없는' 회사"라는 식으로 차별화하기도 하였다. 1988년 미슐랭 사에 인수 합병되었다.

15 시먼 박사는 세상에서 두 번째로 많이 쓰이는 플라스틱 소재인 비닐(vinyl 또는 PVC)을 발명한 장본인이 기도 하다. PVC는 이미 1872년에 독일에서 합성된 바 있으나 너무 딱딱했고 잘 부서졌다. 시먼 박사는 1926년 여기에 다른 물질을 첨가하여 오늘날 우리가 사용하는 부드럽고 질긴 소재를 만들어냈다. 미국화학회에서는 가황고무를 발명한 찰스 굿이어를 기리기 위해 1941년부터 매년 고무 분야에 우수한 업적을 남긴 사람에게 굿이어 메달을 수여하는데, 1944년에는 시먼 박사가 수상하였다.

(Ameripol)이라는 이름을 붙였다. 그런데 이건 시작에 불과하였다. 곧바로 미국 정부가 나섰다. 루스벨트(Franklin D. Roosevelt) 대통령은 각 타이어 회사마다 고유 기술을 개발하느라 노력이 분산되고 불필요한 갈등이 생기는 것을 막기 위해 정계·학계·재계를 망라하는 위원회를 꾸렸다. 그리고 독일에서 만들어내는 것과 유사한 부나에스 계열의 소재로 개발 목표를 단일화하였다. 이 소재는 내구성이 강하고, 특히 타이어 성능을 좌우하는 표면의 홈(tread)을 정밀하게 찍어낼 수 있었다. 또한 가황고무를 생산하던 기존의 설비를 거의 그대로 활용할 수 있었으며, 원료인 부타디엔은 미국의 정유회사들이 얼마든지 공급해줄 수 있었다. 아예 이름도 정부고무(Government Rubber-Styrene, GR-S)라고 지었다.

이러한 미국 합성고무 프로그램(United States Synthetic Rubber Program)은 원자폭탄 개발을 위한 맨해튼 프로젝트(Manhattan Project)와 더불어, 정부와 학계와 산업계가 거국적 연구개발을 통해 기적을 일구어낸 성공적인 산·관·학 협력 사례로 꼽힌다. 후자가 전쟁을 승리로 이끌어 종지부를 찍고자 하는 노력이었다면, 전자는 개전 초기 불리한 전세를 되돌려 승리의 발판이 되어주었다. 1942년 봄부터 미국의 타이어 공장들에서 GR-S가 쏟아져 나오기 시작해 그해에만도 2,241톤의 합성고무가 생산되었다. 전쟁이 끝나갈 무렵에는 연간 생산량이 무려 92만 톤에 달하였다. 합성고무에 대한 연구개발은 종전 이후에도 계속되어 5년 뒤 6·25전쟁에서 유엔군의 승리에도 크게 기여하였다.

나일론이라는 마술:

석탄과 물과 공기로 만들어낸 최초의 인조섬유

1934년 캐러더스와 힐은 인공적으로 섬유를 합성하는 연구를 가까스로 되살렸다. 이들은 폴리에스터 대신 폴리아미드(polyamide)를 시도해보았는데 뜨거운 물속에서도 잘 견디고 용제에 담가도 잘 녹지 않았다. 힐이 창안해낸 '냉연신법'을 시도해보니 충분히 섬유를 만들 수 있겠다는 판단이 들었다. 1935년 마침내 연구원들이 스스로 '66번 섬유(fiber 66)' 또는 '고분자 6-6(polymer 6-6)'이라고 이름 붙인 물질을 합성해냈다.[16] 이것이 기적의 섬유로 일컬어지는 나일론(nylon)이다.

이 신소재를 중간재로서 본격적으로 출시하기 위해, 듀폰 사의 임원들은 아주 근사한 이름을 붙여야겠다고 생각했다. 일선 연구원들은 이미 마술사가 모자에서 토끼를 꺼내는 장면을 빗대어 "듀폰이 나프타(또는 질소, 자연, 노즐 등등)에서 토끼를 꺼낸다(Dupont pulls a rabbit out of naphtha/nitrogen/nature/nozzle)"라는 문장의 머리글자를 따서 듀파론(Duparon)이라는 이름을 지어 부르고 있었다. 그러나 임원들은 이 소재의 90%가 스타킹을 만드는 데 쓰이고 있으니 "올이 나가지 않는다"라는 의미의 'no run'을 거꾸로 하여 'nuron'이라 부르자고 했다.[17]

그런데 막상 이 이름으로 상표를 등록하려니 발음이나 철자가 겹치는

---

16 각기 탄소 원자를 6개씩 포함하고 있는 2개의 단량체로 구성되었다고 해서 붙은 이름이다. 과학자들은 흔히 이런 식으로 자신의 실험 대상이나 시료(sample)에 대해 일련번호를 붙여 체계적으로 데이터를 정리한다.

17 역시 듀폰 사에서 1958년에 개발한 고신축성 섬유인 스판덱스(spandex)도 '늘어나다'라는 뜻의 단어 'expands'의 철자를 거꾸로 배열하여 지은 이름이다.

경우가 많아 곤란했다. 그래서 라틴어로 "없다"라는 뜻의 'nil'에 섬유소재(cotton, rayon 등)의 공통 어미인 '-on'을 붙여 'nilon'이라는 이름을 생각해냈고, 발음이나 철자가 다른 것들과 중복되지 않도록 'i'를 'y'로 바꾸어 마침내 'nylon'으로 확정하였다.

그러나 듀폰 사는 이 이름에 대한 상표권 등록을 하지 않기로 결정했다. 나일론이라는 새로운 소재를 어떤 한 회사에서 개발된 특수한 물질로 범위를 국한하지 않고 마치 일반명사처럼 쓰이도록 하여 인지도를 높여보자는 의도였다. 그렇게 해서 소비자들이 나일론을 나무나 유리처럼 이미 자연에 존재하던 물질인 양 인식하게 되면 모든 합성섬유의 대명사로 여겨지는 날이 오리라는 계산이었다. 훗날 이 계산은 무섭도록 적중하였다.

듀폰 사는 나일론을 시장에 출시하기 전부터 대대적으로 입소문을 냈다. '석탄과 물과 공기로 만들어낸 최초의 인조섬유', '거미줄처럼 가늘지만 강철만큼 튼튼한 섬유' 등의 문구로 중산층 여성들의 이목을 집중시켰다.[18] 1939년 뉴욕과 샌프란시스코 등지의 국제박람회에서 나일론은 거의 공상과학 수준의 관심을 끌었다. 그해 가을, 듀폰 사가 자리해 있던 인구 10만여 명 규모의 소도시 윌밍턴(Wilmington, 미국 델라웨어주)의 백화점 매장에는 나일론으로 만든 스타킹의 초도 물량 4,000켤레가 깔렸다.[19] 이 최초의 인공섬유 제품은 실크 제품보다 2배 가까이 비싼

---

18 광고 문구가 대부분 그러하듯 이는 매우 과장된 표현이었다. 그러나 당시 나일론 원료에 포함된 아민(amine) 성분이 사람의 시체에서 추출한 것이라는 루머가 돌고 있었기에 듀폰 사는 적극적인 역선전 공세에 나설 수밖에 없었다.

19 같은 해 서울(당시 경성)의 인구는 80만 명에 육박하였다.

가격에도 불구하고 3시간 만에 동이 났다.

제2차 세계대전이 터졌고, 이 가벼우면서도 질긴 소재는 뜻밖의 쓰임새를 발견하였다. 바로 낙하산이다. 낙하산은 제1차 세계대전까지만 해도 비행선 승조원(乘組員)들의 비상탈출 도구에 불과하였다. 당시의 낙하산은 매우 크고 무거워 지금처럼 간단히 등에 메고 뛰어내릴 수 있는 것이 아니었다. 그 때문에 항공기 제작 기술이 충분히 발달하지 못한 상태에서는 공간의 제약과 무게로 그 효용성이 제한적인 경우가 많았다. 따라서 독일에서만 일부 전투기에 탑재하였을 뿐 연합군 측에서는 전혀 사용을 고려하지 않고 있었다.

그러나 제2차 세계대전에서는 판도가 완전히 달라졌다. 전쟁의 양상은 전후방이 따로 없는 입체전으로 바뀌어갔다. 그사이 비약적으로 발전한 항공기 제작 및 운용 기술은 무장한 특수부대를 공로(空路)를 통해 적의 후방에 투입하여 배후를 교란하는 공수 작전(airborne operation)을 가능하게 하였다. 이 작전의 핵심 요소 중 하나는 두말할 것도 없이 낙하산이다. 때맞추어 개발된 나일론은 더 작고 가벼운 낙하산을 만들 수 있게 하여 특공대원들의 기동성을 크게 높여주었다. 나일론은 마치 낙하산을 위해, 아니 전쟁을 수행하기 위해 태어난 소재 같았다.

전쟁으로 말미암아 일본산 실크 제품을 조달할 수 없게 되자, 나일론의 진가가 여지없이 발휘되었다. 나일론이 미국 전역에 공급되기 시작한 1940년에는 전체 나일론 생산량의 90%가 스타킹을 제조하는 데 사용되었지만, 일반 소비자들의 '소확행'은 2년도 채 못 가 막을 내렸다. 1942년부터는 전량이 군수물자로 전환되어 엄격히 관리되었기 때문이다. 나일론은 대부분 군용차량의 타이어 코드(tire cord, 타이어의 형태를 잡아주는 보강재)와 낙하산 생산에 투입되었다. 나일론은 그 외에도 글라이더의 견인 밧줄, 항공기 연료 탱크, 방탄조끼, 모기장, 야전 그물침대 등 다방면에서 활약하였다.

그런데 정작 나일론을 탄생시킨 캐러더스는 이 모든 광경을 하나도 보지 못했다. 그는 이미 1937년에 자살로 생을 마감한 뒤였다. 당대 최고의 화학자로서 누구도 따라올 수 없는 학문적 업적을 이루어냈지만, 정작 그는 스스로를 쓸모 있는 연구에는 재능이 없는 실패한 과학자라고 생각했다.[20] 거기에 가족과의 불화, 젊은 시절부터 앓고 있던 신경증(neurosis)과 우울증 등이 겹쳤다. 결국 이 비운의 천재의 불꽃같은 삶은 인류에게 더 많은 선물을 가져다주기에는 너무나도 짧았다.

페트병의 끝없는 변신

캐러더스와 힐이 회사 사정으로 중단했던 폴리에스터 연구는 영국에서 완성되었다. 영국 맨체스터에 위치한 캘리코 조합(Calico Printer's Association)[21]은 출판업과는 전혀 상관없는, 날염(捺染) 기술자들과 직물

---

20 원래부터 캐러더스와 볼턴은 연구의 방향성에서 이견을 많이 보였는데, 많은 경우 볼턴의 주장대로 결정이 되었다. 나일론 개발의 막바지 단계에서도 캐러더스는 탄소 원자가 각각 5개와 10개씩 들어 있는 단량체(5-10 조성)들을 사용해야 한다고 주장하였고, 볼턴은 앞서 언급된 6-6 조성을 밀었다. 그러나 캐러더스가 신경증 치료로 자주 자리를 비우는 바람에 볼턴의 선택대로 생산성 측면에서 좀 더 유리한 6-6 조성으로 확정되었다.

21 '캘리코'라는 이름은 원래는 우리말로 옥양목이라고 부르는 무명천을 가리키는 말이었다. 이 직물을 주로 생산하는 인도의 캘리컷(Calicut)이라는 지명에서 유래하였다. 보통 여기에 날염법으로 무늬를 인쇄하여 베갯잇, 이불잇, 침대보 등으로 사용한다. 캘리코 날염(Calico printing)이라 하면 나무로 만든 무늬 틀에 염료를 발라 찍어내는 염색 가공법을 말한다.

유통업자들이 19세기 말 출혈경쟁으로 치닫는 상황에서 상생을 도모하고자 함께 만든 회사이다. 그런데 미국에서 나일론이 등장하자, 나름대로 국제적 시장에서 상권을 장악해가던 캘리코 조합에 비상이 걸렸다. 나일론에 대항할 수 있는 섬유를 개발해야 한다는 특명이 조합 연구원들에게 떨어졌다. 그리고 1941년, 드디어 섬유를 뽑아내기에 적합한 물질을 합성해냈으나 이미 제2차 세계대전이 치열하게 벌어지고 있었기 때문에 전략물자와 관련된 모든 신기술은 철저히 비밀에 부쳐졌다.

1930년대에는 기능성과 경제성을 모두 갖춘 새로운 고분자 소재를 누가 먼저 개발하느냐를 놓고 미국의 듀폰과 영국의 임페리얼 화학 기업(Imperial Chemical Industries, ICI), 그리고 독일의 이게파르벤[22]이 각축전을 벌였다. ICI는 1930년에 흔히 아크릴이라고 부르는 폴리-메틸메타크릴레이트(poly-methyl methacrylate, PMMA)를 개발하였고 후에 폴리에스터 섬유를 완성하였다. 이게파르벤은 1937년에 발포성 합성수지로 유명한 폴리우레탄(polyurethane)을 개발하였다.

최근에 음료수 용기를 재활용하여 만들었다는 티셔츠의 광고를 종종 접할 수 있는데, 우리가 이른바 페트병이라고 부르는 것은 폴리에틸렌 테레프탈레이트(polyethylene terephthalate, PET)의 머리글자로서 다름아닌 폴리에스터의 한 종류이다. 폴리에스터란 산과 알코올을 반응시켜 만든 고분자 소재를 통틀어 일컫는 말이고, PET는 그중에서도 특별히

---

22 IG Farben은 'Interesssen-Gemeinschaft Farbenindustrie AG'의 줄임말이다. 염료산업 연합이라는 뜻으로 영국의 캘리코 조합과 비슷한 성격의 카르텔이다.

산의 성분으로서는 테레프탈산을, 알코올 성분으로서는 에틸렌글리콜을 사용하여 만든 폴리에스터 소재를 가리킨다. 따라서 같은 물질을 가지고 가느다란 섬유 형태로 만들었느냐 아니면 얇은 필름 형태로 만들었느냐 차이일 뿐이다.

제2차 세계대전이 끝나고 1946년에 캘리코 조합과 협력 관계에 있던 영국의 ICI 사는 PET를 가지고 섬유를 만들어 테릴렌(Terylene)이라는 상품명으로 출시했다.[23] 듀폰 사는 ICI로부터 미국 내의 생산 및 판매권을 사들여 데이크론(Dacron)이라는 상표를 달았다. 폴리에스터 섬유로 만든 옷감은 때가 잘 타지 않고 구김도 가지 않아 패션 업계에서 대대적 환영을 받았다. 1977년 배우 존 트라볼타가 자신을 일약 스타로 만들어준 영화 〈토요일 밤의 열기(Saturday Night Fever)〉에서 100% 폴리에스터로 만든 흰색 광택의 양복을 입고 등장함으로써 폴리에스터의 인기는 정점을 찍었다.

후에 듀폰 사는 이를 더 개량해 필름 형태로 가공하였는데, 이것이 현대 사회에서 주위를 둘러보았을 때 눈에 안 띄는 곳이 없다시피 한다는 마일라(Mylar)이다.[24] 이 종잇장 같은 플라스틱의 정식 명칭은 PET를 가로세로 두 방향으로 잡아 늘여 만들었다고 해서 Biaxially-oriented PET, 줄여서 BoPET이다. 1955년 코닥 사에서 동영상 촬영용 필름의

---

23 의류 직물 업계에서는 폴리에스터와 면을 섞어 짠 혼방 섬유를 T/C라고 부르는데, 여기서 T는 Terylene, C는 Cotton에서 각각 따온 말이다.

24 마일라는 미국에서 등록된 상표명이고 영국에서는 멜리넥스(Melinex), 독일과 일본에서는 호스타판(Hostaphan)이라는 상표로 등록되었다.

바탕 소재로서 화재 위험이 높은 셀룰로이드 대신 이 소재를 채택하면서 본격적으로 알려졌다.

오늘날 우리가 실생활에서 음료수 병 이외에 가장 흔하게 접하는 BoPET 필름은 얇은 알루미늄박으로 코팅된 형태이다. 유산균 음료나 바나나맛 우유를 마시기 전에는 우선 병 입구를 밀봉하고 있는 이것부터 뜯어서 벗겨내야 한다. 그래서 이 소재가 비교적 약하고 잘 찢어질 것이라는 선입견을 갖는 경우가 많은데 큰 오산이다. 놀이공원이나 파티에서 자주 볼 수 있는 금속 광택의 반짝이 풍선도 이것으로 만든다.

미국 항공우주국(NASA)에서는 일찍이 1960년에 지름이 무려 30미터나 되는 풍선을 만들어 로켓에 싣고 1,600킬로미터 고도로 쏘아올린 바 있다. 이 임무는 프로젝트 에코(Project Echo)라는 이름으로 수행되었다. 이 풍선은 저궤도 통신위성으로서 지표면에서 보내는 전파 신호를 반사하여 지구 반대편끼리의 통신을 가능하게 하였다. 이때 사용된 필름은 두께가 13미크론(0.013밀리미터)에 불과하였다.[25]

PET로 만든 음료수 병은 1967년에 듀폰 사의 와이어스(Nathaniel Wyeth)가 개발하였다. 이전까지 세제 등의 액체를 담는 용기로 여러 종류의 플라스틱이 사용되기는 했으나, 탄산음료는 이야기가 달랐다. 탄산음료는 흔들거나 온도가 올라가거나 하면 물속에 녹아 있던 이산화탄소가 급격히 빠져나오면서 용기 내부의 압력이 올라가는데 이때의 압력은 대기압의 3~4배에 달한다. 역시 답은 우주에도 다녀온 PET에 있었

---

25 필름의 두께 13미크론은 머리카락 한 올 굵기의 약 10분의 1 수준이다.

발사 전 시험을 위해 무려 1만 8,000킬로그램에 달하는 공기를 채운 에코1(Echo1)
통신위성 풍선의 모습. 풍선 자체의 무게만 해도 약 72킬로그램에 달했다.

자료: 〈history.nasa.gov/SP-4308/ch6.htm〉

다. 와이어스는 1973년 페트병에 대한 특허를 받았고, 1986년에는 플라스틱 산업 명예의 전당에 당당히 이름을 올렸다.

제2차 세계대전 직후 완성된 폴리에스터 합성 기술은 이후 전혀 예상하지 못했던 곳에서 중요한 역할을 하게 되었다. 미국 입장에서는 제2차 세계대전 중 불의의 일격을 당한 진주만 공습 사건이 두고두고 트라우마로 남았다. 영문도 모르고 날벼락을 맞는 상황이 두 번 다시 벌어지지 않도록 고공정찰기를 개발하였다. 이렇게 개발된 것이 그 유명한 U-2이다. U-2는 웬만한 대공화기(對空火器)나 레이더조차 도달하지 못하는 7만 피트(약 21킬로미터) 상공에서 적진의 동향을 손바닥 들여다보듯이 감시할 수 있도록 설계되었고, 당초 1953년부터 운용되도록 계획되었다.

그런데 뜻밖의 난관에 부닥쳤다. 우선 항공 영상을 기록할 필름이 문제였다. 한번 임무에 투입되면 싣고 가야 할 촬영용 필름의 길이만 1.8킬로미터에 달하였다. 그때까지 사진 필름의 소재로 셀룰로이드를 사용하였는데, 이 정도 양이면 필름의 무게만 해도 만만치 않았다. 더구나 셀룰로이드 소재는 발화성이 커서 자칫하다가는 정찰도 제대로 하기 전에 공중분해가 될 판이었다. 고공정찰용 카메라의 설계가 본격적으로 시작된 1954년까지도 별 뾰족한 수가 없어 보였다.

그즈음 폴리에스터를 연신(延伸)하여 얇은 필름 형태로 만든 마일라가 듀폰 사에서 개발되었다. 이 소재는 열을 가해 경화시켰기 때문에 발화 걱정을 하지 않아도 되었고 아주 얇으면서도 질긴 필름을 만들 수 있었으므로 무게도 대폭 줄이는 게 가능했다. 이어 코닥 사에서는 이 소재를 기반으로 개발에 착수하여 1955년 이스타(ESTAR)라는 상품명을 가진 특수 촬영용 필름을 탄생시켰다.

마침내 U-2는 1956년 첫 비행을 시작하여, 현재까지도 밤낮으로 정찰 임무를 수행하고 있다. 최근에는 이스타 소재의 양면에 전기전도성 고분자를 코팅하여 유연한(flexible) 특성이 요구되는 첨단 전자제품의 부품으로도 활용하고 있다.

"너무 끈적거리는 바람에"
사람을 살린 아크릴수지

제2차 세계대전에서 활약했던 또 다른 고분자 소재 중에 아크릴수지가 있다. 이 물질은 1800년대 중반부터 알려져 있긴 하였으나 고분자 형태로 딱딱하게 만들어진 것은 1930년대였다. 찐득한 액체를 두 장의 유리판 사이에 끼워 굳히면 투명하고 얇은 판이 만들어지는데, 이것이 우리가 일반적으로 아크릴판이라고 부르는 것으로, 정식 명칭은 '폴리-메틸메타크릴레이트(PMMA)'이다. 제2차 세계대전이 일어나자 투명한 아크릴판은 '안전유리(safety glass)'라는 이름으로 비행기의 캐노피(canopy, 조종석 덮개), 포탑(gun turret), 잠수함의 잠망경 등에 널리 쓰였다. 유리에 비해 잘 깨지지 않고 혹시 깨지더라도 날카로운 파편이 사방으로 튀는 경우가 적어 조종사 및 승무원들을 치명적 부상으로부터 보호해주었다.

전쟁이 한창이던 1942년, 굿리치 사의 쿠버(Harry Coover, Jr.) 박사 연구팀은 총의 조준경을 만들기에 적합하도록 이 소재를 개량하는 과정에서 시아노아크릴레이트(cyanoacrylate)라는 물질을 발견하였다. 일단 특허출원을 했지만, 이 물질은 너무 끈적거리는 바람에 곧바로 뒷전으로 밀려났다. 전쟁이 끝나고 1951년 코닥 사로 자리를 옮긴 쿠버는 열에 강한 플라스틱 필름을 개발하는 과제를 맡게 되었다.

쿠버는 후보군의 하나로서 시아노아크릴레이트를 다시 들여다보았다. 이리저리 테스트를 해보았으나 결론은 역시 너무 끈적거려 '적용 불가'였다. 그런데 연구원 중 한 사람이, 값비싼 검사 장비 하나가 이 물질로 떡칠이 되는 바람에 완전히 망가져버렸다고 불평하였다. 핵심 부품이 단단히 들러붙었는데 무슨 짓을 해도 떨어지지 않는다는 것이었다. 쿠버는 그 말을 듣는 순간 이 소재의 진짜 용도를 간파하였다. '순간접착제'는 그렇게 탄생하였다. 이 물질이 이렇게 끈적거리지 않았더라면 촬영용 필름이 되어 U−2에 탑재되었을지 모르지만 너무나 끈적거리는 바람에 어쩌면 더 유명해지고 더 큰 시장을 확보하게 되었다.

그런데 반전이 한 번 더 일어난다. 쿠버가 순간접착제를 제품화하기 위한 막바지 작업에 매진하던 어느 날 그의 큰아들이 손을 심하게 베이는 사고가 일어났다. 병원에 데려가 꿰매기까지는 시간이 너무 걸릴 것이라 우려한 쿠버는, 마침 집에 조금 가져다놓았던 순간접착제 시제품을 베인 상처에 뿌려 지혈을 시켰다. 순간접착제는 응급의료용 봉합재로서도 손색이 없었던 것이다. 순간접착제는 스프레이 형태로 만들어져 당시 막 시작된 베트남전쟁의 야전병원으로 보내졌다. 이 응급 지혈제는 외상(外傷)뿐 아니라 내부 장기의 출혈을 막는 데도 사용되었고, 이로써 복잡한 수술이 필요한 부상병들이 후방의 큰 병원으로 이송될 때까지 시간을 벌어주었다. 결과적으로 더 많은 생명을 살리는 데 크게 기여한 것이다.

아크릴수지는 이 외에도 파스 냄새 나는 셀룰로이드를 대신하여 의치(義齒)의 소재가 되었고, 나중에는 콘택트렌즈를 만드는 데도 사용된다. 쿠버를 골치 아프게 하던 그 문제, 즉 '끈적거리는 성질'은 접착제만이 아니라 물감과 페인트의 형태로도 화려한 데뷔를 하였다. 아크릴수지로 만든 물감은 유화의 질감을 내면서도 물에 개어 사용할 수 있다는 장점이 있다. 주택용 페인트로 널리 사용되는 라텍스 페인트는 고무로 만든 페인트라는 뜻이 아니라 아크릴수지로 만든 수성 페인트를 가리킨다.

범접할 수 없었던 소재, 테플론

테플론을 모르는 사람은 거의 없지만, 코팅된 프라이팬에 PTFE라 찍혀 있는 표식을 보고 무슨 뜻인지 아는 사람은 극히 드물다. 이 둘은 같은 물질이다. 이 소재의 정식 화학명은 폴리테트라플루오로에틸렌 (polytetrafluoroethylene, PTFE)이고, 테플론은 이를 만드는 업체 중 케무어스(Chemours)라는 회사의 상품명이다. 이 소재 역시 듀폰 사에서 처음 만들어졌고, 케무어스는 듀폰으로부터 분리된 회사이다.

만 24세에 박사학위를 받은 로이 플렁켓(Roy Plunkett)은 듀폰 사가 나일론 상업화를 위한 공정 개발에 한창 박차를 가하던 1936년, 졸업하자마자 전격 스카우트되어 뉴저지주에 위치한 잭슨 연구소에서 근무하게 된다. 거기서 처음에는 냉매인 프레온(Freon)[26]을 개량해 새로운 조성을 찾아내는 연구를 시작하였다. 플렁켓은 TFE라는 가스를 염산으로 처리하면 회사에서 원하는 냉매를 만들 수 있을 것이라는 가설을 세우고 연구에 매진했다.

당시 TFE 가스에 대해서는 거의 알려진 바가 없었고 따라서 구하기도 어려웠다. 그는 그런 희귀한 기체를 대략 50킬로그램쯤 준비해야 한다고 주장했다. 그냥 냉각 성능에 대해서만 연구해서는 안 되고 동물에 대한 독성 시험까지 진행해야 하니 충분한 양이 필요하다는 이유였다. 이

---

26 프레온 역시 케무어스 사의 상품명으로 불화탄소(fluorocarbon) 계열의 냉매들을 포괄적으로 일컫는 말이다. 화학적 조성과 분자 구조, 그리고 특성과 용도가 조금씩 다른 수십 가지의 '프레온'들이 있는데, 이 중 CFC, HFC 등의 물질이 오존층 파괴 또는 온실효과의 주범이라 하여 한동안 신문·방송에 많이 오르내린 바 있다.

는 회사 내의 가스 저장 용기를 거의 다 채우고도 남을 만큼의 양이었다. 그는 닥치는 대로 깡통들(오늘날 흔히 볼 수 있는 스프레이 용기 같은 것들)을 모아다가 대략 1킬로그램 단위로 가스를 소분해놓았다.

1938년 4월, 플렁켓과 그의 조수 잭 리복(Jack Rebok)은 여느 때처럼 깡통에 든 TFE 가스와 염산을 반응시키는 실험을 하고 있었다. 갑자기 리복의 얼굴이 하얗게 질렸다. 밸브를 열었는데도 TFE가 흘러나오지 않는다는 것이었다. TFE를 얼마큼 흘려보냈는지 측정하기 위해서 깡통을 저울 위에 올려놓아두었는데 저울 눈금은 그대로 있었으니 가스가 어디로 샌 것도 아니고 정말 귀신이 곡할 노릇이었다. 두 사람은 철사로 밸브를 쑤셔보기도 하고, 실험 장치를 다 해체해서 어디 막혔거나 새는 곳이 없나 점검해보기도 했으나 여전히 아무 일도 일어나지 않았다. 마지막으로 깡통을 뒤집어서 털어보니 하얀 가루 같은 것이 떨어졌다.

플렁켓은 이 가루가 TFE 가스의 중합반응에 의해 만들어진 고분자 물질이라는 것을 직감적으로 알아차리고는 낭패스러워했다. 그의 목표는 기체 상태와 액체 상태 사이에서만 왔다 갔다 하는 '냉매'를 개발하려는 것이었는데 고체인 가루가 나왔으니 당혹감이 클 수밖에 없었다. 당시의 최신 이론으로는, TFE와 염산은 각기 단독으로는 물론 둘 사이의 어떤 조합에서도 고분자가 절대로 만들어질 수 없었다. 그의 주변에는 세계 최고 수준의 화학자들이 포진해 있었으나, 이러한 현상이 무엇을 의미하는지 설명할 수 있는 사람은 없었다.

그러나 플렁켓은 역시 천생 과학자였고 다행히 듀폰에는 순수하게 학문적 궁금증을 파헤쳐가는 연구의 전통도 아직 살아 있었다. 플렁켓과

리복은 쇠톱을 가져다가 깡통을 절단하고 안에 있는 것들을 긁어냈다. 그것은 그저 하얀 가루 정도가 아니었다. 그 가루들은 깡통 내부를 매끈하게 뒤덮고 있었으며 매우 미끈거리는 촉감이었다. 플렁켓은 화학자라면 누구나 했을 법한 기본적인 성분 분석에 착수했다.

잭 리복(왼쪽)과 로이 플렁켓(오른쪽)이 TFE 가스가 들어 있던 깡통을 잘라 테플론을 발견하던 순간을 재연하고 있다.

© Hagley Museum and Library
〈https://www.sciencemuseum.org.uk/〉

화학자들이 성분 분석을 할 때 맨 먼저 밟는 단계는 적당한 액체에 녹여 용액을 만드는 것이다. 그런데 이 물질은 그가 소속되어 있던 듀폰 잭슨 연구소 안에 있는 어떤 용매에도 녹지 않았고 어떤 시약과도 반응하지 않았다. 결국 듀폰 중앙 연구소의 내로라하는 화학자와 공학자가 모두 매달려 연구를 거듭한 결과 TFE가 중합반응을 일으킨 것이 맞는다는 결론을 내리고, TFE 앞에 고분자를 뜻하는 P자를 붙여 PTFE라고 불렀다. 결국 플렁켓의 이 '황당'한 경험은 중합반응 및 고분자에 대한 이론을 고쳐 쓰게 만들었다.

이렇게 개발된 테플론 역시 합성고무와 같이 제2차 세계대전을 일찍 끝내는 데 크나큰 공헌을 하였다. 전쟁을 사실상 종결지은 것은 1945년 히로시마와 나가사키에 투하된 원자폭탄이었다. 그 핵무기를 개발하기 위해 1942년부터 맨해튼 프로젝트가 가동되었는데, 시제품을 만들어 실험을 하려면 핵연료인 우라늄을 농축하는 대규모 설비가 필요하였다. 이러한 설비를 건설하려면 수많은 배관과 밸브, 개스킷 등이 갖추어져야 한다. 그런데 농축 공정에서 발생하는 뜨거운 열도 문제이거니와 핵연료 자체가 워낙 다른 물질과 화학반응을 잘 일으키는지라, 직접 접촉하게 되는 부분은 웬만한 소재로 만들어서는 그런 온갖 반응을 견뎌낼 재간이 없었다.

과학자와 엔지니어들은 바로 이전 해에 등록된 특허 하나를 주목하였으니, 바로 테플론이었다. 높은 온도에 잘 견디고 그 무엇과도 반응하지 않는 특이하고 기묘한 특성을 보아 뭔가 엄청난 잠재력을 지닌 것 같기는 한데, 그 정도가 너무 심하다 보니 마땅한 사용처가 없었다. 미끈거리기만 하고 서로 잘 뭉쳐지지도 않고 어디 잘 붙일 수도 없어서 듀폰사에서도 도무지 이걸로 뭘 만들 수 있을까 고민만 하던 참이었다.

그러나 핵연료를 다루는 사람들이 보기에 그것은 자신들의 고민을 단번에 날려주는 물질이었다. 따로 윤활제가 필요 없을 정도로 마찰이 적은 이 소재는 우라늄 농축 설비의 모든 밸브를 부드럽게 여닫도록 해주었고 배관과 용기의 모든 틈새를 밀봉하여 고순도의 핵연료를 정제해낼 수 있도록 해주었다. 이 과정에서 축적된 테플론 가공 기술은 전쟁이 종료된 뒤 곤충이 기어오르지 못하도록 하는 미끄럼판과 밀폐용 배관 테이프 등을 거쳐 프라이팬의 바닥 코팅으로 일반인들에게도 선을 보이게 되었다.

테팔의 등장:
아내의 말을 새겨 들었더니 자다가 떡이 생겼다?

PTFE는 워낙 미끄러워 잘 닳지도 않고 물에 젖지도 않고 화학 약품에 부식되지도 않고, 아무것도 달라붙지 않고, 열에도 강한, 그야말로 팔방미인 소재였다.[27] 그런데 물이 너무 맑으면 고기가 살지 못한다는 말이 있듯이, 바로 이런 특성 때문에 이 물질은 가공하기가 매우 까다로웠다. 명색이 고분자 플라스틱인데 뭉쳐지지도 않고 접착제마저 소용이 없으니 서로 이어 붙여 모양을 만들어낼 방법이 없었다. 이쯤까지 읽으면 과학적 호기심이 충만한 독자들 중에는 불현듯 궁금증이 솟는 이들이 있을 것이다. 그렇게 미끌미끌하고 아무 데도 달라붙지 않는 소재를 프라이팬 바닥에는 도대체 무슨 수로 붙였을까?

여기서 재료공학의 진가가 발휘된다. 기존의 소재들과 전혀 다른 특성을 지닌 물질을 합성해내는 것이 화학의 영역이라면, 지금까지 듣도 보도 못한 물질을 용도에 맞게 가공하는 것이 재료공학의 영역이다. 1954년, 프랑스의 공학자 그레구아르(Marc Grégoire)는 PTFE의 새로운 응용 분야를 찾고 있었다. PTFE는 물에 젖지도 않고 기름때 같은 것도 전혀 묻지 않으니 낚시용품에 활용하면 좋으리라는 생각으로 이것저것 시도해 보고 있었다. 어느 날 프라이팬에 달걀이 자꾸 눌어붙는 데 짜증이 난

---

27 PTFE는 지구상에서 마찰계수가 세 번째로 낮은 물질이다. 마찰계수가 낮다는 것은 표면에서 잘 미끄러진다는 뜻이다. 마찰계수가 가장 낮은 것은 BAM이라 불리는 알루미늄-마그네슘-붕소 화합물이고, 두 번째로 낮은 것은 DLC라 불리는 비정질(非晶質) 탄소이다. 유리벽을 자유롭게 기어오르고 천장에도 거꾸로 붙어 있을 수 있는 게코(Gecko) 도마뱀도 PTFE 표면에서는 속절없이 미끄러진다.

그의 부인이, 그 미끈거리는 걸로 쓸데없는 낚싯대만 만들지 말고 이런 거나 좀 해결해보라고 바가지를 긁었다. 그의 머릿속에서 '이거다!' 하고 불꽃이 튀었다.

그런데 PTFE는 일반적인 방식으로는 성형이 되지 않는다는 것을 그레구아르는 너무나도 잘 알고 있었다. 대개 플라스틱으로 다른 물체를 코팅하기 위해서는 플라스틱 덩어리를 얇은 막이 될 때까지 양쪽에서 잡아당겨 표면에 붙이거나, 액체 상태로 만들어 노즐을 통해 쏘는 방법을 써야 하는데 PTFE는 둘 다 불가능했다. 그는 카누나 카약을 만들 때 가느다란 띠 모양의 판자 조각들을 나란히 이어붙이는 데서 착안하여, 전혀 반대 방향에서 공략을 해보기로 하였다. 즉, 덩어리나 액체를 만드는 대신 아주 고운 분말로 만든 것이다.

앞서 4장 〈왜 도자기 시대는 따로 없을까?〉에서 설명하였듯이 입자가 작아질수록 부피에 비해 표면적이 커진다. 여기서 표면이란 주변과의 반응이 일어나는 장소이다. 즉, 표면적이 커진다는 것은 주변과 반응하게 될 여지가 많아진다는 의미이다. 큰 덩어리의 커피설탕(coffee sugar)보다 고운 입자의 백설탕이 더 잘 녹는 이유도 물과 접촉하는 면적이 넓어서이다. 이 세상에 있는 모든 물질은 주위에 있는 것들과 뭉쳐 되도록 표면적을 줄이려는 경향을 갖고 있다. 비누거품을 가만히 들여다보면 거품들이 서로 합쳐져서 점점 커지는 것을 볼 수 있고, 흙을 빚어 구울 때 흙 알갱이들이 녹을 정도로 온도가 높지 않음에도 불구하고 흙 알갱이들이 계속 서로 뭉쳐 결국 단단한 도자기를 얻을 수 있는 것도 모두 같은 이치이다.

그레구아르는 이 고운 PTFE 분말을 프라이팬 바닥에 골고루 뿌리고, 100기압 이상의 높은 압력을 걸어 분말 입자들이 최대한 서로 밀착되도록 하였다. 입자들의 접촉면에서 원자들이 결합할 수 있도록 며칠을 기다린 다음 고온으로 가열하여 균일한 코팅을 완성하였다. 주부들 사이에서 테플론이 뭔지는 몰라도 이 회사 이름은 안다는 주방기구 전문 회사 테팔(Tefal 또는 T-Fal)은 이렇게 시작되었다. 테팔이란 이름은 테플론('Tef'lon) 코팅을 한 알루미늄('al'uminum)이란 뜻이다.

가문의 영광이 된 고어텍스

아내의 말을 새겨들어 성공한 테팔이 출범한 지 3년이 지난 1957년 4월, 듀폰 사의 연구원이었던 윌버트 고어(Wilbert Gore)는 아들의 말을 잘 들은 덕분에 팔자가 바뀌었다. 회사에서 그가 맡은 일은 테플론 분말을 가지고 구리 전선에 절연 피복을 입히는 것이었다. 그는 집 지하실에까지 실험실을 차려놓고 밤낮 없이 연구에 몰두하였다. 그렇지만 프라이팬과는 달리 전선의 표면에는 코팅이 제대로 되지 않았다. 마침 주말을 맞아 집에 와 있던 아들 로버트와 대화를 나누던 중 당시 화학공학과 2학년에 재학 중이던 로버트가 이미 시중에 나와 있는 테플론 테이프를 감아보면 어떻겠느냐고 한마디 툭 던졌다.[28]

윌버트는 테플론 테이프가 절대로 구리선에 붙어 있을 리 없다고 생

---

28 이 테이프는 테플론 봉을 가열한 후 가느다란 슬릿(slit)을 통해 밀어내는 압출(extrusion) 성형 방식으로 만든 것이다.

월버트와 로버트 고어 부자가 발명한 멀티텟
케이블.

© W. L. Gore and Associates

각했지만, 아들에게 핀잔을 주기
보다는 일단 시험 삼아 한번 해
보기로 했다. 결과는 대성공이었
다. 월버트는 이내 회사에 사표
를 내고 집 지하실에서 가족 회사
를 차려 테플론 피복 전선 개발을
완성하였다. 이것이 바로 멀티텟
(Multi-Tet) 케이블이다.

대기업과 연구소를 중심으로 컴퓨터 도입이 본격화되던 그 시기에 얇
은 리본 형태의 이 케이블은 답답한 속을 뻥 뚫어주는 획기적인 제품이
었다. 덴버 수도국을 필두로 해서 IBM, NASA 등에서 앞다투어 이 제품
을 구매해 갔다.[29]

1969년 행운의 여신이 또 한 번 미소를 지어주었다. 고어의 회사는 테
플론 피복을 꾸준히 개량하고 있었다. 로버트는 테플론을 잡아당겨 늘
일 수 있다면 그 안에 공기가 들어가 절연성도 좋아질 뿐만 아니라 무게
도 가벼워지고 테플론 사용량도 절감될 것이라고 생각하였다. 그러나
딱딱한 테플론 봉은 잘 늘어나지 않았다. 로버트는 살짝 가열한 후 다시
시도해보기로 했다. 그런데 힘 조절이 제대로 되지 않았다. 조금씩 천천
히 잡아당겨야 하는데, 한꺼번에 확 잡아당겨버린 것이다.

---

29 1969년 아폴로 11호가 달에 착륙했을 때, 달 표면에 설치한 지진계를 달 착륙선에 연결하는 데 이 케이
블이 사용되었다.

그 순간 마법과도 같은 일이 일
어났다. 말랑말랑해진 테플론 봉
은 원래 길이의 무려 8배나 늘어
났고 그 안에는 미세한 공기구멍
이 수없이 생겨났다.[30] 이 공기
구멍들 덕택에 전체의 70%가 공
기로 채워진, 매우 가벼운 시트
(sheet)가 만들어졌다. 테플론 자

테플론을 잡아 늘여 고어텍스를 발명해낸 순간
을 재연하고 있는 로버트 고어.
© W. L. Gore and Associates

체가 물을 튕겨내는 성질이 있는 데다가 공기구멍의 크기는 빗방울의
약 2만 분의 1 정도로 작아서 수증기 등 기체는 통과할 수 있어도 물은
스며들지 않는 기적의 소재가 탄생한 것이다. 이 소재에는 테플론의 정
식 명칭인 PTFE 앞에 잡아 늘였다(expanded)는 뜻으로 'e'를 추가하여
ePTFE라는 이름이 붙었다. 이듬해에 그들은 특허를 출원했는데 이때
자신의(또는 회사의) 이름을 따서 고어텍스라고 지었다.

　무엇인가 대단하고 획기적인 것이 출현하면 "세상을 떠들썩하게 만들
었다"라는 표현을 쓴다. 떠들썩해진다는 것에는 밝은 면과 어두운 면이
공존한다. 그런데 특히 돈과 연결되면 십중팔구 송사(訟事)가 따르고 누
군가는 웃을 수 없는 방향으로 시끄러워지기 마련이다. 앞서 가황고무
나 셀룰로이드의 사례와 마찬가지로 고어텍스도 소송을 피해 갈 수 없
었다. 고어 회사가 특허를 출원하기 4년 전인 1966년에 뉴질랜드의 엔

---

30 손톱만 한 면적(가로세로 각각 1센티미터 정도)에 약 30억 개의 공기구멍이 존재한다.

지니어 존 크로퍼(John W. Cropper)는 테플론을 잡아 늘여 테이프 형태로 만드는 기계를 이미 발명하였던 것이다. 그런데 지식재산권 관련 지식이 취약했던 크로퍼는 특허를 출원하는 대신 코카콜라처럼 제조 공정 자체를 비밀에 부치는 쪽을 택했다.

1970년대 들어 특허 전쟁이 본격화되었다. 처음에 지방법원은 고어 사의 특허 이전에 크로퍼의 기술이 이미 존재했다는 선행성(先行性, precedence)을 인정하여 크로퍼의 손을 들어주었다. 하지만 2년여에 걸친 법정 공방 끝에 연방법원은 마침내 고어 사의 특허를 인정하였다. 앞서 가황고무 사례와 마찬가지로, 단지 테이프를 분석한다고 해서 제조 방법을 알아낼 수는 없으므로 고어 사의 독창성(獨創性, originality)이 의심되지 않는다는 이유였다. 또한 크로퍼는 다른 회사들과 거래하면서 항상 비밀 유지 계약을 해왔기 때문에 자신의 기술이 알려진 바가 없다고 믿었다. 그래서 법정에서 자신의 기계를 암만 들여다보아도 그 안에서 무슨 일이 일어나는지 아무도 알아낼 수 없을 것이라고 증언하였는데 이것이 오히려 자가당착이 되고 말았다.

뉴질랜드에서는 이 판결에 대해 두고두고 억울해하며 고어 사가 크로퍼의 기술을 도용했을 것이라는 의혹이 끊임없이 제기되었지만, 모든 책임은 결국 특허를 먼저 출원하지 않은 크로퍼에게로 귀결되었다. 크로퍼는 소재 자체만 특허의 대상이 되는 줄 알았지, 그 제조 방법도 지적재산권으로 보호받을 수 있다는 사실을 몰랐던 것이다. 또한 코카콜라와 같은 기호품은 소비자의 판단이 주관적 감성에 의해 많이 좌우되기 때문에 아무리 똑같이 만들어낸다 하더라도 개인의 취향에 따라 얼마든지 다르다고 느낄 수 있지만, 테플론 테이프와 같은 소재는 객관적 규격과 성능에 의해 소비자의 판단이 이루어지기 때문에 다른 사람들이 얼마든지 똑같이 만들어낼 수 있음을 간과하였다. 따라서 이에 대한 제조 방법에 대해서는 특허를 출원하여 공개하고 법적 보호를 요청하는 편이 더 유리하다는 점을 미처 생각하지 못했던 것이다. 이로써 연신된 다공성 불화탄소 수지인 ePTFE의 상표명은 '크로퍼텍스'가 아니라 '고어텍스'로 남게 되었다.

열가소성, 열경화성, 탄성

우리가 금속이라고 묶어서 부르는 소재들도 그것이 구리냐 철이냐 마그네슘이냐에 따라 원자 구조와 성질이 각각 다른 것과 마찬가지로, 플라스틱에도 금속만큼이나 다양한 종류가 있다. 플라스틱은 크게 열가소성 (thermoplastic) 소재, 열경화성(thermoset) 소재, 탄성(elastomer) 소재로 분류할 수 있는데, 고분자 소재를 구성하는 사슬 구조에 따라 플라스틱의 성질이 어떻게 변하는지는 삶은 국숫발을 떠올려보면 이해하기가 쉽다.

열가소성: 물렁물렁해지는 플라스틱

열을 가하면 물렁물렁해져서 마음대로 모양을 만들 수 있고 식으면 그대로 굳어버렸다가 다시 열을 가하면 도로 물렁해지는 성질이다. 즉, 다시 가열하기만 하면 몇 번이고 모양을 바꿀 수 있다. 이러한 특성은 소재를 구성하는 고분자 사슬들이 갓 삶아낸 국수를 가지런히 늘어놓은 것처럼 배열되어 있기 때문에 나타난다.

국수 한 가닥 한 가닥이 자유롭게 구부러질 수 있을뿐더러 서로 들러붙지 않고 잘 미끄러지며 움직일 수 있어 원하는 모양으로 사리를 지을 수 있는 것과 마찬가지다. 그대로 놔두면 국수 가락들이 서로 맞닿는 부분이 살짝 붙으며 다소곳이 모양을 유지할 수 있고, 사리를 다시 따뜻한 물에 풀면 국수 가락들이 쉽게 떨어져 원래대로 돌아갈 수 있으므로 다른 모양의 사리를 만들 수 있다. 이렇듯 열가소성 수지 내부의 고분자 사슬들도 낮은 온도에서는 서로 약하게 붙은 채로 모양을 유지하지만 온도가 올라가면 각각의 사슬이 떨어져 서로 미끄러지듯 움직일 수 있어 모양을 얼마든지 바꿀 수 있다.

아크릴, 나일론, 폴리에스터의 일종으로서 보통 페트병이라 불리는 음료수 용기를 만드는 폴리에틸렌테레프탈레이트, CD나 DVD를 만드는 폴리카보네이트, 배수관 등에서 많이 볼 수 있는 PVC 등이 모두 열가소성을 보이는 소재들이다. 이런 소재는 열을 받으면 모양이 어그러질 수밖에 없으니 주의해야 한다.

열경화성: 딱딱함이 유지되는 플라스틱

처음 열을 가하면 부드러워져 모양을 바꿀 수 있지만 한번 모양이 굳어지면 다시 열을 가해도 그 모양 그대로 딱딱함이 유지되는 성질이다. 포장 주문용 음식을 담을 용기는 열가소성 수지로 만들어도 무방하겠지만, 마이크로웨이브 오븐(전자레인지)에 데우거나 펄펄 끓는 탕 같은 것을 담아 먹을 그릇은 당연히 열경화성 수지로 만들어야 한다.

다시 국수에 비유해 설명해보자. 얌전하게 지어놓은 국수사리에 밀가루를 골고루 뿌리고 이를 다시 푹 삶으면 어떻게 될까? 국수 가락이 다 들러붙어 떡이 될 것이다. 이렇게 떡진 국수는 따뜻한 물에 넣고 아무리 흔들어도 절대 다시 풀어지지 않는다. 열경화성 수지 내부에서도 비슷한 일이 일어난다.

처음에는 각각의 사슬이 서로 엉키지도 않고 마치 기름칠을 한 것처럼 서로 미끄러져 다니기 때문에 모양을 마음대로 성형할 수 있지만, 이를 높은 온도에서 가열하면 사슬들끼리 서로 얽히고 접촉면에 있는 원자들이 결합을 시작한다. 이러한 현상을 가교(架橋, bridge formation) 또는 교차(交叉, cross-linking)라고 한다. 이러한 소재를 가열해서 영구히 굳히는 과정을 경화(硬化, curing 또는 vulcanization)라고 한다.

베이클라이트라는 상표명으로 더 잘 알려진 페놀 수지, 폴리우레탄, 폴리스 티렌, 에폭시, 전자산업에 약방의 감초처럼 사용되는 폴리이미드, 흔히 '호마이카'라고도 하는 멜라민수지 등이 여기에 속한다. '호마이카'는 원래 합판이나 천, 종이 등의 표면에 멜라민수지를 코팅한 것으로서 'Formica'라는 상표명이 일본을 거쳐 들어오면서 마치 소재의 이름처럼 굳어진 말이다. 미국의 유명한 전기 설비 전문 기업 웨스팅하우스에서 근무하던 두 엔지니어가 절연체로 쓰던 광물질인 운모(mica)의 단점을 개량하고자 발명하였다. 이후 둘은 독립하여 1913년 자신들의 회사를 차리는데, '운모를 대신할(for mica)' 소재를 만든다는 뜻으로 회사 이름을 Formica라고 지었다. 1938년 멜라민수지가 개발되기 전까지는 베이클라이트가 같은 목적으로 사용되었다.[31]

탄성: 항상 원래 모습으로 돌아가려는 플라스틱

고무처럼 힘을 가하면 모양이 변하고 힘을 빼면 다시 원래 모양으로 돌아가는 성질이다. 이런 성질의 소재를 구성하는 분자 사슬들은 라면 면발처럼 돌돌 말려 있다. 그래서 볼펜 스프링마냥, 잡아당기면 늘어났다가 놓으면 다시

---

31 Formica는 또 다른 숨은 의미를 갖고 있는데, 개미라는 뜻의 라틴어로서 불개미의 학명으로 쓰이기도 한다. 개미 꽁무니에서 나오는 시큼한 맛의 물질을 포름산(formic acid)이라 하고 여기서 산소 원자 하나를 떼어내면 포름알데히드(formaldehyde)가 되는데, 이것이 바로 베이클라이트를 합성하는 데 들어가는 핵심 성분이다.

원위치로 돌아간다. 그런데 이게 다가 아니다. 일반적으로 보는 용수철과 달리, 고무밴드는 잡아당긴 채로 (더 세게 잡아당기는 게 아니고 그저 같은 힘으로) 계속 유지하고 있으면, 슬금슬금 조금씩 더 늘어난다. 단순히 말려 있는 사슬들이 풀리는 것뿐 아니라 잡아당기는 방향으로 사슬들끼리 서로 어긋나듯 미끄러지기 시작하기 때문이다.

이러한 성질을 특별히 점탄성(粘彈性, viscoelasticity)이라 하는데, 우리 몸의 근육과 인대도 바로 이런 특성을 갖고 있다. 운동선수들이나 무용수들이 시합이나 공연 전에 충분히 스트레칭을 해주는 이유가 바로 여기에 있다. 인대의 점탄성을 이용하여 미리 가동 범위를 넓혀놓음으로써 격렬한 움직임이 일어날 때 부상을 당하지 않도록 예방하는 것이다.

불행히도 천연 소재에서는 이런 특성이 아주 제한적인 환경에서만 발휘된다. 일단 사슬들이 미끄러져 서로 어긋나기 시작하면, 나중에 힘을 풀었을 때 처음 시작된 위치가 어디였는지 정확히 알 길이 없기 때문에 조금만 환경이 바뀌어도 원 상태로 완벽히 돌아오기가 어려워진다. 사람도 더위를 먹으면 정신이 혼미해지는 것처럼, 탄성 소재 내부의 분자 사슬들도 온도가 올라갈수록 점점 더 어디가 어딘지 헷갈리게 된다. 멀쩡하던 고무장갑이 더워지면 어느 날 갑자기 찐득찐득 녹아내리는 이유가 여기 있다. 또한 우리가 날씨가 추워지면 방구석에 틀어박혀 꼼짝하기 싫어지듯이 분자 사슬들도 온도가 내려가면 손가락 하나 까딱하기 싫어한다. 그래서 날씨가 추워지면 갈라지고 부스러지기 일쑤이다.

이러한 단점을 개선하기 위해 개발된 것이 가황고무나 분자 자체를 설계하여 인공적으로 만들어낸 합성고무이다. 가황고무는 천연고무에 황(sulfur)을 넣고 가열한 것으로, 이렇게 하면 분자 사슬의 옆구리에 군데군데 황 원자가 결합한다. 이 황 원자들은 헨젤과 그레텔이 숲속 오솔길에 떨어뜨려놓은 빵 조각이나 조약돌 같은 역할을 하여, 각각의 사슬이 움직이다가도 제자리를 찾을 수 있도록 하는 이정표가 되어준다.

합성고무는 주로 석유를 정제하면서 얻는 부산물을 가지고 만드는데, 1960년 대 이후에는 심지어 우리가 씹는 껌(chewing gum)조차 합성고무로 만들었다. SBR이라고 불리는 스티렌부타디엔고무인데, 껌 외에도 기체나 액체가 새지 않도록 밀폐하기 위한 개스킷의 소재로 주로 사용된다. 과거에는 가난한 흑 인 재즈 악사들이 관악기에 난 구멍을 때우기 위해 껌을 씹어서 붙이기도 하 였다. 이 외에 골프공이나 풍선을 만드는 데 쓰는 폴리이소프렌(또는 이소프렌 고무), 욕조 가장자리의 마감재나 성형수술용 보형물 등에 쓰이는, 흔히 실리 콘(이때는 silicon이 아니라 silicone이라고 쓴다)[32] 고무라고 부르는 폴리실록산 등 이 이에 속한다. 이러한 소재들은 우선 처음에 모양을 잡은 뒤 가열하여 굳히 기 때문에, 열경화성 소재의 한 종류로 분류하기도 한다.

---

32 'Silicon'과 'Silicone'은 우리말 표기는 똑같지만 전혀 다른 소재이다. Silicon은 금속성 광택을 내는 딱 딱한 반도체용 소재이자 원소(element)이고, silicone은 흰색이고 탄성을 갖는 절연체용 유기 화합물 (compound)이다. Silicone에는 당연히 silicon이 포함되어 있지만 그보다는 탄소가 월등히 더 많다. 원 래 화학자들 사이에서는 산소와 이중결합을 하고 있는 화합물은 끝에 -one을 붙여 나타내기로 약속이 되어 있기 때문에 이런 이름이 붙었다. 그러나 실제로 silicone에는 silicon과 산소 사이에 그런 결합이 존재하지 않는다. 이 소재를 연구하던 초기의 학자들이 잘못 알고 그렇게 이름 붙였던 것이다. 어쨌거나 여러모로 사람을 헷갈리게 만드는 소재이다.

소재가 보여줄 미래

철기 시대 이후의 세상

1989년 가을, 저명한 국제 학술지인 《사이언스》 한쪽 구석에 만화 한 컷이 실렸다.[1] 원시인이 얼굴에 긴 부리 모양의 물건을 뒤집어쓰고 절벽에서 뛰어내리려고 하는데 옆에 있던 동료가 "자네 정말로 쟤네들(익룡, Pterodactylus)이 날 수 있는 게 뾰족한 머리와 긴 부리 때문이라고 생각하나?"라고 걱정스레 물어보는 장면이다. 이 만화는 1990년대 과학자들 사이에서 큰 인기를 끌었고, 과학자들은 다양한 해석을 내놓으며 강연이나 학회 발표 등에서 이 만화를 즐겨 인용하였다.

인류는 예로부터 자연을 스승으로 삼아 문명을 발전시켜왔다. 특히 척

---

1 Jerry Workman (1989). *Science*. Vol. 245, Issue 4924. pp. 1399.

"Are you sure about this Stan? It seems odd that a pointy head and a long beak is what makes them fly."

박한 환경을 억세게 버텨내는 각종 동식물은 인류가 미지의 영역에 도전할 때마다 큰 영감을 주었다. 물론 만화에서 시사하는 바처럼 수많은 시행착오를 거쳐야 했지만 말이다. 앞서 이 책의 본문에서 보았던 것과 마찬가지로 생명체들의 비밀을 탐구하느라 인생은 물론 영혼까지 쏟아부은 수많은 사람의 노력 덕분에 우리의 의식주는 나날이 풍요로워졌고 또 극한의 환경까지 정복한 과학문명을 구가하게 되었다.

이스라엘의 세계적인 연구 중심 대학인 바이츠만 과학원(Weismann Institute of Science)의 밀로(Ron Milo) 교수 연구팀은 2020년 말, 과학 학술지 《네이처》에 흥미로운 연구결과를 발표하였다. 인간이 만든 인공물(anthropogenic mass)의 총 질량은 20년마다 약 2배로 증가하여 2020년을 기점으로 마침내 자연에서 만들어진 생명체(living biomass)의 총 질량을 넘어서게 되었다는 것이다.[2]

지구상의 모든 생명체 중에서 인간이 차지하는 질량은 대략 0.01%에 불과하다. 그런 인간이 자신들 몸무게의 1만 배나 되는 물건들을 만들어냈으니, 달리 계산하면 각 사람이 매주 자기 몸무게만큼의 물건을 새롭게 만들어낸다는 셈도 된다. 이렇게 인공물이 기하급수적으로 증가하게 된 이유 중 하나는, 과거에는 인간이 땅에서 얻은 '소재(material)'를 가지고 '물건(object)'을 만들어내는 데 그쳤다면 현대에 와서는 소재 자체를 새롭게 만들어내고 있기 때문이다.

지금 우리는 철기 시대에 살고 있다고 말한다. 그러나 현대 사회를 자세히 들여다보면 우리가 사용하는 물건들이 주로 철로 만들어졌다고 하기에는 너무 복잡해졌다. 그리고 반도체와 같이 질량과 부피는 보잘것없지만 자기 덩치의 몇 배나 되는 물체들을 제어하는 소재들도 있어 단순히 외양만 가지고는 딱히 이 물건의 주요 소재가 무엇이라고 딱 집어 말하기 어려워졌다. 당장 자동차만 보더라도 강철판으로 만든 기계 제품이라는 통념에서 벗어나 점차 전자 장치가 빼곡하게 들어찬 전자제품으로 변모해가고 있다.

당연히 많은 사람이 철기 시대 이후에는 어떤 시대가 도래할 것인지 궁금해한다. 그러나 이미 언급한 바와 같이 이제는 인류가 주로 사용하는 소재의 정의 자체가 모호해지고, 당대의 주요 소재가 무엇이냐에 따라 시대를 구분하는 것도 무의미해지고 있다. 지구상에 존재하는 생명

---

2 정확히 2020년은 아니고 ±6년의 오차를 상정하고 있다. Emily Elhacham, Liad Ben-Uri, Jonathan Grozovski, Yinon M. Bar-On, Ron Milo (2020), "Global human-made mass exceeds all living biomass", *Nature*, Vol. 588, pp. 442-444.

체 중 어느 하나도 존재의 의미를 갖지 못한 것이 없고 각기 고유의 방식으로 서로 영향을 주고받으며 자연계의 조화를 이루어나가듯 소재도 마찬가지라고 볼 수 있다. 반도체를 예로 들어보자.[3]

손톱만 한 반도체 칩 하나를 만들 때도 반도체 한 종류만 있으면 되는 것이 아니라 외부와 정보를 주고받을 수 있는 금속 배선, 주변의 다른 신호들과의 혼선 방지를 위한 절연체, 마모나 습기 등으로부터 보호해 줄 유리질, 작동 중 발생하는 열을 방출하기 위한 방열(放熱) 소재 등 수십 가지 소재가 어우러져야 한다. 이 중 한 가지 소재만 빠져도, 심지어 각각의 기준에 조금만 못 미치는 것이 포함되어도, 반도체 칩은 탄생할 수 없다. 특히 100만 분의 1 이하의 비율로 극미량 주입되는 불순물들이 그 양의 많고 적음에 따라 전자소자를 살릴 수도 죽일 수도 있다.

여기에다 미세한 회로 패턴을 그려 넣기 위해 물감과 같은 역할을 하는 감광성 수지, 극자외선 광원을 구성하는 데 들어가는 레이저, 플라스마, 거울 등을 만드는 소재, 칩 위에서 직접 각종 재료를 회로 모양으로 조각해내는 데 필요한 특수 가스, 고도의 청정 환경을 유지하기 위해 필요한 세정제 및 필터 등을 더하면 반도체 칩 하나에 소요되는 재료는 그야말로 소재 전 분야를 망라한다.

앞으로는 세상이 점점 더 복잡해지는 만큼 소재 또한 더욱 다양해질 것이다. 이 책에서 줄곧 이야기해온 바와 같이 소재는 우리 삶의 모든

---

3 반도체는 원래 물질을 전기전도도(electrical conductivity)에 따라 분류하는 명칭이었으나, 많은 경우 반도체로 된 기판 위에 미세한 전자회로 패턴을 그려 넣은 집적회로(集積回路, integrated circuit)까지 이르는 말로 의미가 확장되었다. 이 책에서 집적회로는 반도체 칩이라고 표현하였다.

영역에 그물망처럼 촘촘히 연결되어 있다. 이미 우리는 기존에 한 가지 물질이라 알고 있던 것도 막상 직접 구하려고 보면 복잡한 기호나 일련번호에 의해 수십, 수백 가지로 세분화된 소재를 취급하는 시대에 살고 있다. 사용 목적에 따라 원자 또는 분자 단위에서 그 배열이나 구조, 조성(組成, composition) 등을 조금씩 달리하여 맞춤형 소재를 만들어 쓰고 있기 때문이다. 1~2가지 소재가 시대를 주도하는 것이 아니라 여러 가지 소재 중 하나라도 부족하면 금방 티가 나는 세상이 되어버린 것이다. 그리고 소재 개발이 일어나고 얼마 안 가 아쉬운 소재를 대체할 새로운 소재가 '짠' 하고 등장하는 그런 세상이 되었다.

소재가 던지는 묵직한 질문

2020년 초 코로나바이러스 감염증(COVID-19)이 창궐하여 전 세계를 뒤집어놓았다. 이때 인터넷에 떠돌던 이야기 중 다음과 같은 것이 있다.

프랑스에서 93세의 남성이 코로나19에 감염되어 병원으로 이송되었다. 다행히 그는 24시간 산소호흡기 치료를 받고 점차 완치가 되었다. 퇴원할 때 병원에서는 50만 프랑의 진료비 청구서를 내밀었는데, 그것을 본 노인은 눈물을 흘리기 시작했다. 담당 의사는 환자가 경제적 부담 때문에 걱정하는 줄 알고 위로의 말을 건네려 했지만 노인의 대답은 전혀 뜻밖이었다.

"저는 지불하게 될 금액을 보고 눈물을 흘리는 것이 아닙니다. 저는 치료비를 전부 지불할 수 있습니다. 제가 눈물을 흘리는 것은 고작 24시간 공급받은 산소의 가격이 50만 프랑이나 된다는 사실입니다. 저는 93년 동안이나 산소를 마시면서 돈을 지불한 적이 한 번도 없었습니다. 하나님께 그렇게 많은 빚을 지고도 감사할 줄 몰랐던 나날이 안타깝습니다."

담당 의사도 이 이야기를 듣고 숙연한 마음으로 눈물을 흘리기 시작하였다고 한다.

이 이야기는 실제로 있었던 일이라기보다는 누군가의 상상력으로 유사한 이야기 조각들이 조합되고 각색되어 탄생한 것으로 보인다. 그러나 이 이야기가 별 반론 없이 온라인에서 많은 사람의 마음을 훈훈하게 했던 것은, 비록 그 내용이 허구라 하더라도 전달하려는 메시지에 대해서는 누구나 공감할 수밖에 없었기 때문일 것이다.

이는 재료공학의 입장에서 봐도 꼭 들어맞는 이야기이다. 의식주의 기본적 필요를 채우기 위한 물건을 비롯하여 온갖 첨단 기술이 집약된 전문 장비에 이르기까지, 우리가 그것들을 마음 놓고 사용할 수 있는 것은 그것들을 구성하는 소재가 제 역할을 해주고 있기 때문이다. 우리가 쓰는 소재가 더는 외부의 힘을 이겨내지 못하고 휘어지거나 습기를 먹어 녹이 슬어버리면 그것은 쓸모를 잃는다(우리는 이런 현상을 일컬어 '망가졌다'라고 한다).

평소에는 존재감이 없던 소재들을 우리는 그제야 '인식'하기 시작한다. 그런데 그때 우리는, 지금껏 묵묵히 버텨준 소재에 대해 감사하기보다는 작동이 안 되는 것을 쉽사리 소재 탓으로 돌려버리고는 한다. 조금 더 보태어 말하자면, 결국 일은 소재가 다 하는 것이고 인간의 기술이라는 것은 그 소재들이 갖고 있는 성능과 특성이 조금 더 잘 드러날 수 있도록 끄집어내는 것이나 다름없다고도 할 수 있다.

그런데 이를 조금 다른 시각에서 바라보면 어떨까. 충성스럽게 일을 다 해주기는 하지만 그렇다고 소재가 스스로 자기 자리를 찾아 들어가 알아서 척척 일을 해주지는 않는다. 소재들이 자기 역량을 최대한으로 발휘할 수 있도록 멍석을 깔아주는 것은 온전히 인간의 몫이다. 소재를 잘 다스리는 사람은 그 소재가 지닌 엄청난 잠재력을 손아귀에 넣을 수 있게 된다. 마치 말(馬)이 가진 힘과 속력을 모두 지배할 수 있는 사람은 그저 그 말을 소유하는 사람이 아니라 말을 잘 다루는 사람인 것과 같다.

우리나라의 현실에서는 더욱 그렇다. 우리나라는 부존자원이 적어 산업 발전에 불리한 환경이라는 말을 많이 한다. 그럼에도 불구하고 사실 우리나라는 전통적 소재 강국이었다. 영민한 창의성과 섬세한 손재주, 그리고 문제를 끝까지 파고드는 끈기로 무장한 우리 선조들은 빈약한 지하자원을 가지고도 가야의 철기, 고려의 청자, 조선의 백자와 유기 등 남들이 부러워하는 소재 가공 기술을 터득하여 보유했다.

이 세상에 영속적인 것은 없다. 영원한 지배자도 영원한 피지배자도 없다. 무한 경쟁의 사회에서 순위는 언제든 뒤바뀔 수 있다. 전통적 소재 강국이었던 우리나라는 조선 중기 이후 연이은 오판(誤判)으로 말미암아 그 위상을 일본에 넘겨주고 말았다. 그러나 최근 우리는 다시금 기지개를 켜기 시작했다. 우리나라의 소재 가공 기술이 여기저기서 빛을 발하며 존재감을 드러내고 있는 것이다. 2001년 세계 수출 시장에서 13위에 머물던 우리나라의 소재 부품 산업은 2017년에 세계 6위로 도약하였다.[4] 미국화학학회에서 발표한 2020년도 세계 50대 화학 소재 기업에는 국내 기업 4곳이 선정되었다.[5] 단지 국가 간 경쟁이 목적이 아니라, 우리가 누리는 이 문명을 더 찬란하게 계승하기 위해, 그리고 물질문명이 낳는 부작용을 제거하기 위해, 우리는 소재에 길을 묻고 답을 찾아야 한다. 소재들은 지금도 끊임없이 우리가 자신들을 깨워 세상의 빛을 보게 해줄 것을 기다리며 물음표를 던지고 있기 때문이다.

---

4 팽성일 (2019. 5). "한국 소재 부품 산업의 현황과 과제". 《KIET 산업경제》. pp.72-79.

5 LG화학, 롯데케미컬, 한화솔루션, SK이노베이션이 포함되었다. "C&EN's Global Top 50 for 2020" (July 27, 2020). 〈C&EN〉.